制造业先进技术系列

基于随机过程的退化失效建模技术

孙　丽　李国超　顾晓辉　著

U0359637

机械工业出版社

本书来源于作者在可靠性与寿命评估领域取得的研究成果，书中以具有退化特征的装备为研究对象，充分利用其全生命周期的数据，开展基于时间尺度转换非线性 Wiener 过程的加速退化过程建模、基于 Wiener 过程的变环境应力下产品退化过程建模、融合加速退化试验数据和现场退化数据的产品剩余寿命评估模型、基于加速应力与扩散系数相关性产品的加速退化过程建模、考虑测量误差的产品剩余寿命预测模型等方面的研究，对基于随机过程的退化失效建模技术（退化过程建模理论和剩余寿命预测技术等）进行了扩展。本书内容翔实，具有较广泛的模型适用性，对提高装备剩余寿命预测的快速性和准确性有较高的参考价值。

本书可供从事装备可靠性与寿命评估的工程技术人员阅读，也可供相关专业的在校师生及研究人员使用。

图书在版编目（CIP）数据

基于随机过程的退化失效建模技术/孙丽，李国超，顾晓辉著. —北京：机械工业出版社，2023.8
（制造业先进技术系列）
ISBN 978-7-111-73362-1

Ⅰ.①基… Ⅱ.①孙… ②李… ③顾… Ⅲ.①随机过程－应用－装备制造业－寿命评价－系统建模 Ⅳ.①F407

中国国家版本馆 CIP 数据核字（2023）第 109007 号

机械工业出版社（北京市百万庄大街 22 号　邮政编码 100037）
策划编辑：陈保华　　　责任编辑：陈保华　李含杨
责任校对：李小宝　李　杉　　封面设计：马精明
责任印制：邓　博
北京盛通商印快线网络科技有限公司印刷
2023 年 8 月第 1 版第 1 次印刷
169mm×239mm · 10 印张 · 191 千字
标准书号：ISBN 978-7-111-73362-1
定价：79.00 元

电话服务　　　　　　　　网络服务
客服电话：010-88361066　机　工　官　网：www.cmpbook.com
　　　　　010-88379833　机　工　官　博：weibo.com/cmp1952
　　　　　010-68326294　金　书　网：www.golden-book.com
封底无防伪标均为盗版　　机工教育服务网：www.cmpedu.com

前　言

随着传感技术、通信技术和决策理论的快速发展，以及我国制造水平的不断提升，各种复杂装备逐渐应用于航空、航天、船舶、机械、建筑等领域，系统的综合化、智能化、信息化程度不断提高，服役时间也不断延长。在装备的全生命周期中，其组成结构的复杂性和服役环境的多样性造成装备个体发生故障和功能失效的时间存在较大的差异性、随机性和不确定性。在装备的使用和维护过程中，基于复杂系统可靠性、安全性和经济性考虑，以预测技术为核心的故障预测和健康管理（prognostic and health management，PHM）策略得到了越来越多的重视和应用，正在引领全球范围内新一轮制造装备维修保障制度的变革。

PHM 策略的关键在于准确预测装备的剩余寿命。随着先进传感和状态监测技术的发展，获取能够反映装备健康状态的性能退化过程监测数据已成为可能。在此背景下，发展基于数据驱动的退化失效建模技术（即退化过程建模理论和剩余寿命预测技术等），为提高装备的运行安全性、可靠性与经济性提供有价值的基础理论和关键技术，具有重要的科学意义和潜在的应用价值。

本书基于随机过程对装备加速退化试验数据和现场退化试验数据进行建模，提出了一系列装备剩余寿命预测方法，并充分考虑不同样本的差异性、测量误差以及个体退化过程的不确定性，对于提高装备剩余寿命预测的快速性和准确性具有一定的贡献。本书所涉及的内容，对于提高我国装备运行维护能力以及装备制造水平具有重要意义。

本书在编排上采用由浅入深、逐层深入的方式。在内容上，从线性退化过程扩展到基于时间尺度转换的非线性 Wiener 退化过程，继而扩展到一般非线性 Wiener 过程；在数据构成上，从单应力条件下的退化模型扩展到加速应力下的退化模型，而后延伸至变应力条件下的退化模型，随后将加速退化数据和现场退化数据融合起来，并充分考虑监测过程中的测量误差；在模型验证上，从基于仿真数据的模型验证延伸至基于试验数据的模型验证，并且试验数据设备涉及多种类、多行业、多领域，内容翔实，具有较广泛的模型适用性。

本书由孙丽、李国超、顾晓辉撰写。南京理工大学机械工程学院的邸忆、秦朝轩、张洪铭博士及朱广滕、肖坤、鲍兆伟、王莉硕士对本书中的试验部分做出了贡献；加拿大麦克马斯特大学的 Narayanaswamy Balakrishnan 教授、我国火箭军工程大学的司小胜教授在相关理论成果的研究过程中给予了指导和帮助。此外，在本书撰写过程中参阅了相关文献、资料，在此谨向其作者表示感谢！

由于作者水平有限，书中难免存在不足之处，敬请广大读者批评指正。

作者

目　录

第 1 章　绪　　论

随着传感技术、通信技术和决策理论的快速发展，以及我国制造水平的不断提升，各种复杂装备逐渐应用于航空、航天、船舶、机械、建筑等领域，装备系统的综合化、智能化、信息化程度不断提高，服役时间也不断延长。在装备的全生命周期中，由于其组成结构复杂、服役环境多样，造成装备个体发生故障和功能失效的时间存在较大的差异性、随机性和不确定性。在装备的使用和维护过程中，通常采用定期维护策略，这种策略忽略了装备的个体差异性，难免造成装备服役过程中的“过维护”和“欠维护”等问题。因此，装备的智能维护和健康管理逐渐成为工程领域的核心问题，考虑复杂系统的可靠性、安全性和经济性，以预测技术为核心的故障预测和健康管理（prognostic and health management，PHM）策略得到了越来越多的重视和应用，正在引领全球范围内新一轮制造装备维修保障制度的变革。

PHM 技术是指利用各类先进传感器实现监测设备运行的各类状态参数及特征信号，借助各种智能推理算法和模型来评估装备的健康状态，在故障发生前对其剩余寿命进行预测，实现主动故障预测，并结合各种可利用的资源信息提供一系列维修保障决策，制订最佳维修保障方案，实现装备的经济性状态维修[1]。

PHM 策略的关键在于准确预测设备的剩余寿命。随着先进传感和状态监测技术的发展，获取能够反映设备健康状态的性能退化过程监测数据已成为可能。在此背景下，数据驱动的随机退化设备剩余寿命预测技术已成为国内外可靠性工程、工业工程及自动化技术领域的研究前沿。发展基于数据驱动的退化失效建模技术（即退化过程建模理论和剩余寿命预测技术等），为提高设备运行安全性、可靠性与经济性提供有价值的基础理论和关键技术，具有重要的科学意义和潜在应用价值。

1.1　PHM 与退化失效建模

PHM 的最终目的在于为装备全生命周期的维护提供更高效、更有价值的信息支撑，其全过程包含数据获取、数据处理及决策与应用等环节，如图 1-1 所示[2]。数据获取阶段包含装备全生命周期的所有数据，涵盖研发阶段、生产阶段、验证性实验阶段及使用阶段等，数据类型包含零部件寿命数据和传感器监测数据；数据处理阶段旨在对获得的数据进行建模，从中挖掘装备运行过程中的性能变化规律，并对其失效过程进行建模，从而对装备失效时间、剩余使用寿命进行预测；决策与应用环节主要基于剩余寿命预测结果对装备的维护方式、维护时间和维护策略进行全方位把控，在保证装备正常运行的基础上降低维护成本。

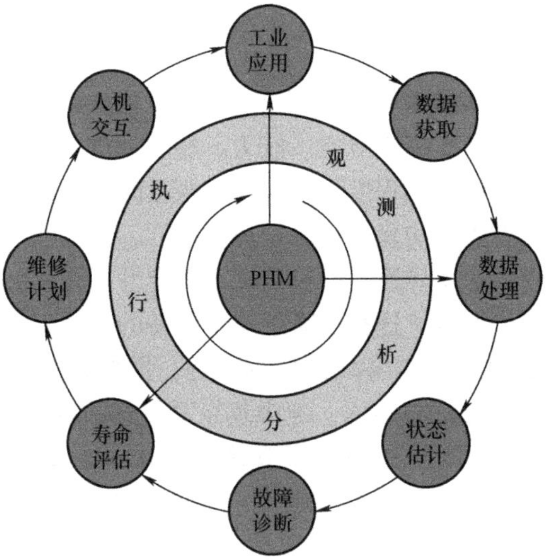

图 1-1 故障预测和健康管理（PHM）全过程

PHM 的工作过程描述如下：首先通过传感器等监测手段获取装备运行过程中的数据，通过数据处理和分析，及时发现异常或故障状态，并对故障模式进行诊断；然后基于监测结果对装备当前状态进行建模，估计其剩余寿命；再基于剩余寿命的预测结果，以最小化代价为目标制订维修计划，确定最佳的健康管理措施；最终通过在线监测和数据建模实现人机交互和工业应用。

由于 PHM 技术在提高装备运行安全性、稳定性和可靠性方面具有巨大优势，世界各国在国防、航空、航天等领域的复杂系统研制过程中都应用了该技术，实现了技术和应用上的重要突破。例如，美军在 F－35 联合攻击机上配备了 PHM 系统，该系统分为机上 PHM 系统和机下 PHM 系统，机上 PHM 系统可实现对单机关键部件的状态监控、故障诊断和预测，机下 PHM 系统基于专家系统进行全机及机群等更大范围的状态数据集成、性能指标集成、性能趋势分析、故障诊断、故障预测及剩余寿命预测，以保证实现全部作战单位的维修预测，为自主保障提供支持[3]；美国 NASA Ames 研究中心对航空航天领域的关键部件及系统的失效机理、加速失效环境试验设计与实现进行了深入研究，并公开了电池系统[4]、关键功率部件[5]、航空发动机[6]等产品的相关试验数据，对推动 PHM 的研究做出了重要贡献；美国德州大学达拉斯分校的 B. Akin 研究团队利用 PHM 技术对功率 MOSFET 进行了加速失效试验，并基于试验数据对其进行退化过程建模和剩余寿命预测；法国米兰理工大学的 E. Zio 研究团队利用 PHM 技术对电解电容的失效过程和失效机理进行了分析建模。此外，PHM 在工业领域的应用也取得了一些进展，如美国 Impact Technology 公司针对某 GPS 接收模块开发了 PHM 软件；美国空军研究实验室、史密斯航空航天公司和波音公司共同协作，在对机电部件故障诊断研究的基础上，开展了飞机电源系统 PHM 的研究工作，并进行了工程化验证。

总体而言，PHM 技术已成为国内外新一代武器装备自主式维护保障的核心技术，其广泛的应用将极大地提高复杂系统的可靠性、维修性、测试性、保障性和安全性，从而降低装备全生命周期费用，为装备可靠性工程应用提供重要的技术支撑。作为 PHM 的核心，装备寿命及剩余寿命的精准预测至关重要，因此基于产品健康监测数据对装备进行退化失效建模是实现装备健康管理的关键，具有重大研究意义和应用价值。

1.2 寿命试验国内外研究现状与加速模型

1.2.1 寿命试验国内外研究现状

目前，针对产品贮存寿命的试验方法主要有两种：自然环境贮存试验检测法和加速寿命试验评估法[13]。自然环境贮存试验是指将试验样本放置于自然环境下进行长期贮存，在贮存的过程中定期检测其各种性能指标的变化情况，然后依据一定的评判标准，对其贮存寿命进行评估。在加速寿命试验[14]的过程中，将试验样本放置在高于正常应力的条件下，可达到快速获取试验样本可靠性和寿命信息的效果，利用相关的物理失效模型或统计模型可推导产品在正常应力下的寿命信息。加速寿命试验技术可以显著缩短试验时间、降低试验成本、提高试验效率。常见的加速寿命试验类型主要有恒定应力加速寿命试验、步进应力加速寿命试验和序进应力加速寿命试验[15]。

自然环境贮存试验能够提供比较可靠的贮存寿命信息，然而其试验周期长，得出结论晚，不利于改进设计，而且不能反映实际贮存条件下多样性的气候条件；加速寿命试验有利于提前暴露产品的薄弱环节，从而快速给出产品的寿命评估结果，并且可以通过更换薄弱环节使产品延长寿命[16]。但是，当前美国、俄罗斯等国确定产品贮存寿命的基本思路和方法并不相同，美国主要通过执行贮存可靠性计划，在产品交付后即开始进行跟踪监测，用监测结果确定产品的贮存寿命。美国在产品加速寿命试验上取得了较好的成果，除了对橡胶、电子元器件、推进剂等进行了大量的加速老化试验外，还进行了弹药分系统、整机乃至全弹的加速寿命试验。美国于 1959 年开始实施导弹全面老化和监测计划，主要以民兵导弹进行加速老化试验；20 世纪 70 年代，美国空军又实施了导弹长期使用寿命分析计划。俄罗斯则以自然环境贮存试验为主，加速寿命试验为辅来确定产品的贮存寿命，但其加速寿命试验水平较高，可以做到整机级和全弹级[17]。

我国在贮存可靠性和贮存寿命试验方面也开展了一系列工作，从 20 世纪 60 年代开始对各类产品进行现场贮存试验，获得了大量的贮存性能与贮存寿命数据，为产品的可靠使用与后续设计积累了大量经验。由于产品自然环境贮存试验可能得到删失数据，李长福给出了存在删失数据时产品贮存寿命分布参数的最大似然估计[18]；郑波基于自然环境贮存试验中得到的失效寿命数据，建立了弹药子系统贮存寿命服从威布尔分布的弹药系统贮存可靠性模型[19]；张志会对高原环境下的弹药贮存可靠性问题进行了分析；针对自然环境贮存条件下可能存在初始失效样本[20]，Zhang 提出了基于 E - Bayes 的非参数测量和基于指数可靠性公式的参数测量相融合的方法，实现了对自然环境贮存条件下产品可靠度的估计[21]。

目前，我国在 GJB 450A—2004《装备可靠性工作通用要求》及 GJB 4239—2001《装备环境工程通用要求》中，已经建立了比较完善的可靠性试验及环境试验技术体系[22]。对于寿命试验，现已建立了 GB/T 2689. 1—1981《恒定应力寿命试验和加速寿命试验方法　总则》[23]、GB/T 29309—2012《电工电子产品加速应力试验规程　高加速寿命试验导则》[24]等部分产品寿命试验的方法和导则，但还缺乏相应的标准体系框架。对于具有高可靠长寿命的产品，加速寿命试验依然是在短时间内快速获得其寿命相关信息的最有效的试验方法。申争光[25]基于阿伦尼乌斯模型提出了一种弹上设备整机受试产品加速因子及贮存寿命的评估方法，并将该方法应用于弹上某型气压高度表；Jason 基于加速试验工程的状态监测建立了弹药贮存可靠性评估函数。加速寿命试验在弹药系统中的成败型产品寿命和可靠性预测上取得了较好的成果。随着检测技术的发展和提高，在对弹药零部件进行性能检测的过程中发现某些产品的性能参数会随着试验时间发生变化。例如，某制导导弹中电子延时器的输出电压存在明显的下降趋势[28]；某弹药控制系统陀螺仪基准信号幅值和频率两项参数随储存时间的增加而逐渐增大[29]；某武器装备惯性导航系统核心惯性器件陀螺仪转子的高速旋转会造成转轴的磨损，并且随着工作时间的累积，引起陀螺仪漂移系数的增大和平台性能的退化[30]；Sun 等人采用维纳（Wiener）过程对某火箭弹用 O 形橡胶密封圈加速退化规律进行建模；Fan 对某弹药加速退化试验的可行性进行了分析[32]，相对于加速寿命试验只能得到产品的寿命值，加速退化试验可以有效缩短试验时间，并且加速退化试验无须将产品加速至失效，以致造成破坏性损伤，尤其是对于某些造价昂贵的装备，加速退化试验可以有效降低试验费用。因此，对于具有退化特征的产品，加速退化试验是一种快捷、高效的试验方法。通过加速退化试验，可以得到产品在加速应力水平下的加速退化数据。在自然环境贮存试验中，对退化型产品的退化敏感参数进行检测可以得到产品的退化数据。如何对产品的加速退化数据和退化数据进行建模，从而对常应力水平下或自然环境贮存条件下的寿命和可靠性进行预测是一个值得研究的问题。

1.2.2 常见的加速模型

加速模型主要用于建立产品退化参数、寿命特征或产品退化速率与加速应力水平之间的联系。下面分别介绍温度应力、湿度应力、电应力及多应力条件下的加速模型。

1. 温度应力加速模型

（1）阿伦尼乌斯（Arrhenius）模型　阿伦尼乌斯模型被广泛用于描述温度应力水平 S 对产品退化速率 k 的影响。其模型表达式为

$$k(S) = A\exp\left(-\frac{E_a}{RS}\right) \tag{1-1}$$

式中，A 为指前因子，是与产品自身特性以及试验特点有关的常数，单位与退化速率 k 相同；E_a为激活能，与产品材料有关，一般可视为与温度无关的常数，单位为 J/mol；R 为摩尔气体常数，$R=8.314\text{J}/(\text{mol}\cdot\text{K})$；$S$（应力水平）为热力学温度，单位为 K。

（2）艾林（Eyring）模型　艾林模型是另一种被广泛应用于描述温度应力水平 S 对产品退化速率 k 的影响的模型，有时也可用于非热应力（如湿度等）的加速寿命试验场合。其模型表达式为

$$k(S) = \frac{A}{S}\exp\left(-\frac{E_a}{RS}\right) \tag{1-2}$$

式中，参数 A、E_a、R 的定义与阿伦尼乌斯模型相同。

艾林模型由量子力学理论推导得出，与阿伦尼乌斯模型相比，艾林模型将 A 换成了 A/S。在实际使用过程中，当加速应力为温度应力时，可分别用这两个加速模型拟合加速数据，通过拟合优度检验选择合适的加速模型。

2. 电应力加速模型

逆幂率[37]（Inverse Power）模型是一个经验模型，通常用来描述电应力（电压、电流、电功率等）水平对产品退化速率 k 的影响。其模型表达式为

$$k(V) = aV^b \tag{1-3}$$

式中，a、b 为常数，V 为电应力。当应力为电流时，单位为 mA 或 A；当应力为电压时，单位为 mV 或 V。

3. 温湿度应力加速模型

湿度对电子元器件的失效具有较大的影响，通常与温度应力共同作用使电子

元器件发生氧化及腐蚀，从而发生失效，常用的温湿度应力加速模型有 Peck 模型[38]和一般艾林（generalized Eyring）模型[39]。

Peck 模型表达式可以表示为

$$k(S,H) = A\exp\left(-\frac{E_{\mathrm{a}}}{RS}\right)H^{c} \tag{1-4}$$

式中，参数 A、E_{a}、R 的定义与阿伦尼乌斯模型相同；S 为热力学温度，单位为 K；H 为相对湿度，c 为待估参数。

一般艾林模型表达式可以表示为

$$k(S,H) = \frac{A}{S}\exp\left(-\frac{E_{\mathrm{a}}}{RS} + c\ln H + \frac{d}{S}\ln H\right) \tag{1-5}$$

式中，d 为待估参数，用来表示温度应力和湿度应力之间的相关性，当 $d=0$ 时，即为 Peck 模型。

此外，张国龙在对某电源产品进行温湿度应力加速老化试验时采用了 Relia 模型，其表达式为

$$k(S,H) = A\exp\left(-\frac{E_{\mathrm{a}}}{RS} - \frac{c}{H}\right) \tag{1-6}$$

4. 温度－电应力加速模型

为了描述温度应力、电应力对产品性能参数的综合影响，Meeker 采用简单线性模型描述温度、电压对玻璃电容器寿命特征的影响[41]，但更普遍采用一般艾林模型，其表达式为

$$k(S,V) = \frac{A}{S}\exp\left(-\frac{E_{\mathrm{a}}}{RS} + c\ln V + \frac{d}{S}\ln V\right) \tag{1-7}$$

式中，参数 A、E_{a}、R 的定义与阿伦尼乌斯模型相同；c、d 为待估参数，c 主要表示电压对退化速率的影响，d 表示温度应力和电应力之间的相关性，当温度应力和电应力对产品性能参数的影响相互独立时，$d=0$。

当温度、电压双应力加速试验中温度应力变化范围不大时，可以将 A/S 近似为常数 a，此时一般艾林模型为

$$k(S,V) = a\exp\left(-\frac{E_{\mathrm{a}}}{RS} + c\ln V + \frac{d}{S}\ln V\right) \tag{1-8}$$

当电应力为电流时，将模型中的电压值更换成电流值即可。

1.3 基于退化数据的可靠性分析与寿命预测研究现状

从 20 世纪 70 年代开始，随着测试技术水平的提高，以及计算机技术的发展，国内外学者逐渐开展基于性能退化数据的产品寿命和可靠性预测研究。

Gertsbackh 首次提出利用性能退化数据进行可靠性研究。此后，退化数据的失效建模理论经过四五十年的发展，现已建立了多种各具特色的退化模型，基于退化数据的模型大体可以分为退化轨迹模型和随机过程模型，其中常用的随机过程包括 Gamma 过程、逆高斯过程和 Wiener 过程。

1.3.1 退化轨迹模型

退化轨迹模型是通过退化轨迹建立产品可靠性和寿命预测模型的方法，退化轨迹模型的建立方法一般有两种[44]：一种通过分析产品失效的物理或化学反应规律，建立基于失效物理的退化轨迹模型。对于疲劳裂纹的增长，通常采用 Paris 模型建立退化轨迹模型；Meeker 建立了在湿度环境应力加速寿命试验中印制电路板导纤维生长的动力学模型，并对其失效寿命进行了估计[47]；刘娟从贮存环境下接触电阻增大的失效机理出发，对接触对表面氧化物膜层的增长规律进行研究，建立了贮存环境下电连接器的退化轨迹模型[48]；基于橡胶材料的老化特性，Liu[49]建立了表征橡胶材料退化过程的幂指数模型；Takeda[50]采用 Power Lawer 模型描述了电装置阈值电压的退化过程。然而，由于产品的失效机理比较复杂，通过失效物理模型建立的退化轨迹模型往往是对产品失效机理的近似或简化，并且对于一些新产品，其失效机理尚不清楚，因此可以采用另一种方法，即经验回归方法，建立退化轨迹模型。Meeker[51]在形状上将退化轨迹函数归为三种，即线形退化轨迹、凸形退化轨迹和凹形退化轨迹，其中线形退化轨迹的退化速率为常数，凸形退化轨迹的退化速率随时间的增长而减小，凹形退化轨迹的退化速率随时间的增长而增大。Ferreira[52]提出了采用非线性随机效应模型，对列车车轮在工作条件下的可靠度进行预测，Yuan 等人采用该模型对核能管理系统进行了可靠性分析；Bhuyan等人基于退化轨迹提出了半参数随机效应模型，并基于该模型对疲劳裂纹退化数据进行拟合；Chen[55]采用线性回归模型对电连接器的贮存寿命进行了评估；Liu[56]将随机效应模型扩展到变环境应力的情形；Rodriguez - Picon[57]建立了多应力条件下的对数线性退化过程；Qi 等人建立了双应力加速退化过程的退化轨迹方程；Hong[59]建立了变环境应力下的退化轨迹方程，采用一般退化轨迹方程描述个体随机效应退化轨迹，采用时间序列描述随机应力的影响。

退化轨迹模型具有直观、易于理解的优点，早期的退化可靠性研究主要基于退化轨迹模型展开，但随着研究的深入，基于退化轨迹的可靠性模型在描述和解决产品退化轨迹的随机性方面表现不佳。产品退化轨迹的随机性主要表现在三个方面，即测量不确定性、样本之间的差异性和时变不确定性。其中，测量不确定性主要表现为退化数据存在测量误差，且随着测量设备精度的提高，测量误差会随之减小，但不能消除。退化轨迹模型在表示测量误差时，通常假定测量误差与退化量是不相关的，且服从均值为零的正态分布[60]。样本之间的差异性表现为同类产品不同个体的退化轨迹呈现形态相似但轨迹不同的特征。退化轨迹模型在表示样本之间的差异性时，引入了固定参数和随机参数向量。其中固定参数用来描述同类设备之间的共性特征，随机参数向量表示个体之间的差异性。对于不同的个体，固定参数取值相同，随机参数向量取值不同。然而，退化轨迹模型无法表示个体退化的时变不确定性，采用退化轨迹模型描述个体的退化过程时，一旦退化参数确定，该产品的退化轨迹即为确定的。在产品实际的使用中，由于振动、温度、湿度、变幅载荷等微小环境应力的冲击，个体的退化过程会呈现不确定的特征[61]，而随机过程在描述产品时变不确定性上具有良好的性能，因此接下来对基于随机过程的退化模型的研究现状进行分析。

1.3.2 基于 Gamma 过程的退化失效建模

在产品的退化过程符合单调变化时，可以采用 Gamma 过程对产品的退化过程进行描述。Mohamed[62]首次采用 Gamma 过程描述系统的退化过程，随后 Singpurwalla 证明了 Gamma 过程与复合泊松过程之间的关系，当复合泊松过程的泊松到达率趋于无穷而冲击量趋于 0 时的极限形式即为 Gamma 过程。当产品的退化过程满足 Gamma 过程时，其具有独立增量 $\Delta X(t+\Delta t)$，见式（1-9）。

$$\Delta X(t+\Delta t) = X(t+\Delta t) - X(t) \sim Ga(\alpha\Delta t,\beta) \tag{1-9}$$

式中，$t\geqslant 0$ 且 $\Delta t\geqslant 0$，$Ga(\alpha\Delta t,\beta)$ 表示形状参数和尺度参数分别为 $\alpha\Delta t$ 和 β 的 Gamma 分布[65]。

Park[66]基于 Gamma 过程对金属裂纹退化数据进行拟合，并估计了其达到失效阈值的平均失效时间。Lawless[67]推导了基于 Gamma 过程且同时考虑不同样本之间差异性的产品的失效寿命分布函数。基于加速因子不变原则，王浩伟[68]证明了加速应力条件下 Gamma 过程的形状参数与加速应力水平存在函数关系，而尺度参数保持不变，考虑不同样本之间的差异性，他分别基于共轭先验分布与非共轭先验分布得到产品退化参数的先验分布，然后基于贝叶斯方法对个体产品的退化数据进行了更新。朱贝蓓[69]基于 Gamma 过程对碳化钨涂层的磨损剩余寿命进行了预测，基于历史磨损数据确定了 Gamma 过程参数的先验值，采用贝叶斯方法融合最新磨损检测数据，对参数进行更新后实现了对剩余寿命的实时预测。除此之外，Gamma 过程还被用于混凝土排水系统[70]、电池[71]、光伏组件[72]、发光二极管（light emitting diode，LED）[73]、直升机主减速器行星架[74]等的寿命预测。由于 Gamma 分布数学表达式的复杂性，很难通过解析的方式基于实时监测数据对退化参数进行更新，极大地限制了其在剩余寿命预测上的应用。

1.3.3 基于逆高斯过程的退化失效建模

对于具有单调退化特征的产品，当 Gamma 过程不适用于描述其退化过程时，可以考虑采用逆高斯过程对其退化过程进行建模。当产品的退化过程满足逆高斯过程时，其具有独立退化增量 $\Delta X(t+\Delta t)$，见式（1-10）。

$$\Delta X(t+\Delta t) = X(t+\Delta t) - X(t) \sim IG\{\mu\Delta\Lambda(t), \lambda[\Delta\Lambda(t)]^2\} \tag{1-10}$$

式中，$\Lambda(t)$ 为时间 t 的单调递增函数。逆高斯分布 $x \sim IG(a,b)$ 的概率密度函数（probability density function，PDF）为

$$f_{IG}(x;a,b) = \left(\frac{b}{2\pi x^3}\right)^{\frac{1}{2}} \exp\left[-\frac{b(x-a)^2}{2a^2 x}\right], x > 0 \tag{1-11}$$

Wang[76]首次将逆高斯过程运用在可靠性工程领域，采用逆高斯过程模拟砷化镓激光器（GaAs Laser）的退化过程，采用最大期望算法和自助法得到逆高斯过程中未知参数的点估计和区间估计，同时将计算结果与 Wiener 过程、Gamma 过程进行对比，结果表明逆高斯分布对砷化镓激光器退化数据的拟合效果最好，但缺乏对逆高斯过程物理含义的解释。随后，Ye[77]给出了逆高斯过程的物理解释，其研究表明，逆高斯过程与 Gamma 过程类似，也是复合泊松过程在一定条件下的极限形式，但在考虑加速应力与样本差异性时，逆高斯分布具有更好的灵活性[61]。Peng[78]采用正态－逆 Gamma 先验分布对样本之间的差异性进行描述，同时推导了寿命分布与平均失效时间的解析形式。此外，Peng[79]基于逆高斯过程对退化过程进行建模，并提出了适用于逆高斯过程退化建模的通用贝叶斯框架，通过仿真方法对先验分布与样本量的敏感性进行了分析。当系统或产品的退化量有两个时，采用 Copula 函数对退化量之间的相关性进行描述，Wen 等人基于 Copula 函数和逆高斯过程对不完全测量下的二元退化数据进行了建模；Duan 等人采用贝叶斯方法对样本之间的差异性进行了描述。Ye[82]以常应力水平下失效分位寿命的渐进方差最小为目标，对基于逆高斯过程的恒定应力加速退化试验进行了优化设计。

1.3.4 基于 Wiener 过程的退化失效建模

相较于 Gamma 过程和逆高斯过程只能适用于具有单调退化特征的产品，Wiener 过程不仅可以用于单调退化的产品，还可以用于非单调退化产品退化过程的建模。Bhattacharyya[85]将基本线性 Wiener 过程引入到退化建模中，用来描述产品的疲劳失效，此后基于 Wiener 过程的退化建模的研究成为研究热点。

1. 基于 Wiener 过程的退化模型研究现状

线性 Wiener 过程是由布朗运动驱动的具有线性漂移系数的一类扩散过程，也称为漂移布朗运动，其退化过程见式（1-12）。

$$X(t) = x_0 + \lambda t + \sigma_B B(t) \tag{1-12}$$

式中，x_0为初始退化量；λ 为漂移系数；σ_B 为扩散系数。

服从线性 Wiener 过程的产品退化过程具有非单调的特征，因此在寿命评估

时通常将其退化量 X 首次达到失效阈值 D 的时刻称为首达时间（First Hitting Time，FHT）[86]。在首达时间的概念下，产品的失效寿命服从逆高斯分布。由于线性 Wiener 过程具有较好的性能，在工程领域已被应用于 LED、金属化膜电容器[91]、锂电池[92]、机械结构的疲劳裂纹增长[93]和磨损[94]、硬盘驱动头的磨损[95]、轴承[96]、动量轮[97]等。Yu 建立了满足 Wiener 退化过程的产品的试验筛选方法。考虑不同样本之间的差异性，通常假设漂移系数服从正态分布[100]，正态分布对于对称分布的情形拟合较好。针对非对称分布，Peng[101]提出了偏正态线性 Winer 退化模型，并推导了首达时间的概率密度函数、失效分布函数和平均失效时间的解析表达式；Wang[102]将该模型扩展到多元退化的情形；Huang[103]提出了自适应偏正态 Wiener 过程，采用在线滤波算法对产品的退化状态进行估计，从而实现对旋转电动机的剩余寿命进行实时预测。

线性 Wiener 过程主要用于具有线性趋势的退化过程。对于某些非线性退化过程，可以通过退化量转换或者时间尺度转换，将非线性退化过程转变成线性退化过程。Tang[104]对 LED 光照度取对数后采用线性 Wiener 过程对其可靠度进行估计；Park[35]提出了加速退化条件下的几何布朗运动；Gebraeel[105]提出了两指数退化模型，采用贝叶斯方法实现退化参数的实时更新；Si[106]通过对退化量取对数，将非线性的退化状态函数转换成线性形式，同时通过最大期望算法和贝叶斯方法对退化参数进行实时更新；Li[107]将 Si[106]的模型用于滚动轴承剩余寿命估计。通过退化量转换得到的首达时间概念下的剩余寿命是转换退化量首次达到转换失效阈值的首达时间，而 Wiener 退化过程是非单调的，这样的转换会造成剩余寿命估计值大于实际剩余寿命，因此通过退化量转换得到的剩余寿命是实际剩余寿命的估计值，可能会造成视情维修的决策延迟[108]。

通过时间尺度转换也可以将某些非线性退化过程转变成线性退化过程。Whitmore[109]提出了基于时间尺度转换的非线性 Wiener 加速退化过程，建立了漂移系数、扩散系数、时间尺度转换参数与加速应力水平之间的加速模型，从而得到常应力条件下自调节加热电缆的寿命；Wang[110]同时考虑了漂移系数和扩散系数的随机性，假设扩散系数平方的倒数服从 Gamma 分布，漂移系数服从扩散系数的条件正态分布，推导了其失效寿命分布服从 t 分布时剩余寿命的表达式，但其推导的寿命分布并不是首达时间概念下的失效寿命。

某些产品的退化轨迹即便通过退化量转换或者时间尺度转换也很难转变成线性 Wiener 过程，因此需要建立非线性 Wiener 过程模型。由于非线性退化模型的复杂性，很难得到失效寿命概率密度函数的封闭表达式，因此 Nardo[111]采用数值算法对非线性 Wiener 过程的概率密度函数进行近似；Tseng[112]假设退化量的均值和一阶导数的方差之比为常数，推导了平均失效时间和中位寿命表达式；Si[113]提出了基于非线性漂移的 Wiener 过程，推导了首达时间概率密度函数解析表达式的近似形式，结果表明该近似形式非常接近通过失效寿命仿真得到的概率密度函数；Wang[114]将 Si 的非线性漂移 Wiener 过程推广到更一般的情况，建立了一般非线性 Wiener 过程，Si 采用标准布朗运动描述时变不确定性，而 Wang 采用转换时间、空间上的布朗运动描述时变不确定；随后，Wang 又将一般非线性 Wiener 过程推广到了多元非线性退化建模[115]。

采用 Wiener 过程进行剩余寿命预测时，对于产品总体而言，可以直接根据其退化参数进行剩余寿命预测。Mishra[94]采用主成分分析法从拉姆波传感器信号中提取出损伤敏感特征，从而建立了特征值与测量区域之间的关系；并通过 Wiener 过程对随机分层增长进行建模，从而预测了特征损伤以及失效时间概率。对个体剩余寿命的预测主要有两种方法。第一种方法基于贝叶斯方法，Wang[116]建立了基于非线性漂移 Wiener 过程的产品剩余寿命预测模型，通过同类型样本退化数据对退化参数的先验分布进行估计，获得个体退化数据后，再通过贝叶斯模型对退化参数进行更新，来对剩余寿命进行实时预测，并将该模型用于轴承的剩余寿命预测；Huang[117]将基于时间尺度转换的非线性 Wiener 过程用于滚动轴承的在线寿命评估；司小胜[106]采用贝叶斯方法和最大期望算法对战略导弹上惯性平台的剩余寿命进行预测；Li[97]将司小胜的成果用于动量轮剩余寿命的预测上。第二种方法通过建立状态空间模型对退化参数进行更新，Wang 和 Carr[118]通过卡尔曼（Kalman）滤波对漂移系数的分布进行更新后，实现了对剩余寿命的实时预测；而司小胜[119]不仅基于 Kalman 滤波算法和强跟踪滤波算法对漂移系数分布参数进行了更新，还通过最大期望算法对其他退化参数进行了更新；Wang 和 Lin[120]基于线性 Wiener 过程推导了剩余寿命的解析分布形式，并将其用于轴向活塞泵。除此之外，Hu[124]建立了考虑不完美维修干扰的剩余寿命预测模型；Huang[103]对基于偏正态分布的 Wiener 过程的剩余寿命进行预测，采用递归滤波算法对退化参数进行更新，推导了剩余寿命的解析形式。

针对电容器退化过程呈现的多阶段特性，Feng[125]提出了基于线性 Wiener 过程的三阶段 Wiener 退化过程，其中转折点通过三步法进行确定，最终得到该电容器的贮存寿命；Wen[126]将三阶段 Wiener 退化扩成扩展到多阶段，建立了基于时间尺度转换的多阶段 Wiener 过程模型，分别对离线和在线两种情况下电容器的剩余寿命进行预测，并将该模型用于轴承剩余寿命的预测。Tsai[89]建立了多应力条件下的 Wiener 退化模型，并基于退化数据和寿命数据推导了 p 分位寿命的解析形式。当能够表征产品寿命的退化量有两个或多个时，需要建立多元数据退化模型，Pan[127]基于时间尺度转换的 Wiener 过程建立了二元退化模型，其中退化量之间的相关性用 Copula 函数表示；Zhang[128]基于多元退化数据进行剩余寿命预测，采用 Kalman 滤波和最大期望算法对退化参数进行了更新。

为了提高退化试验数据的有效性、降低加速退化试验成本，需要对基于

Wiener过程的加速退化试验进行优化设计。Pan[129]基于线性 Wiener 过程，在试验总费用的约束下，通过最小化产品中位寿命的渐进方差，对恒定多应力加速退化试验进行了优化设计；对于步进应力加速退化试验，Pan[130]先假设当退化量达到提前设定的值后再提高加速应力水平，继而开始下一级加速试验，然后基于此假设对步进应力加速退化试验进行了优化；Lim[131]不仅对恒定应力加速退化试验进行优化，还对模型参数进行了敏感性分析；Tseng[132]对基于时间尺度转换 Wiener 过程的加速退化试验中各应力下的样本量进行了最优化分配。

除此之外，还出现一些基于 Wiener 过程的新模型。其中，Zhai[136]提出了自适应漂移 Wiener 过程，相对于传统的 Wiener 退化模型，该模型灵活性更好，因此更适应于动态环境，并且基于 Kalman 滤波可得到剩余寿命概率密度函数的解析形式，锂电池退化数据也证明了该模型具有较好的预测精度；Li[137]建立了漂移系数不仅与退化时间有关，而且与当前退化状态有关的 Wiener 过程，并推导了剩余寿命的解析形式，但这不适用于剩余寿命的在线估计；Xi[138]基于分数布朗运动建立了考虑记忆效应的剩余寿命预测模型，但其剩余寿命只能通过数值算法得到。

2. 考虑测量误差的 Wiener 退化模型研究现状

在退化试验实施的过程中，需要对性能特征参数进行观测并测量，测量结果难免会受到多种因素的影响，比如设备复杂性较高、测量仪器精度的限制、人为记录误差以及测量环境的干扰等，导致测量结果与真实结果之间存在一定的偏差。产品在某时刻真实的退化量 $X(t)$ 与测量结果 $Y(t)$ 之间的关系可以表示为

$$Y(t) = X(t) + \epsilon \tag{1-13}$$

式中，ϵ 为测量误差，通常假设测量误差服从均值为 0、方差为 σ_ϵ^2 的正态分布，即 $\epsilon \sim N(0,\sigma_\epsilon^2)$，通常假设各个时刻的测量误差独立同分布。

针对 Wiener 退化模型存在测量误差的情况，Whitmore[139]推导了存在测量误差时退化增量的统计特性，但其在进行统计分析时忽略了第一个退化量的相关信息，造成退化量信息利用不充分，从而影响了退化参数的估计精度；为了将第一个退化量包含的寿命相关信息包含在统计模型中，Ye[140]对 Whitmore 提出的模型进行了修正，并在建模的过程中考虑了样本之间的差异性，其统计模型被应用在硬盘驱动与发光二极管的寿命预测上；Li[142]充分考虑了测量误差对加速退化试验数据的影响，建立了基于一般非线性 Wiener 过程的加速退化模型。

随着过程监控技术的提升，可以对运行中设备的退化量进行实时监控，使对产品个体剩余寿命的实时评估成为可能。通过监控获取的个体最新退化数据也包含测量误差，因此当前退化状态的实际值是未知的。如果直接把测量值作为当前退化状态的值进行剩余寿命评估，势必会产生误差，因此在进行剩余寿命预测时需要考虑测量误差。目前，考虑测量误差的个体剩余寿命预测主要基于贝叶斯方

法或者随机滤波技术。Tang[145]首先根据同类产品的退化数据估计产品退化参数的先验分布，然后基于贝叶斯方法，根据个体退化数据对退化参数的先验分布进行更新，从而获得后验分布参数，并在更新过程中考虑了测量误差的影响；Cai[146]提出了包含测量误差的步进应力加速退化试验中产品剩余寿命的预测模型。有些文献将由于测量误差的影响，测量的退化量不能精确反映设备真实退化状态的情况称为不完整测量。Wang[118]提出了一种基于自适应漂移布朗运动的剩余寿命预测模型，采用状态空间模型对产品的退化过程进行描述；Si[148]首次将退化过程的随机不确定性、样本之间的差异性以及测量误差全部考虑在内，并推导了剩余寿命分布的概率密度函数、累积概率分布函数、均值及方差的解析形式；Zheng[149]提出了基于非线性漂移 Wiener 过程同时考虑退化过程的随机不确定性、样本之间的差异性以及测量误差的剩余寿命预测模型。

获取新的观测数据后，冯磊[150]首先利用最大期望算法估计和更新模型的未知参数，然后利用 Kalman 滤波更新退化状态，使退化参数与退化状态逐次更新，从而实现剩余寿命的实时预测，但其模型主要适用于等间隔测量的情形；司小胜[151]利用 Kalman 滤波对具有不确定测量的非线性随机退化系统的剩余寿命进行预测，采用递归滤波程序计算漂移系数和真实退化状态的联合分布，基于最新测得的退化数据对前一步迭代的状态预测漂移系数和真实退化状态的联合分布进行更新；Feng 等人采用基于扩展 Kalman 滤波的状态空间模型描述退化过程和测量的不确定性，推导了剩余寿命的近似概率密度函数，但并没有推导剩余寿命的累积概率分布函数、均值及方差。

受统计过程控制中研究工作的启发，不同于式（1-13）的无偏假设，Si[30]假设真实的退化量 $X(t)$ 与测量结果 $Y(t)$ 之间存在线性关系，见式（1-14）。

$$Y(t) = A + BX(t) + \epsilon \tag{1-14}$$

式中，A、B 为测量过程参数。同时，对退化量变化系数相对增加率下测量误差参数的可行域进行分析，该研究结果对维修决策的制定起到了指导作用。

相对于正态分布，t 分布具有稳健的统计特征，Ye[153]假设测量误差服从 t 分布，以致相应的似然函数中包含了大量的积分，因此不能直接采用最大似然函数对未知参数进行求解，对此作者采用最大期望算法和差分贝叶斯方法对模型中的未知参数进行了有效估计。

3. 变环境应力下的退化模型研究现状

在实验室环境下，产品所经受的应力水平是可控的，然而自然贮存条件下的应力水平可能是随机变化的，此类可以随机变化的应力称为变环境应力。针对变环境应力下的寿命预测问题，常用的方法是采用随机分布对变环境应力进行描述，刘震宇[154]采用三参数 Gamma 分布描述贮存期间的弹内温度，对不同库房条件下某弹体的贮存可靠度进行估计；Cai 等人采用正态分布、Gamma 分布、三参数 Gamma 分布对变环境应力值进行拟合。对于环境应力未知的情形，Flory[156]建立了混合随机模型，假设漂移系数是变环境应力水平的函数，扩散系数为常数，通过马尔可夫链蒙特卡罗（Markov chain Monte Carlo，MCMC）法对变环境应力参数进行估计。基于贝叶斯信息准则对当前环境状态进行估计。由于风速的不断变化，风力涡轮机齿轮上的载荷是随机的，通过建立的模型最终可实现对涡轮机齿轮分位寿命的估计。相对于恒定应力加速退化试验与步进应力加速退化试验，序进应力加速退化试验的加速应力水平随时间不断变化，且环境应力随试验时间的变化函数是已知的。针对此类情形，Bian 基于累积损伤模型推导了序进应力下产品首达时间的概率密度函数的解析形式，此外 Bian[96]基于连续时间马尔可夫链对变环境应力下产品的剩余寿命进行了评估。Liao[158]研究了变环境应力下产品的等效退化过程，采用单纯形法对等效过程的未知参数求解，并将该理论模型用于 LED 寿命评估；随后，Liao[159]建立了变环境应力下个体剩余寿命预测框架。考虑变环境应力对 Wiener 过程退化参数的影响，王立志引入了两个修正因子对线性 Wiener 过程进行扩展；蔡忠义[162]将该模型扩展到步进应力加速退化的情形；Liu[163]假设线性加速方程的参数皆服从先验正态分布，推导了其后验分布的解析形式，通过贝叶斯模型对后验分布参数进行更新，从而对变环境应力下的剩余寿命进行预测。基于经验模态分解算法，Jin 等人对轴承遥感数据进行分析得到其随机项和趋势项，采用地面实验室试验数据得到其退化模型，从而对其空间服役状态下的剩余寿命进行估计。

4. 基于数据融合的寿命评估方法研究现状

基于数据融合的寿命评估方法充分利用了产品寿命及可靠性相关的各种数据，增大了样本信息量，可以有效提高预测精度。数据融合主要有以下两种：第一种考虑了数据来源的不同，有些数据来源于加速退化试验，有些数据来源于外场试验，往往实验室环境下应力的类型和应力的大小比较容易控制，外场试验中存在着多环境应力的综合作用，其应力大小是不断变化的。由于试验条件限制，加速试验只能模拟实际环境条件，而无法做到与实际环境完全相同，如滚动轴承在工作时，环境应力主要有温度、负载、湿度、振动和粉尘等，但在做加速寿命试验时，不可能对所有的应力都进行加速，一般只选取对产品失效影响最大的一个或几个应力作为加速应力，如温度、负载[165]等。这样由加速试验得到的数据与现场数据肯定会有一定的差异性，因此需要将现场数据进行近似折算，进而对分布模型进行修正。Pan[166]通过引入一个修正因子修正了寿命分布模型，针对共轭先验分布的情形，采用贝叶斯方法获得了解析的后验分布，针对非共轭先验分布的情形，采用马尔可夫链蒙特卡罗方法从参数条件后验分布获取样本，进而得到了参数的联合后验分布；Meeker[167]利用比率模型将加速寿命试验数据和现场数据相关联；针对寿命服从双参数韦布尔（Weibull）分布的机电产品，有相关文献综合了外场使用数据和加速寿命试验数据，均考虑了外场条件下的初始失效，以及外场环境和加速试验环境的差异性，从而推断了产品在外场使用条件下的寿命和可靠度，但考虑的是恒定应力加速寿命试验和步进应力加速寿命试验数据。寿命数据的融合主要通过引入参数建立加速寿命数据和外场试验数据之间的联系，针对退化数据的情形，王立志引入两个修正因子对外场试验退化模型进行修正，融合了加速寿命试验数据、加速退化试验数据以及外场试验数据，建立了基于 Wiener 过程的可靠性模型，并对各参数的敏感性进行了分析。

第二种考虑了数据类型的不同，由于获取的数据包含退化数据和寿命数据，需要对两种不同的数据进行有机整合。蔡忠义[169]基于线性 Wiener 过程，充分考虑样本之间的多样性，假设扩散系数服从逆 Gamma 分布，漂移系数服从正态分布，以同类产品的性能退化数据和寿命数据为先验信息，得到了参数的先验分布，通过个体现场实测性能退化数据对分布参数进行了更新。

1.3.5 其他随机过程模型

Wang[170]提出了线性独立增量退化模型，其退化量的均值为退化时间的线性函数，方差与退化时间的平方成正比。该模型被用于激光器失效寿命预测。指数型弥散过程[171]（Exponential Dispersion Process）被用于描述某些产品的退化过程，指数型弥散过程是一般随机过程，Wiener 过程、Gamma 过程、逆高斯过程是指数型弥散过程的特例[172]。Tweedie 提出了 Tweedie 类指数型弥散分布。当指数型弥散过程的功率单位方差函数为 $V(p) = \mu^p$ 时，该过程即为 Tweedie 类指数型弥散模型，当 $p=0$、1、2、3 时，该模型分别为正态分布、泊松分布、Gamma 分布和逆高斯分布。由于 Tweedie 类指数型弥散模型的概率密度函数不易获得，因此 Gunn 等人给出了其近似形式。

1.4 现有研究存在的问题

通过上述基于退化数据的退化失效建模理论和方法的国内外研究现状分析，结合寿命评估的应用背景，总结得出以下有待进一步研究的问题。

1）目前，基于 Wiener 过程对产品加速退化数据建模时，为了减小计算的复杂度，很多模型都假设各加速应力下的漂移系数与加速应力水平有关，扩散系数为常数。但是，通过对产品零部件加速退化试验数据分析发现，扩散系数与加速应力水平也存在相关性，因此有必要构建考虑扩散系数与加速应力水平相关性的产品加速退化模型。

2）基于传统的加速寿命试验对常应力水平下的产品贮存寿命进行评估时，可以通过失效寿命分布类型检验得知在加速寿命试验的过程中产品的失效机理是否发生改变，但基于加速退化试验往往并不能得到产品的失效寿命，因此如何构建产品加速退化试验失效机理一致性检验方法是一个亟待解决的问题。

3）融合产品加速退化数据和实际使用条件下的退化数据的模型忽略了实际使用条件下除加速应力以外的其他应力的作用。在加速退化试验中，产品所承受的加速应力水平和类型是可以精准控制的；然而在实际使用条件下，除了试验的加速应力，还会受到其他应力的作用，如何将这两种条件下的退化数据融合并对实际使用条件下产品的剩余寿命进行预测也有待进一步研究。

4）通过加速退化试验外推实际使用条件下的退化参数和失效寿命时，通常假设实际使用条件下的应力是确定的，但产品实际使用条件下的应力往往是工作任务、工作时间和环境不断变化。因此，如何基于产品加速退化试验数据构建变环境应力下的应力等效模型以及退化过程等效模型，也是一个需要解决的问题。

5）在实际工程应用中，产品真实的退化模型是未知的，如果采用不恰当的模型对其退化过程进行拟合，就会造成模型的误指定。不考虑加速应力水平对扩散系数影响的模型是考虑加速应力水平对扩散系数影响的模型的一个特例，因此需要分析当产品真实的退化模型中的扩散系数与加速应力水平有关却被误指定为无关的模型时对可靠性指标造成的影响。

6）不管是加速条件下的退化数据，还是实际使用条件下的退化数据都是通过测量得到的，测量过程中的测量误差是普遍存在的。如果不考虑测量误差的影响可能会造成对产品可靠度和寿命的预测结果精度不高，因此在产品失效寿命建模的过程中，需要将测量误差考虑在内。

1.5 本书的内容体系

在明确现有研究存在的问题的基础上，构建本书的内容体系，详细安排各章节的研究工作，具体研究内容及结构安排如下（本书整体结构框图如图 1-2 所示）。

第 1 章为绪论，将本书的研究内容与学科背景结合，详细阐述了失效建模理论与方法的研究现状。首先，从产品寿命试验国内外研究现状分析得出，目前针对具有长寿命、高可靠特征产品的试验技术仍然以加速试验为主，继而给出了产品常见的应力类型对应的加速模型。然后，对基于退化数据的可靠性分析与寿命预测的研究现状进行了分析，分析主要从两方面展开：一方面基于退化轨迹模型，另一方面基于随机过程。常用的随机过程主要有 Gamma 过程、逆高斯过程和 Wiener 过程，此外还对各个模型适用的情况进行了论述分析。最后，在对研究现状分析的基础上总结了现有研究存在的问题。

第 2 章主要基于时间尺度转换的非线性 Wiener 过程进行加速退化过程建模。

由于基于时间尺度转换的非线性 Wiener 过程失效寿命的分布函数和概率密度函数具有封闭的解析形式，因此可以基于累积失效概率相等推导得到在失效机理不变原则下漂移系数和扩散系数与加速应力水平之间的函数关系，在此基础上建立加速退化模型，同时也需要考虑样本之间的差异性，进而推导不同加速应力水平下产品失效寿命分布的概率密度函数及可靠度函数。此外，第 2 章还介绍了在加速退化模型的基础上，产品恒定应力加速退化过程以及步进应力加速退化过程的建模。

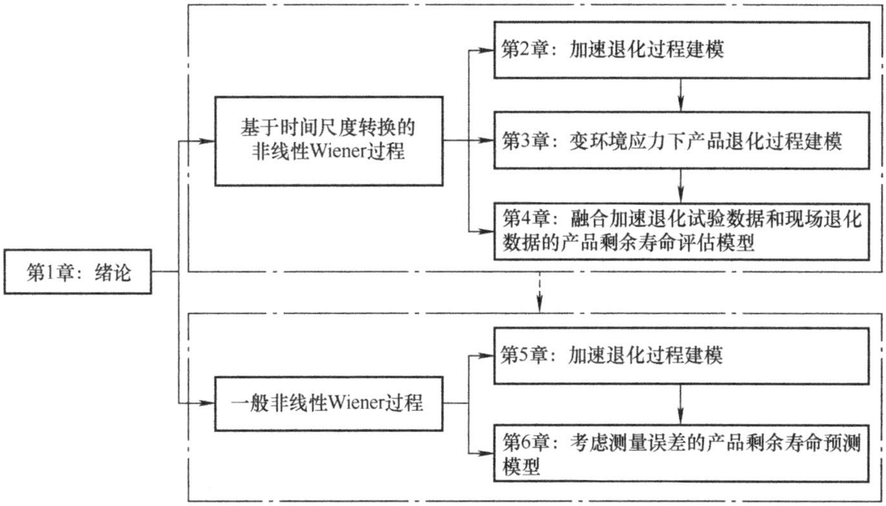

图 1-2 本书整体结构框图

第 3 章主要用于解决变环境应力下的产品退化建模问题。针对产品库房自然贮存条件下温度不断变化的实际工况，建立适用于非线性退化过程的等效温度模型，基于退化量均值相等的等效原则，将不断变化的温度应力等效为一个确定的温度应力。对于产品库房自然贮存条件下存在温度应力和湿度应力双重作用的产品，基于温度应力和湿度应力监测数据建立载荷谱，采用随机分布对温湿度应力的随机性进行描述。除了对应力进行等效，还可以对退化过程进行等效，假设自然贮存条件下的应力具有遍历性，对其退化量的均值和方差进行等效后可构建产品退化过程的等效模型。

第 4 章主要基于贝叶斯方法将加速退化数据和自然贮存条件下的退化数据融合，共同用于预测自然贮存条件下产品的剩余寿命。引入修正因子描述自然贮存条件下除加速应力以外的其他环境应力对产品零部件退化过程的影响，基于加速因子将加速退化数据折算到常应力水平下，假设漂移系数和扩散系数服从正态-逆 Gamma 共轭先验分布，采用最大期望算法对分布参数的后验分布进行更新、预测，最终实现对自然贮存条件下产品剩余寿命的实时预测。

第 5 章基于一般非线性 Wiener 过程建立产品加速退化模型。为了表征扩散系数与加速应力之间的相关性，假设扩散系数是加速应力的函数，同时对该模型的几种特例及转化条件进行阐述，分别推导了各模型对应的失效寿命分布的概率密度函数和可靠度函数。为了分析模型误指定对产品可靠性指标预测结果造成的影响，采用仿真的方式对退化模型中的参数进行敏感性分析。

第 6 章主要研究考虑测量误差的产品退化建模问题。基于具有测量误差的产品加速退化数据进行建模时，在第 5 章建立的基于一般非线性 Wiener 过程的产品加速退化模型的基础上加上测量误差项，从而实现产品的总体寿命预测。基于产品个体退化数据对其剩余寿命预测时，以基于加速退化数据得到的退化参数为先验值，通过贝叶斯模型对退化参数进行更新得到个体在某时刻的退化参数，从而对产品剩余寿命进行预测。此外，还建立了产品退化过程的状态方程，采用 Kalman 滤波对产品退化量和退化参数更新，从而预测个体的剩余寿命。

第2章 基于时间尺度转换非线性 Wiener 过程的加速退化过程建模

Wiener 过程在退化建模中具有广泛的应用，如果产品特征参数的退化过程呈现线性特征，通常采用线性 Wiener 过程来描述其退化过程，在首达时间概念下的失效寿命服从逆高斯分布，具有封闭的解析形式。但是，在实践中发现很多产品零部件的退化过程呈现非线性特征，要在时间尺度上进行一定的转换，将其退化过程转换成线性退化过程，从而得到相应的统计推断，此类非线性 Wiener 过程被称为基于时间尺度转换的非线性 Wiener 过程。

Whitmore[109]采用基于时间尺度转换的非线性 Wiener 过程对加热电缆的寿命进行估计时，假设漂移系数、扩散系数、时间尺度转换参数与加速应力都存在一定的函数关系，然而其函数关系与具体的产品有关，缺乏一定的规律性；唐胜金假设基于时间尺度转换的非线性 Wiener 过程的漂移系数与加速应力有关，扩散系数为常数，分别对恒定应力加速退化试验过程和步进应力加速退化试验过程进行了描述；叶志胜假设扩散系数是漂移系数的倍数，推导出扩散系数与漂移系数都是加速应力的函数。唐胜金与叶志胜的研究都基于相关假设，缺乏一定的理论支撑，而加速退化试验必须满足在试验过程中失效机理不变的条件，因此本章从失效机理不变原则出发，推导不同加速应力下退化参数与加速应力之间的相关性，并在此基础上对产品恒定应力加速退化过程和步进应力加速退化过程进行建模，从而实现其失效寿命和可靠度的预测。

2.1 基于时间尺度转换的非线性 Wiener 退化过程

2.1.1 模型描述

采用基于时间尺度转换的非线性 Wiener 过程对产品退化过程进行描述时，退化量 $X(t)$ 与退化时间 t 的关系为

$$X(t) = x_0 + \lambda\Lambda(t;b) + \sigma_B B[\Lambda(t;b)] \tag{2-1}$$

式中，x_0为初始退化量，一般为 0，如果初始退化量不为 0，可以通过 $X(t) - X(0)$（递增的情形）或 $X(0) - X(t)$（递减的情形）进行转换；λ 为漂移系数；σ_B 为扩散系数；$\Lambda(t;b)$ 为时间尺度转换函数（b 为时间尺度转换参数），是时间 t 的单调连续非线性函数，必须满足 $\Lambda(0) = 0$ ，常用的时间尺度转换函数有幂率

转换函数 $\Lambda(t;b) = t^b$、指数转换函数 $\Lambda(t;b) = \exp(bt)$；$B(\cdot)$ 为标准布朗运动。

当产品的退化量 $X(t)$ 大于 D 时，判定产品失效，D 称为该产品的失效阈值。产品的失效阈值与退化量应具有一致性，即当产品的初始退化量不为 0 时，失效阈值需要与退化量进行一样的转换。在工程实践中，失效阈值一般通过工业标准、具体设备的技术指标确定[177]。假设失效阈值是已知的，随着退化过程的进行，产品的剩余寿命会随着退化时间不断减少，当退化量首次达到预设的失效阈值时，就认为产品寿命终结，因此将产品的寿命 T 定义为随机过程 $\{X(t), t > 0\}$ 首次穿越失效阈值 D 的时间，该时刻称为产品的首达时间，即

$$T = \inf\{t: X(t) \geqslant D \mid X(0) < D\} \tag{2-2}$$

由于退化过程具有随机性，因此寿命 T 为随机变量，其对应的概率密度函数为 $f_T(t)$，累积概率分布函数为 $F_T(t)$。在首达时间的概念下，产品失效寿命分布的概率密度函数为

$$f_T(t) = \frac{D}{\sqrt{2\pi\sigma_B^2\Lambda^3(t;b)}}\exp\left\{-\frac{[D - \lambda\Lambda(t;b)]^2}{2\sigma_B^2\Lambda(t;b)}\right\}\frac{\mathrm{d}\Lambda(t;b)}{\mathrm{d}t} \tag{2-3}$$

累积概率分布函数为

$$F_T(t) = \Phi\left[\frac{\lambda\Lambda(t;b) - D}{\sqrt{\sigma_B^2\Lambda(t;b)}}\right] + \exp\left(\frac{2\lambda D}{\sigma_B^2}\right)\Phi\left[-\frac{\lambda\Lambda(t;b) + D}{\sqrt{\sigma_B^2\Lambda(t;b)}}\right] \tag{2-4}$$

式中，$\Phi(\cdot)$ 为标准正态分布函数。

当 $\Lambda(t;b) = t$ 时，基于时间尺度转换的非线性 Wiener 退化过程变为基本线性 Wiener 退化过程，产品失效寿命分布的概率密度函数和累积概率分布函数分别为

$$f_T(t) = \frac{D}{\sqrt{2\pi\sigma_B^2 t^3}}\exp\left[-\frac{(D - \lambda t)^2}{2\sigma_B^2 t}\right] \tag{2-5}$$

$$F_T(t) = \Phi\left(\frac{\lambda t - D}{\sqrt{\sigma_B^2 t}}\right) + \exp\left(\frac{2\lambda D}{\sigma_B^2}\right)\Phi\left(-\frac{\lambda t + D}{\sqrt{\sigma_B^2 t}}\right) \tag{2-6}$$

失效寿命的均值 $E(T) = D/\lambda$，方差 $\mathrm{var}(T) = D\sigma_B^2/\lambda^3$。

2.1.2 加速退化试验失效机理不变原则及其检验

对具有长寿命、高可靠的产品实施加速退化试验的最终目的是为了获取其在常应力条件下的寿命相关信息，通常将加速退化试验得到的数据通过加速方程进行外推，进而得到常应力条件下的退化参数。为了保证外推的精度与合理性，要求加速退化试验过程中的失效机理与常应力条件下的失效机理保持一致。为了检验试验过程中的失效机理是否具有一致性，最好的方法是通过物理方法检验在加速过程中失效机理是否发生变化，然而对于结构极为复杂的产品零部件，其失效

机理也极为复杂，因此基于统计的失效机理检验也是一种常用的方法。

根据 Nelson 假设，加速因子的定义为：假设在加速应力水平 S_i 与加速应力水平 S_j 下分别试验 t_i、t_j 时间后，产品的累积概率分布函数分别为 $F_i(t_i)$、$F_j(t_j)$，假设 $F_i(t_i) = F_j(t_j)$，则应力水平 S_i 相对于应力水平 S_j 的加速因子 ζ_{ij} 为

$$\zeta_{ij} = \frac{t_j}{t_i} \tag{2-7}$$

由式（2-7）可得

$$t_j = \zeta_{ij} t_i \tag{2-8}$$

基于统计的失效机理不变原则，要求加速条件下的加速因子是一个与时间无关的常数，假设 F^* 为产品的累积失效概率。在加速应力水平 S_i 下，假设经过时间 t_i 后，产品的累积失效概率达到 F^*；相应地，在加速应力水平 S_j 下，经过时间 t_j 后，产品的累积失效概率也达到 F^*，则可以得到

$$F^* = F_i(t_i) = F_j(t_j) \tag{2-9}$$

将式（2-8）代入式（2-9）可得 $F^* = F_i(t_i) = F_j(\zeta_{ij} t_i)$，等式两边分别对 t_i 取一阶导数，则对任意的 $t_i > 0$ 可得

$$f_i(t_i) = \zeta_{ij} f_j(\zeta_{ij} t_i) \tag{2-10}$$

1. 线性 Wiener 过程失效机理不变原则

根据线性 Wiener 过程的产品失效寿命分布的概率密度函数可得

$$f_i(t_i) = \frac{D}{\sqrt{2\pi(\sigma_B^2)_i (t_i)^3}} \exp\left[-\frac{(D - \lambda_i t_i)^2}{2(\sigma_B^2)_i t_i}\right] \tag{2-11}$$

$$f_j(\zeta_{ij} t_i) = \frac{D}{\sqrt{2\pi(\sigma_B^2)_j (\zeta_{ij} t_i)^3}} \exp\left[-\frac{(D - \lambda_j \zeta_{ij} t_i)^2}{2(\sigma_B^2)_j \zeta_{ij} t_i}\right] \tag{2-12}$$

将式（2-11）和式（2-12）代入式（2-10），整理后可得

$$\begin{aligned}\zeta_{ij} = \frac{f_i(t_i)}{f_j(\zeta_{ij} t_i)} = \sqrt{\frac{\zeta_{ij}^3 (\sigma_B^2)_j}{(\sigma_B^2)_i}} \exp\Bigg\{ & \frac{D^2}{2t_i}\left[\frac{1}{(\sigma_B^2)_j \zeta_{ij}} - \frac{1}{(\sigma_B^2)_i}\right] + \\ & \frac{t_i}{2}\left[\frac{\lambda_j^2 \zeta_{ij}}{(\sigma_B^2)_j} - \frac{\lambda_i^2}{(\sigma_B^2)_i}\right] + D\left[\frac{\lambda_i}{(\sigma_B^2)_i} - \frac{\lambda_j}{(\sigma_B^2)_j}\right]\Bigg\}\end{aligned} \tag{2-13}$$

根据失效机理不变原则，加速因子为常数且与退化时间 t_i 无关，因此式（2-13）须满足以下关系

$$\begin{cases} \dfrac{1}{(\sigma_B^2)_j \zeta_{ij}} - \dfrac{1}{(\sigma_B^2)_i} = 0 \\[2ex] \dfrac{\lambda_j^2 \zeta_{ij}}{(\sigma_B^2)_j} - \dfrac{\lambda_i^2}{(\sigma_B^2)_i} = 0 \\[2ex] \dfrac{\lambda_i}{(\sigma_B^2)_i} - \dfrac{\lambda_j}{(\sigma_B^2)_j} = 0 \end{cases} \tag{2-14}$$

当且仅当退化参数满足式（2-14）时，应力水平 S_i 相对于应力水平 S_j 的加速因子 ζ_{ij} 为常数，即

$$\zeta_{ij}=\frac{\lambda_i}{\lambda_j}=\frac{(\sigma_B^2)_i}{(\sigma_B^2)_j} \tag{2-15}$$

2. 基于时间尺度转换的非线性 Wiener 过程失效机理不变原则

当 $\Lambda(t;b)=t^b$ 时，根据基于时间尺度转换的非线性 Wiener 过程的失效寿命分布的概率密度函数可得

$$f_i(t_i)=\frac{D}{\sqrt{2\pi(\sigma_B^2)_i t_i^{3b_i}}}b_i t_i^{b_i-1}\exp\left[-\frac{(D-\lambda_i t_i^{b_i})^2}{2(\sigma_B^2)_i t_i^{b_i}}\right] \tag{2-16}$$

$$f_j(\zeta_{ij}t_i)=\frac{D}{\sqrt{2\pi(\sigma_B^2)_j\zeta_{ij}^{3b_j}t_i^{3b_j}}}b_j\zeta_{ij}^{b_j}t_i^{b_j-1}\exp\left[-\frac{(D-\lambda_j\zeta_{ij}^{b_j}t_i^{b_j})^2}{2(\sigma_B^2)_j\zeta_{ij}^{b_j}t_i^{b_j}}\right] \tag{2-17}$$

将式（2-16）和式（2-17）代入式（2-10），整理后可得

$$\zeta_{ij}=\frac{f_i(t_i)}{f_j(\zeta_{ij}t_i)}=\sqrt{\frac{\zeta_{ij}^{b_j}(\sigma_B^2)_j}{(\sigma_B^2)_i}t_i^{3(b_j-b_i)}}\,\frac{b_i}{b_j}\exp\left\{\frac{D^2}{2}\left[\frac{1}{(\sigma_B^2)_j\zeta_{ij}^{b_j}t_i^{b_j}}-\frac{1}{(\sigma_B^2)_i t_i^{b_i}}\right]+\frac{1}{2}\left[\frac{\lambda_j^2\zeta_{ij}^{b_j}t_i^{b_j}}{(\sigma_B^2)_j}-\frac{\lambda_i^2 t_i^{b_i}}{(\sigma_B^2)_i}\right]+D\left[\frac{\lambda_i}{(\sigma_B^2)_i}-\frac{\lambda_j}{(\sigma_B^2)_j}\right]\right\} \tag{2-18}$$

欲使加速因子 ζ_{ij} 为与退化时间无关的常数，需要消除式（2-18）中的试验时间 t_i，因此需要满足 $b_j=b_j$；在此基础上，式（2-18）中的指数项还需要满足

$$\zeta_{ij}^{b_i}=\zeta_{ij}^{b_j}=\frac{(\sigma_B^2)_i}{(\sigma_B^2)_j}=\frac{\lambda_i}{\lambda_j} \tag{2-19}$$

将式（2-19）代入式（2-18）可得 $\zeta_{ij}=1$，意味着 $S_i=S_j$，也就是说当加速因子 $\zeta_{ij}=t_j/t_i$ 定义在自然尺度下时很难得到与时间无关的加速因子。因此，针对基于时间尺度转换的非线性 Wiener 过程提出的加速因子，其定义应为

$$\widetilde{\zeta}_{ij}=\frac{\varpi_j}{\varpi_i} \tag{2-20}$$

式中，ϖ_i、ϖ_j 为时间尺度转换下的退化时间，$\varpi_i=\Lambda(t_i;b)$，$\varpi_j=\Lambda(t_j;b)$，接下来将基于时间尺度转换推导在失效机理不变原则下产品退化参数之间的关系。同样假设 F^* 为产品的累积失效概率。在加速应力水平 S_i 下，假设经过转换退化时间 ϖ_i 后，产品的累积失效概率达到 F^*；相应地，在加速应力水平 S_j 下，经过转换退化时间 ϖ_j 后，产品的累积失效概率也达到 F^*，则可以得到

$$F^*=F_i(\varpi_i)=F_j(\varpi_j) \tag{2-21}$$

根据式（2-20）所示的基于时间尺度转换的加速因子定义，可得 $\varpi_j=\widetilde{\zeta}_{ij}\varpi_i$，将其代入式（2-21）可得 $F^*=F_i(\varpi_i)=F_j(\widetilde{\zeta}_{ij}\varpi_i)$，等式两边分别对 ϖ_i 取一阶导数，则对任意的 $\varpi_i>0$ 可得

$$f_i(\varpi_i) = \widetilde{\zeta}_{ij} f_j(\widetilde{\zeta}_{ij}\varpi_i) \tag{2-22}$$

根据基于时间尺度转换的非线性 Wiener 过程的失效寿命分布的概率密度函数可得

$$f_i(\varpi_i) = \frac{D}{\sqrt{2\pi(\sigma_B^2)_i(\varpi_i)^3}}\exp\left[-\frac{(D-\lambda_i\varpi_i)^2}{2(\sigma_B^2)_i\varpi_i}\right] \tag{2-23}$$

$$f_j(\widetilde{\zeta}_{ij}\varpi_i) = \frac{D}{\sqrt{2\pi(\sigma_B^2)_j(\widetilde{\zeta}_{ij}\varpi_i)^3}}\exp\left[-\frac{(D-\lambda_j\widetilde{\zeta}_{ij}\varpi_i)^2}{2(\sigma_B^2)_j\widetilde{\zeta}_{ij}\varpi_i}\right] \tag{2-24}$$

将式（2-23）和式（2-24）代入式（2-22），整理后可得

$$\widetilde{\zeta}_{ij} = \frac{f_i(\varpi_i)}{f_j(\widetilde{\zeta}_{ij}\varpi_i)} = \sqrt{\frac{\widetilde{\zeta}_{ij}^3(\sigma_B^2)_j}{(\sigma_B^2)_i}}\exp\left\{\frac{D^2}{2\varpi_i}\left[\frac{1}{(\sigma_B^2)_j\widetilde{\zeta}_{ij}}-\frac{1}{(\sigma_B^2)_i}\right]+\frac{\varpi_i}{2}\left[\frac{\lambda_j^2\widetilde{\zeta}_{ij}}{(\sigma_B^2)_j}-\frac{\lambda_i^2}{(\sigma_B^2)_i}\right]+D\left[\frac{\lambda_i}{(\sigma_B^2)_i}-\frac{\lambda_j}{(\sigma_B^2)_j}\right]\right\} \tag{2-25}$$

根据失效机理不变原则，加速因子为常数且与转换退化时间ϖ_i无关，因此当且仅当退化参数满足式（2-26）时，应力水平S_i相对于应力水平S_j的加速因子$\widetilde{\zeta}_{ij}$为常数，即

$$\widetilde{\zeta}_{ij} = \frac{\lambda_i}{\lambda_j} = \frac{(\sigma_B^2)_i}{(\sigma_B^2)_j} \tag{2-26}$$

除此之外，以上推导的重要前提是时间尺度转换函数 $\Lambda(t;b)$ 中的参数 b 是相等的，即 $b_i = b_j$。在对加速退化试验的失效机理进行检验时，各加速应力水平下的漂移系数 λ 和扩散系数的平方 σ_B^2 的估计值应满足 $\hat{\lambda}_i/(\hat{\sigma}_B^2)_i = \hat{\lambda}_j/(\hat{\sigma}_B^2)_j$，参数 b 的估计值也应满足 $\hat{b}_i = \hat{b}_j$。如果满足，则表明加速应力水平S_i与加速应力水平S_j下的失效机理一致；如果不满足，则表明加速应力水平S_i与加速应力水平S_j下的失效机理发生了改变。

3. 失效机理检验

采用 t 统计量对产品加速退化试验失效机理的一致性进行检验时，由于试验样本之间存在差异性，所以同一加速应力下不同样本的退化参数是不同的。假设加速应力水平S_i下的样本总量为N_i，加速应力水平S_i下各个样本的漂移系数和扩散系数的平方之比构成长度为N_i的向量 $\boldsymbol{v}_i = (v_{i1},\cdots,v_{iN_i})$；假设加速应力水平$S_j$下的样本总量为$N_j$，加速应力水平$S_j$下各个样本的漂移系数和扩散系数的平方之比构成长度为N_j的向量 $\boldsymbol{v}_j = (v_{j1},\cdots,v_{jN_j})$。当样本量较大时，$\boldsymbol{v}_i$、$\boldsymbol{v}_j$ 会呈现正态分布的特征，采用 t 统计量检验$\boldsymbol{v}_i$ 的均值与$\boldsymbol{v}_j$ 的均值是否存在显著差异，具体方法如下[180]：

假设向量 $\boldsymbol{v}_i = (v_{i1},\cdots,v_{iN_i})$ 来自正态分布总体 $N(\mu_i, \sigma_i^2)$，向量$\boldsymbol{v}_j = (v_{j1},$

$\cdots, v_{jN_j}$）来自正态分布总体 $N(\mu_j, \sigma_j^2)$，在显著性水平 α 下检验假设

$$H_0: \mu_i = \mu_j, \quad H_1: \mu_i \neq \mu_j \tag{2-27}$$

采用的 t 统计量为

$$U = \frac{\bar{v}_i - \bar{v}_j}{\sqrt{\dfrac{W_i^2}{N_i} + \dfrac{W_j^2}{N_j}}} \tag{2-28}$$

式中

$$\bar{v}_i = \frac{1}{N_i}\sum_{p=1}^{N_i} v_{ip}, \quad \bar{v}_j = \frac{1}{N_j}\sum_{p=1}^{N_j} v_{jp}$$

$$W_i^2 = \frac{1}{N_i - 1}\sum_{p=1}^{N_i}(v_{ip} - \bar{v}_i), W_j^2 = \frac{1}{N_j - 1}\sum_{p=1}^{N_j}(v_{jp} - \bar{v}_j)$$

如果假设 H_0 成立，则统计量 U 近似服从自由度为 V 的 t 分布

$$V = \frac{\left(\dfrac{W_i^2}{N_i} + \dfrac{W_j^2}{N_j}\right)^2}{\dfrac{\left(\dfrac{W_i^2}{N_i}\right)^2}{(N_i + 1)} + \dfrac{\left(\dfrac{W_j^2}{N_j}\right)^2}{(N_j + 1)}} \tag{2-29}$$

在显著性水平 α 下，H_0 的拒绝域为 $|U| \geqslant t_{1-\alpha/2}(V)$。对各加速应力水平下时间尺度转换参数 b 的一致性检验，与漂移系数和扩散系数的平方之比的一致性检验类似。

2.1.3 退化参数的加速模型

为了计算的简便性和模型的简洁性，很多文献都假设基于时间尺度转换的非线性 Wiener 过程中只有漂移系数与加速应力水平有关，并假设扩散系数为常数，也就是说，任何应力水平下的扩散系数都是相等的。基于失效机理不变原则推导得到的不同应力水平下漂移系数和扩散系数之间的关系见式（2-26），基于时间尺度转换，不仅加速应力水平 S_k 下的漂移系数与常应力水平 S_0 下的漂移系数之比等于加速因子，而且加速应力水平 S_k 下的扩散系数的平方与常应力水平 S_0 下的扩散系数的平方之比也等于加速因子，此结论与叶志胜提出的观点是一致的。

产品退化参数与加速应力水平之间的关系可以通过基于工程背景的加速模型建立，常用的加速模型有阿伦尼乌斯模型、逆幂率模型、艾林模型，其中阿伦尼乌斯模型和艾林模型主要适用于加速应力为温度应力的情形，逆幂率模型主要适用于加速应力为电应力的情形。为了使表达形式统一，三种加速模型全部写成指数形式，见表 2-1。其中，漂移系数和扩散系数的平方列的加速模型中参数 β 是相同的，这是为了保证漂移系数与扩散系数的平方之比为常数，即 η/α。对于阿

伦尼乌斯模型，令 $\varsigma(S_k|\beta)=\exp(\beta/S_k)$；对于逆幂率模型，令 $\varsigma(S_k|\beta)=\exp(\beta\ln S_k)$；对于艾林模型，令 $\varsigma(S_k|\beta)=\exp(\beta/S_k)/S_k$，则三种模型的漂移系数皆可以用 $\lambda_k=\eta\varsigma_k$ 表达，而扩散系数的平方皆可以用 $(\sigma_B^2)_k=\alpha\varsigma_k$ 表达，其中 ς_k 是 $\varsigma(S_k|\beta)$ 的简化形式。

表 2-1　常见加速模型的漂移系数、扩散系数的平方及加速因子表达式

加速模型	漂移系数 λ	扩散系数的平方 σ_B^2	加速因子 ς（基于时间尺度转换）
阿伦尼乌斯模型	$\lambda_k=\eta\exp(\beta/S_k)$	$(\sigma_B^2)_k=\alpha\exp(\beta/S_k)$	$\varsigma_{k,0}=\exp[\beta(1/S_k-1/S_0)]$
逆幂率模型	$\lambda_k=\eta\exp(\beta\ln S_k)$	$(\sigma_B^2)_k=\alpha\exp(\beta\ln S_k)$	$\varsigma_{k,0}=\exp[\beta(\ln S_k-\ln S_0)]$
艾林模型	$\lambda_k=\eta/S_k\exp(\beta/S_k)$	$(\sigma_B^2)_k=\alpha/S_k\exp(\beta/S_k)$	$\varsigma_{k,0}=S_0/S_k\exp[\beta(1/S_k-1/S_0)]$

2.1.4　考虑随机效应的产品加速退化模型

在产品加速退化试验中观测到，来自同一批产品的不同个体的退化过程呈现相似的退化趋势与形态，然而其个体的退化轨迹却不尽相同。造成退化轨迹不确定性的来源主要有三种：时间变异性、样本差异性以及测量差异性。其中，时间变异性主要体现在布朗运动内在的随机特性；样本差异性可以通过退化参数的随机性进行表征。根据失效机理不变原则推导得到，在任意加速应力水平下，漂移系数和扩散系数的平方的比值为与加速应力水平或退化时间无关的常数，因此如果假设漂移系数服从某随机分布，则扩散系数也服从某随机分布，这无疑会增加计算的复杂性，且很难得到失效寿命分布的概率密度函数的解析形式。况且基于失效机理不变原则得到的漂移系数和扩散系数之间的关系是在统计学意义下得到的，因此为了表示不同样本之间的差异性，假设在某加速应力水平下，不同样本具有不同的漂移系数和相同的扩散系数，此假设保证了在均值意义下依然满足失效机理不变原则。结合加速模型，在该加速应力水平下，假设参数 η 服从正态分布，即

$$\eta\sim N(\mu_\eta,\sigma_\eta^2)\tag{2-30}$$

因此，加速应力水平 S_k 下的漂移系数服从正态分布，即 $\lambda_k\sim N(\mu_\lambda,\ \sigma_\lambda^2)$，其中 $\mu_\lambda=\mu_\eta\varsigma_k$，$\sigma_\lambda^2=\sigma_\eta^2\varsigma_k^2$。

考虑样本的多样性以及参数的随机性假设，结合式（2-3）和式（2-4）可以得到在 η 已知的条件下，加速应力水平 S_k 下失效寿命的条件概率密度函数和条件累积失效分布函数，见式（2-31）和式（2-32）。

$$f_{T|\eta,S_k}(t|\eta,S_k)=\frac{D}{\sqrt{2\pi\Lambda^3(t;b)\alpha\varsigma_k}}\exp\left\{-\frac{[D-\eta\varsigma_k\Lambda(t;b)]^2}{2\Lambda(t;b)\alpha\varsigma_k}\right\}\frac{\mathrm{d}\Lambda(t;b)}{\mathrm{d}t}\tag{2-31}$$

$$F_{T|\eta,S_k}(t|\eta,S_k) = \Phi\left[\frac{\eta \varsigma_k \Lambda(t;b) - D}{\sqrt{\alpha \varsigma_k \Lambda(t;b)}}\right] + \exp\left(\frac{2\eta D}{\alpha}\right)\Phi\left[-\frac{\eta \varsigma_k \Lambda(t;b) + D}{\sqrt{\alpha \varsigma_k \Lambda(t;b)}}\right] \tag{2-32}$$

为了推导式（2-31）和式（2-32）的全概率形式，需要引入以下结论[100]：如果 $Z \sim N(\mu, \sigma^2)$，w、$A \in \mathbb{R}$，且 $B \in \mathbb{R}^+$，则式（2-33）成立。

$$E_Z\left\{\exp\left[-\frac{(w-AZ)^2}{2B}\right]\right\} = \sqrt{\frac{B}{A^2\sigma^2 + B}}\exp\left[-\frac{(w-A\mu)^2}{2(A^2\sigma^2+B)}\right] \tag{2-33}$$

证明：

$$E_Z\left\{\exp\left[-\frac{(w-AZ)^2}{2B}\right]\right\} = \frac{1}{\sqrt{2\pi\sigma^2}}\int_{-\infty}^{\infty}\exp\left\{-\left[\frac{(w-Az)^2}{2B} + \frac{(z-\mu)^2}{2\sigma^2}\right]\right\}dz \tag{2-34}$$

式中

$$\begin{aligned}\frac{(w-Az)^2}{2B} + \frac{(z-\mu)^2}{2\sigma^2} &= \frac{(w^2 + A^2z^2 - 2Awz)\sigma^2 + (z^2 + \mu^2 - 2\mu z)B}{2B\sigma^2} \\ &= \left(\frac{A^2\sigma^2 + B}{2B\sigma^2}\right)\left(z^2 - 2\frac{Aw\sigma^2 + \mu B}{A^2\sigma^2 + B}z\right) + \frac{w^2\sigma^2 + \mu^2 B}{2B\sigma^2}\end{aligned}$$

令 $\varphi = (Aw\sigma^2 + \mu B)/(A^2\sigma^2 + B)$，$\psi = 2B\sigma^2/(A^2\sigma^2 + B)$，则

$$\frac{(w-Az)^2}{2B} + \frac{(z-\mu)^2}{2\sigma^2} = \frac{z^2 - 2\varphi z}{\psi} + \frac{w^2\sigma^2 + \mu^2 B}{2B\sigma^2} \tag{2-35}$$

因此

$$\begin{aligned}E_Z\left\{\exp\left[-\frac{(w-AZ)^2}{2B}\right]\right\} &= \frac{1}{\sqrt{2\pi\sigma^2}}\exp\left(-\frac{w^2\sigma^2 + \mu^2 B}{2B\sigma^2}\right)\int_{-\infty}^{\infty}\exp\left(-\frac{z^2 - 2\varphi z}{\psi}\right)dz \\ &= \frac{1}{\sqrt{2\pi\sigma^2}}\exp\left(-\frac{w^2\sigma^2 + \mu^2 B}{2B\sigma^2}\right)\times \\ &\quad \exp\left(\frac{\varphi^2}{\psi}\right)\int_{-\infty}^{\infty}\exp\left[-\frac{(z-\varphi)^2}{\psi}\right]dz\end{aligned} \tag{2-36}$$

利用正态分布概率密度函数积分的性质可得 $\int_{-\infty}^{\infty}\exp\left[-\frac{(z-\varphi)^2}{\psi}\right]dz = \sqrt{\pi\psi}$，则 $E_Z\left\{\exp\left[-\frac{(w-AZ)^2}{2B}\right]\right\}$ 可被进一步写成

$$E_Z\left\{\exp\left[-\frac{(w-AZ)^2}{2B}\right]\right\} = \frac{1}{\sqrt{2\pi\sigma^2}}\exp\left(-\frac{w^2\sigma^2 + \mu^2 B}{2B\sigma^2}\right)\exp\left(\frac{\varphi^2}{\psi}\right)\sqrt{\pi\psi} \tag{2-37}$$

将 φ、ψ 代入式（2-37）整理可得

$$E_Z\left\{\exp\left[-\frac{(w-AZ)^2}{2B}\right]\right\} = \sqrt{\frac{B}{A^2\sigma^2 + B}}\exp\left[-\frac{(w-A\mu)^2}{2(A^2\sigma^2+B)}\right] \tag{2-38}$$

证明完成。

假如 $Z \sim N(\mu, \sigma^2)$，且 A、B 为有理数，即 A、$B \in \mathbb{R}$，则式（2-39）成立[30]。

$$E[\Phi(A+BZ)] = \Phi\left(\frac{A+B\mu}{\sqrt{1+B^2\sigma^2}}\right) \tag{2-39}$$

如果 $Z \sim N(\mu, \sigma^2)$，A、B、$C \in \mathbb{R}$，则式（2-40）成立[30]。

$$E_Z[\exp(CZ)\Phi(A+BZ)] = \exp\left(-\frac{2C\mu + C^2\sigma^2}{2}\right)\Phi\left(\frac{A+B\mu+BC\sigma^2}{\sqrt{1+B^2\sigma^2}}\right) \tag{2-40}$$

结合式（2-33），可得加速应力水平 S_k 下失效寿命分布的全概率密度函数为

$$f_{T|S_k}(t|S_k) = \frac{D}{\sqrt{2\pi\Lambda^3(t;b)[\alpha\varsigma_k + \sigma_\eta^2\varsigma_k^2\Lambda(t;b)]}} \times \exp\left\{-\frac{[D-\mu_\eta\varsigma_k\Lambda(t;b)]^2}{2\Lambda(t)[\alpha\varsigma_k + \sigma_\eta^2\varsigma_k^2\Lambda(t)]}\right\}\frac{\mathrm{d}\Lambda(t;b)}{\mathrm{d}t} \tag{2-41}$$

结合式（2-39）和式（2-40），可得加速应力水平 S_k 下失效寿命的分布函数为

$$F_{T|S_k}(t|S_k) = \Phi\left\{\frac{\mu_\eta\varsigma_k\Lambda(t;b) - D}{\sqrt{\Lambda(t;b)[\alpha\varsigma_k + \sigma_\eta^2\varsigma_k^2\Lambda(t;b)]}}\right\} + \exp\left(\frac{2\mu_\eta D}{\alpha} + \frac{2\sigma_\eta^2 D^2}{\alpha^2}\right) \times \Phi\left\{-\frac{2D\sigma_\eta^2\varsigma_k\Lambda(t;b) + \alpha[\mu_\eta\varsigma_k\Lambda(t;b) + D]}{\alpha\sqrt{\alpha\varsigma_k\Lambda(t;b) + \sigma_\eta^2\varsigma_k^2\Lambda^2(t;b)}}\right\} \tag{2-42}$$

相应地，加速应力水平 S_k 下的可靠度函数为

$$R_{T|S_k}(t|S_k) = \Phi\left\{\frac{D - \mu_\eta\varsigma_k\Lambda(t;b)}{\sqrt{\Lambda(t;b)[\alpha\varsigma_k + \sigma_\eta^2\varsigma_k^2\Lambda(t;b)]}}\right\} - \exp\left(\frac{2\mu_\eta D}{\alpha} + \frac{2\sigma_\eta^2 D^2}{\alpha^2}\right) \times \Phi\left\{-\frac{2D\sigma_\eta^2\varsigma_k\Lambda(t;b) + \alpha[\mu_\eta\varsigma_k\Lambda(t;b) + D]}{\alpha\sqrt{\alpha\varsigma_k\Lambda(t;b) + \sigma_\eta^2\varsigma_k^2\Lambda^2(t;b)}}\right\} \tag{2-43}$$

产品在加速应力水平 S_k 下的平均失效时间（mean time to failure，MTTF）可以表示为

$$\mathrm{MTTF}_k = E(T|S_k) = \int_0^\infty t f_{T|S_k}(t|S_k)\,\mathrm{d}t \tag{2-44}$$

由于 $f_{T|S_k}(t|S_k)$ 的解析形式比较复杂，因此很难得到平均失效时间的解析形式。

当 $\sigma_\eta \ll \mu_\eta$ 时

$$\mathrm{MTTF}_k \approx \int_0^\infty t \frac{D}{\sqrt{2\pi\alpha\varsigma_k\Lambda^3(t;b)}}\exp\left\{-\frac{[D-\mu_\eta\varsigma_k\Lambda(t;b)]^2}{2\alpha\varsigma_k\Lambda(t;b)}\right\}\mathrm{d}\Lambda(t;b) \tag{2-45}$$

值得注意的是，此时平均失效时间 $\mathrm{MTTF}_k \neq \Lambda^{-1}(D/\lambda_k)$。其证明过程如下：假设 $\varpi = \Lambda(t;b) = \sqrt{t}$，可得 $\varpi = \Lambda(t;b)$ 时（基于时间尺度转换），产品的平均失效时间 $E(\varpi) \approx D/(\mu_\eta \varsigma_k)$，$\mathrm{var}(\varpi) \approx D\alpha/(\mu_\eta^2 \varsigma_k^2)$，相应地，$t=\varpi^2$，因此 $E(T) \approx D^2/(\mu_\eta^2 \varsigma_k^2) + D\alpha/(\mu_\eta^2 \varsigma_k^2) \neq D^2/(\mu_\eta^2 \varsigma_k^2)$。

当 $\Lambda(t;b)=t$ 时，模型即为线性 Wiener 退化过程，此时可以得到平均失效时间的解析表达式为

$$\mathrm{MTTF}_k = \frac{\sqrt{2}D}{\sigma_\eta \varsigma_k} G\left(\frac{\mu_\eta}{\sqrt{2\sigma_\eta^2}}\right) \tag{2-46}$$

式中，$G(z)$ 为 Dawson 积分，$G(z) = \exp(-z^2)\int_0^z \exp(u^2)\mathrm{d}u$。

该证明需引入以下结论：

假设 $x \sim N(\mu,\sigma^2)$，则 x 的倒数的均值（期望）为[148]

$$E_x\left(\frac{1}{x}\right) = \frac{1}{\sigma^2}\exp\left(-\frac{\mu^2}{2\sigma^2}\right)\int_0^\mu \exp\left(\frac{u^2}{2\sigma^2}\right)\mathrm{d}u = \frac{\sqrt{2}}{\sigma}G\left(\frac{\mu}{\sqrt{2}\sigma}\right) \tag{2-47}$$

2.2 基于 Wiener 过程的产品恒定应力加速退化过程建模

2.2.1 恒定应力加速退化过程

假设在产品恒定应力加速退化试验中共有 K 级加速应力水平，分别为 S_1，…，S_k，…，S_K，且 $S_1 < \cdots < S_k < \cdots < S_K$，常应力水平为 S_0。加速应力水平 S_k 下的样本数量为 N_k，第 k 级加速应力水平 S_k 下第 i 个样本，第 j 次测量得到的退化量为 x_{kij}，对应的退化时间为 t_{kij}，该样本的测量总次数为 M_{ki}。因此，其退化过程为

$$x_{kij}(t_{kij}|S_k) = \eta_{ki}\varsigma_k\Lambda(t_{kij};b) + \sqrt{\alpha\varsigma_k}B[\Lambda(t_{kij};b)] \tag{2-48}$$

式中，$\eta_{ki} \sim N(\mu_\eta,\sigma_\eta^2)$。

2.2.2 恒定应力加速退化试验未知参数估计

恒定应力加速退化试验中的未知参数 $\boldsymbol{\Theta} = \{\mu_\eta,\sigma_\eta^2,\alpha,\beta,b\}$，利用布朗运动退化量的性质，即退化量 x_{kij} 服从正态分布，对未知参数求解。在恒定应力加速退化试验中，为了表达方便，令转换退化时间变量 $\varpi_{kij} = \Lambda(t_{kij};b)$，且 $\boldsymbol{T}_{ki} = [\varpi_{ki1},\cdots,\varpi_{kiM_{ki}}]^{\mathrm{T}}$，退化量矩阵表示为 $\boldsymbol{X}_{ki} = [x_{ki1},\cdots,x_{kiM_{ki}}]^{\mathrm{T}}$，其中 $k=1$，2，…，K；$i=1$，2，…，N_k；$j=1$，2，…，M_{ki}。根据 Wiener 过程退化量的性质以及布朗运动的独立性假设可以得到退化量 $\boldsymbol{X}_{ki}$ 服从正态分布，其均值和方差

见式（2-49）。

$$\begin{cases}\boldsymbol{\mu}_{ki}=\mu_\eta\varsigma_k\boldsymbol{T}_{ki}\\ \boldsymbol{\Sigma}_{ki}=\boldsymbol{\Omega}_{ki}+\sigma_\eta^2\varsigma_k^2\boldsymbol{T}_{ki}\boldsymbol{T}_{ki}^{\mathrm{T}}\end{cases} \tag{2-49}$$

式中

$$\boldsymbol{\Omega}_{ki}=\alpha\varsigma_k\begin{bmatrix}\Lambda(t_{ki1};b) & \Lambda(t_{ki1};b) & \cdots & \Lambda(t_{ki1};b)\\ \Lambda(t_{ki1};b) & \Lambda(t_{ki2};b) & \cdots & \Lambda(t_{ki2};b)\\ \vdots & \vdots & & \vdots\\ \Lambda(t_{ki1};b) & \Lambda(t_{ki2};b) & \cdots & \Lambda(t_{kiM_{ki}};b)\end{bmatrix} \tag{2-50}$$

由于退化量的方差矩阵比较复杂，为了求取更多参数的解析表达式，将其方差矩阵写成 $\boldsymbol{\Sigma}_{ki}=\sigma_\eta^2\widetilde{\boldsymbol{\Sigma}}_{ki}$，其中

$$\widetilde{\boldsymbol{\Sigma}}_{ki}=\widetilde{\boldsymbol{\Omega}}_{ki}+\varsigma_k^2\boldsymbol{T}_{ki}\boldsymbol{T}_{ki}^{\mathrm{T}},\widetilde{\boldsymbol{\Omega}}_{ki}=\widetilde{\alpha}\varsigma_k\begin{bmatrix}\Lambda(t_{ki1};b) & \Lambda(t_{ki1};b) & \cdots & \Lambda(t_{ki1};b)\\ \Lambda(t_{ki1};b) & \Lambda(t_{ki2};b) & \cdots & \Lambda(t_{ki2};b)\\ \vdots & \vdots & & \vdots\\ \Lambda(t_{ki1};b) & \Lambda(t_{ki2};b) & \cdots & \Lambda(t_{kiM_{ki}};b)\end{bmatrix},\widetilde{\alpha}=\frac{\alpha}{\sigma_\eta^2} \tag{2-51}$$

因此，关于未知参数 $\widetilde{\boldsymbol{\Theta}}=\{\mu_\eta,\sigma_\eta^2,\beta,\widetilde{\alpha},b\}$ 的最大对数似然函数为

$$\begin{aligned}\ln L(\widetilde{\boldsymbol{\Theta}}\mid\boldsymbol{X})=&-\frac{1}{2}\ln(2\pi)\sum_{k=1}^{K}\sum_{i=1}^{N_i}M_{ki}-\frac{1}{2}\ln\sigma_\eta^2\sum_{k=1}^{K}\sum_{i=1}^{N_i}M_{ki}-\frac{1}{2}\sum_{k=1}^{K}\sum_{i=1}^{N_i}\ln|\widetilde{\boldsymbol{\Sigma}}_{ki}|-\\&\frac{1}{2\sigma_\eta^2}\sum_{k=1}^{K}\sum_{i=1}^{N_i}[\boldsymbol{X}_{ki}-\mu_\eta\varsigma_k\boldsymbol{T}_{ki}]^{\mathrm{T}}\widetilde{\boldsymbol{\Sigma}}_{ki}^{-1}[\boldsymbol{X}_{ki}-\mu_\eta\varsigma_k\boldsymbol{T}_{ki}]\end{aligned} \tag{2-52}$$

将最大对数似然函数 $\ln L(\widetilde{\boldsymbol{\Theta}}\mid\boldsymbol{X})$ 对参数 μ_η、σ_η^2 求一阶偏导数，并令其一阶偏导数等于0，通过解方程得到 μ_η、σ_η^2 的最大对数似然估计值 $\hat{\mu}_\eta$、$\hat{\sigma}_\eta^2$ 的解析表达式为

$$\hat{\mu}_\eta=\frac{\sum_{k=1}^{K}\sum_{i=1}^{N_i}\varsigma_k\boldsymbol{T}_{ki}^{\mathrm{T}}\widetilde{\boldsymbol{\Sigma}}_{ki}^{-1}\boldsymbol{X}_{ki}}{\sum_{k=1}^{K}\sum_{i=1}^{N_i}\varsigma_k^2\boldsymbol{T}_{ki}^{\mathrm{T}}\widetilde{\boldsymbol{\Sigma}}_{ki}^{-1}\boldsymbol{T}_{ki}} \tag{2-53}$$

$$\hat{\sigma}_\eta^2=\frac{1}{\sum_{k=1}^{K}\sum_{i=1}^{N_i}M_{ki}}\sum_{k=1}^{K}\sum_{i=1}^{N_i}[\boldsymbol{X}_{ki}-\hat{\mu}_\eta\varsigma_k\boldsymbol{T}_{ki}]^{\mathrm{T}}\widetilde{\boldsymbol{\Sigma}}_{ki}^{-1}[\boldsymbol{X}_{ki}-\hat{\mu}_\eta\varsigma_k\boldsymbol{T}_{ki}] \tag{2-54}$$

将 $\hat{\mu}_\eta$、$\hat{\sigma}_\eta^2$ 代入式（2-52）可以得到剖面对数似然函数为

$$\ln L(\widetilde{\boldsymbol{\Theta}}\mid\boldsymbol{X}) = -\frac{1}{2}\ln\hat{\widetilde{\sigma}}_{\eta}^{2}\sum_{k=1}^{K}\sum_{i=1}^{N_i}M_{ki} - \frac{1}{2}\sum_{k=1}^{K}\sum_{i=1}^{N_i}\ln|\widetilde{\boldsymbol{\Sigma}}_{ki}| - \frac{1}{2}\sum_{k=1}^{K}\sum_{i=1}^{N_i}M_{ki} - \frac{1}{2}\ln(2\pi)\sum_{k=1}^{K}\sum_{i=1}^{N_i}M_{ki} \tag{2-55}$$

通过多维搜索即可得到参数β、$\widetilde{\alpha}$、b 的最大对数似然估计值$\hat{\beta}$、$\hat{\widetilde{\alpha}}$、$\hat{b}$，将$\hat{\beta}$、$\hat{\widetilde{\alpha}}$、$\hat{b}$ 代入式（2-53）和式（2-54）可以得到μ_{η}、σ_{η}^{2} 的最大似然估计值$\hat{\mu}_{\eta}$、$\hat{\sigma}_{\eta}^{2}$，由$\widetilde{\alpha}$、σ_{η}^{2} 的最大似然估计值可得$\hat{\alpha}=\hat{\widetilde{\alpha}}\hat{\sigma}_{\eta}^{2}$。

2.2.3 应用实例分析

在对某水声干扰子弹电子部件失效样本的失效原因及失效机理进行分析时发现，起爆电容器引脚与焊盘脱离并且翘起，将元器件从焊盘中剥离后单独测量单片机和起爆电容器的使用性能，发现单片机各项性能参数均正常，而部分起爆电容器已发生失效。作为电子部件的易失效元器件，需要对起爆电容器单独做贮存寿命试验。

为了缩短试验时间，通过提高温度应力对起爆电容器进行加速寿命试验，加速应力水平个数为 3，分别为 120℃、150℃、180℃，每个加速应力水平下的样本数量为5。在试验过程中，每隔一段时间就将电容器从试验箱中取出并测量其电容值，然后再将电容器放入试验箱中继续试验。由于在低加速温度应力水平下其退化比较缓慢，因此在低加速温度应力水平下的测量间隔应适当延长，在120℃下每隔 3 天检测一次，在 150℃下每隔 2 天检测一次，180℃下每隔 1 天检测一次，每个样本检测 8 次。

在试验过程中发现，随着试验时间的增加，起爆电容器的电容会逐渐减小，当电容器电容的减小量小于其初始电容的 5% 时即判定该电容器失效。为了方便统计和后期建模，将电容相对减少的百分比作为电容器的退化量，因此起爆电容器的失效阈值 $D=5$。各加速应力水平下起爆电容器的加速退化轨迹如图 2-1 所示。

由图 2-1 可以看出，起爆电容器的退化过程呈现非线性的特征，因此采用基于时间尺度转换的非线性 Wiener 过程对各样本的退化数据进行拟合，时间尺度转换函数用幂率转换函数 $\Lambda(t;b)=t^{b}$ 表示，基于起爆电容器加速退化数据，对每个样本的时间尺度转换参数 b、漂移系数 λ、扩散系数的平方 σ_{B}^{2} 进行估计，在时间尺度转换参数 b 已知的情况下，可以得到漂移系数 λ 和扩散系数的平方 σ_{B}^{2} 的解析表达式，见式（2-56）和式（2-57）。

$$\hat{\lambda}(b) = \frac{x_M}{\Lambda(t_M;b)} \tag{2-56}$$

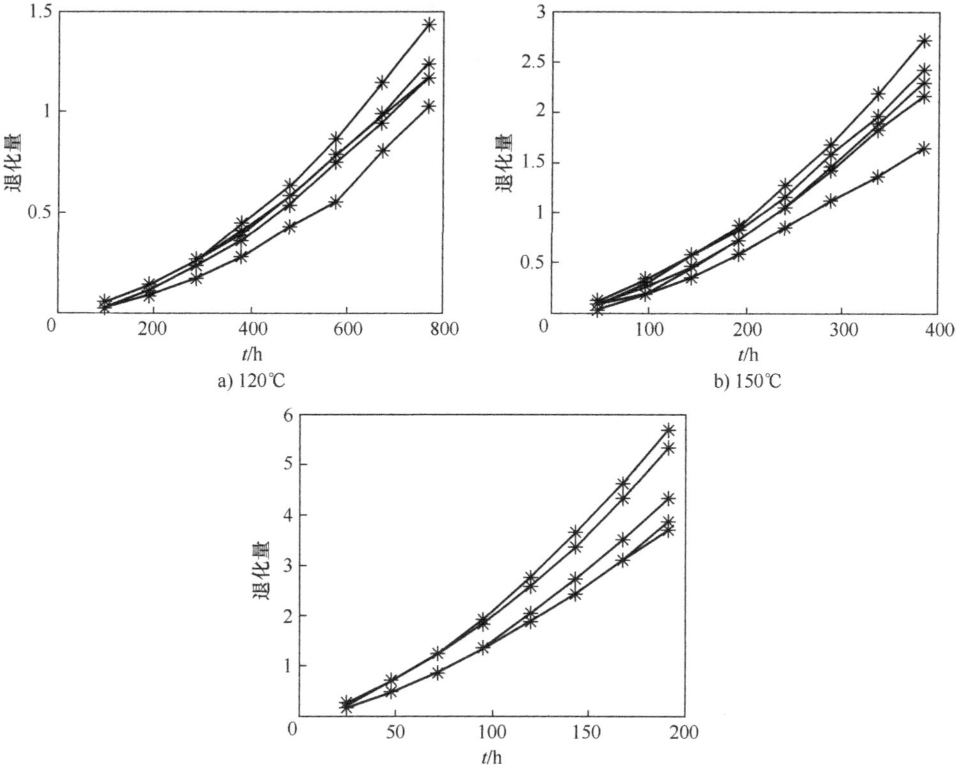

a) 120℃　b) 150℃　c) 180℃

图 2-1　各加速应力水平下起爆电容器的加速退化轨迹

$$\hat{\sigma}_B^2(b) = \frac{1}{M}\sum_{j=1}^{M}[\Delta x_j - \hat{\lambda}(b)\Delta\Lambda(t_j;b)]^2 \tag{2-57}$$

式中，M 为该样本总测量次数，时间尺度转换函数为 $\Lambda(t;\ b) = t^b$，$\Delta x_1 = x_1$，$\Delta x_j = x_j - x_{j-1}$ $(j=2,\ 3,\ \cdots,\ M)$，$\Delta\Lambda(t_1;\ b) = \Lambda(t_1;\ b)$，$\Delta\Lambda(t_j;\ b) = \Lambda(t_j;\ b) - \Lambda(t_{j-1};b)(j=2,3,\cdots,M)$。

得到的加速退化试验中各加速应力水平下起爆电容器各个样本的时间尺度转换参数 b、漂移系数 λ 和扩散系数的平方 σ_B^2 的估计值，见表 2-2。

假设显著性水平为 0.05，采用 2.1.2 节所示的方法对各加速应力水平下的失效机理进行检验，检验结果见表 2-3。根据表 2-3 中的检验结果可知，只有 150℃与 180℃下漂移系数和扩散系数的平方之比不符合一致性检验，将显著性水平减小为 0.01 可得临界值为 3.6374，统计量小于临界值，此时满足一致性检验，因此可大致认为起爆电容器的退化参数满足一致性检验。

采用 2.2.1 节给出的产品恒定应力加速退化过程以及 2.2.2 节给出的未知参数估计方法，对起爆电容器加速退化试验数据进行拟合，得到的模型未知参数的估计值见表 2-4。为了分析考虑加速应力水平对扩散系数的影响的重要性，将假设各加速应力水平下扩散系数相等的模型记为模型 M_1，模型 M_1 中扩散系数的平方 $\sigma_B^2=\alpha$，将恒定应力加速退化模型记为模型 M_0。对模型 M_1 中的未知参数进行估计，其结果见表 2-4。

表 2-2 起爆电容器加速退化试验中各样本退化参数的估计值

温度应力	退化参数	样本编号				
		1	2	3	4	5
		估计值				
120℃	$\hat{b}_1$	1.84	1.72	1.68	1.57	1.47
	$\hat{\lambda}_1$	4.99×10^{-6}	1.34×10^{-5}	2.00×10^{-5}	3.51×10^{-5}	6.92×10^{-5}
	$(\hat{\sigma}_B^2)_1$	2.04×10^{-8}	2.85×10^{-8}	1.75×10^{-8}	5.09×10^{-8}	1.58×10^{-7}
150℃	$\hat{b}_2$	1.64	1.55	1.51	1.56	1.53
	$\hat{\lambda}_2$	1.29×10^{-4}	2.45×10^{-4}	2.68×10^{-4}	2.47×10^{-4}	1.86×10^{-4}
	$(\hat{\sigma}_B^2)_2$	5.88×10^{-7}	7.26×10^{-7}	1.03×10^{-6}	7.06×10^{-7}	6.71×10^{-7}
180℃	$\hat{b}_3$	1.45	1.55	1.60	1.50	1.52
	$\hat{\lambda}_3$	1.79×10^{-3}	1.67×10^{-3}	9.48×10^{-4}	2.01×10^{-3}	1.30×10^{-3}
	$(\hat{\sigma}_B^2)_3$	5.96×10^{-6}	1.45×10^{-6}	1.39×10^{-6}	5.04×10^{-6}	1.49×10^{-6}

表 2-3 起爆电容器各加速应力水平下的失效机理一致性检验

检验样本	$\hat{\lambda}_1/(\hat{\sigma}_B^2)_1$, $\hat{\lambda}_2/(\hat{\sigma}_B^2)_2$	$\hat{\lambda}_1/(\hat{\sigma}_B^2)_1$, $\hat{\lambda}_3/(\hat{\sigma}_B^2)_3$	$\hat{\lambda}_2/(\hat{\sigma}_B^2)_2$, $\hat{\lambda}_3/(\hat{\sigma}_B^2)_3$	$\hat{b}_1,\hat{b}_2$	$\hat{b}_1,\hat{b}_3$	$\hat{b}_2,\hat{b}_3$
统计量	1.9836	0.3905	2.4970	1.4199	1.8981	0.9970
自由度 V	6.3025	11.9974	6.2937	7.5236	7.7614	11.9324
临界值	2.4187	2.1789	2.4195	2.3317	2.3184	2.1802
一致性情况	一致	一致	不一致	一致	一致	一致

表 2-4 起爆电容器恒定应力加速退化模型未知参数估计值及选择指标

模型	$\hat{\mu}_\eta$	$\hat{\sigma}_\eta$	$\hat{\alpha}$	$\hat{\beta}$	$\hat{b}$	Log－LF	AIC
M_0	9.91×10^6	1.62×10^6	3.51×10^4	-1.03×10^4	1.552	226.169	-442.338
M_1	1.46×10^7	2.39×10^6	1.71×10^{-6}	-1.04×10^4	1.528	192.059	-374.119

选择退化模型的标准要考虑三个不同的指标：拟合性能、复杂水平以及鲁棒性。最大对数似然函数（Log－LF）描述了拟合性能，是最常见的衡量拟合性能的标准；赤池信息量准则（Akaike information criterion，AIC）也是衡量拟合性能的一种信息量标准，最初由 Akaike 在 1974 年基于信息理论提出，已经被广泛用于退化模型的选择中，赤池信息量准则的表达式为

$$\mathrm{AIC} = -2\mathrm{Log}-\mathrm{LF} + 2C \tag{2-58}$$

式中，Log－LF 的值为最大对数似然函数估计值，C 为未知参数的个数；AIC 值越小，则模型越好。

由表 2-4 可知，模型 M_0具有较大的最大对数似然函数估计值以及较小的赤池信息量准则值，因此模型 M_0 比模型 M_1对起爆电容器加速退化数据的拟合效果更好。

假设常应力水平下的贮存温度为 25℃，根据表 2-4 中的参数外推出常应力水平下起爆电容器漂移系数的均值 μ_λ、方差 σ_λ^2 和扩散系数的平方 σ_B^2，以及时间尺度转换参数 b 与加速应力水平下的相同，常应力水平下起爆电容器的退化参数见表 2-5。

表 2-5　常应力水平下起爆电容器的退化参数

模型	μ_λ	σ_λ^2	b	σ_B^2
M_0	8.82×10^{-9}	2.08×10^{-18}	1.552	3.13×10^{-11}
M_1	9.00×10^{-9}	2.16×10^{-18}	1.528	1.71×10^{-6}

由表 2-5 可知，基于模型 M_0和模型 M_1的漂移系数的均值、方差以及时间尺度转换参数都比较接近，而基于模型 M_1 的扩散系数的平方要远远大于基于模型 M_0的扩散系数的平方。将表 2-5 中的退化参数代入式（2-41）和式（2-43）可得到常应力水平下起爆电容器失效寿命分布的概率密度函数（Probability Density Function，PDF）和可靠度（Reliability）函数，其曲线如图 2-2 所示。

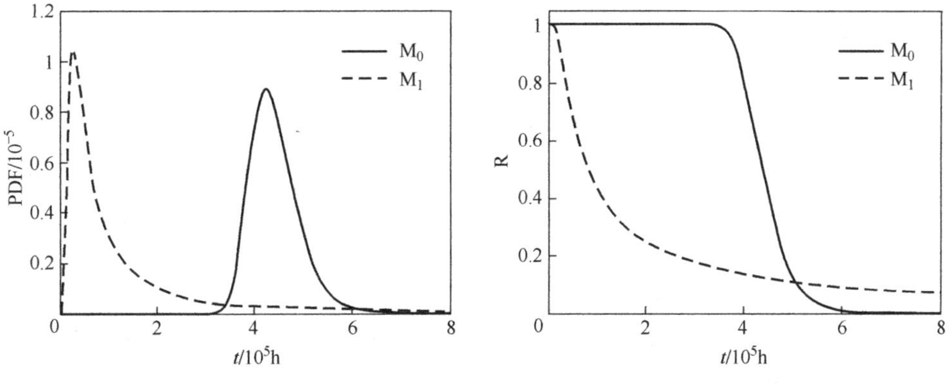

图 2-2　常应力水平下起爆电容器失效寿命分布的概率密度函数及可靠度函数曲线

从图 2-2 可以看出，基于模型 M_1 的概率密度函数的分散性较大，且其概率密度函数的位置偏左，相对应的可靠度曲线呈现失效较早的特征。根据表 2-5 中的退化参数，可以看出模型 M_0 和模型 M_1 的主要差异在于扩散系数，这是由于起爆电容器加速退化试验中的温度应力较高，而常应力水平下的温度应力较低，导致需要外推的距离较长。试验样本在加速应力水平下的扩散系数较大，而模型 M_1 中假设扩散系数与加速应力水平无关，显然与实际情况不符，因此模型 M_0 更适合起爆电容器的退化过程。

2.3 基于 Wiener 过程的产品步进应力加速退化过程建模

2.3.1 步进应力加速退化过程

相对于恒定应力加速退化试验，步进应力加速退化试验是一种更高效的试验方法，可以节约大量的试验样本，适用于试验样本较少或者样本造价过高的情形。与恒定应力加速退化试验类似，假设在产品步进应力加速退化试验中也有 K 级加速应力，分别为 S_1，…，S_k，…，S_K，且 $S_1<\cdots<S_k<\cdots<S_K$。与恒定应力加速退化试验不同的是，在恒定应力加速退化试验过程中，共有 $\sum_{k=1}^{K}N_k$ 个试验样本，而在整个步进应力加速退化试验中，共有 N 个试验样本，步进应力加速退化试验比恒定应力加速退化试验所需的样本更少。

产品步进应力加速退化试验的试验过程为：首先将第 i 个样本放置在加速应力水平为 S_1 的试验条件下进行试验，此样本在第 j 次测量得到的退化量为 x_{1ij}，其表达式为

$$x_{1ij}=\eta_i\varsigma_1\Lambda(t_{1ij};b)+\sqrt{\alpha\varsigma_1}B[\Lambda(t_{1ij};b)],0\leqslant t_{1ij}\leqslant\tau_{1i} \tag{2-59}$$

式中，τ_{1i} 为在加速应力水平 S_1 下的试验时间，在试验时间区间（0，τ_{1i}]，样本的测量次数为 M_{1i}。

当退化时间达到 τ_{1i} 时，提高加速应力水平至 S_2，将样本 i 放置至在加速应力水平为 S_2 的试验条件下进行试验，其退化过程为

$$\begin{aligned}x_{2ij}=&\eta_i\varsigma_1\Lambda(\tau_{i1})+\sqrt{\alpha\varsigma_1}B[\Lambda(\tau_{i1};b)]+\eta_i\varsigma_2[\Lambda(t_{2ij};b)-\Lambda(\tau_{i1};b)]+\\&\sqrt{\alpha\varsigma_2}B[\Lambda(t_{2ij};b)-\Lambda(\tau_{i1};b)]\end{aligned} \tag{2-60}$$

式中，$\tau_{1i}<t_{2ij}\leqslant\tau_{2i}$，由于退化量的累积，在加速应力水平 S_1 下试验 τ_{1i} 时间得到的退化量为 $\eta_i\varsigma_1\Lambda(\tau_{i1})+\sqrt{\alpha\varsigma_1}B[\Lambda(\tau_{i1})]$，因此在加速应力水平 S_2 下的退化量等于加速应力水平 S_1 驱动的退化量加上加速应力水平 S_2 驱动的退化量。在加速应力水平 S_2 驱动下的退化时间≠当前退化时间 $-\tau_{1i}$，而应该为当前退化时间的转换尺度时间 $-\tau_{1i}$ 的转换尺度时间。

当退化时间达到 τ_{2i} 时，将样本 i 放置至在加速应力水平为 S_3 的试验条件下，以此类推，直至试验至加速应力水平 S_K 下。值得注意的是，在加速应力水平 S_2 下的试验时间为 $\tau_{2i}-\tau_{1i}$，在加速应力水平 S_k 下的试验时间为 $\tau_{ki}-\tau_{(k-1)i}$。

根据上面的分析，产品步进应力加速退化过程可以表示为式（2-61）。

$$
x_{kij}=\begin{cases}
\eta_i\varsigma_1\Lambda(t_{1ij};b)+\sqrt{\alpha\varsigma_1}B[\Lambda(t_{1ij};b)],0<t_{1ij}\leqslant\tau_{1i}\\
\eta_i\varsigma_1\Lambda(\tau_{1i};b)+\sqrt{\alpha\varsigma_1}B[\Lambda(\tau_{1i};b)]+\eta_i\varsigma_2[\Lambda(t_{2ij};b)-\Lambda(\tau_{1i};b)]+\\
\quad\sqrt{\alpha\varsigma_2}B[\Lambda(t_{2ij};b)-\Lambda(\tau_{1i};b)],\tau_{1i}<t_{2ij}\leqslant\tau_{2i}\\
\quad\vdots\\
\sum_{n=1}^{k-1}\{\eta_i\varsigma_n[\Lambda(\tau_{ni};b)-\Lambda(\tau_{(n-1)i};b)]+\sqrt{\alpha\varsigma_n}B[\Lambda(\tau_{ni};b)-\Lambda(\tau_{(n-1)i};b)]\}+\\
\quad\eta_i\varsigma_k[\Lambda(t_{kij};b)-\Lambda(\tau_{(k-1)i};b)]+\sqrt{\alpha\varsigma_k}B[\Lambda(t_{kij};b)-\Lambda(\tau_{(k-1)i};b)],\\
\tau_{(k-1)i}<t_{kij}\leqslant\tau_{ki}\\
\quad\vdots\\
\sum_{n=1}^{K-1}\{\eta_i\varsigma_n[\Lambda(\tau_{ni})-\Lambda(\tau_{(n-1)i})]+\sqrt{\alpha\varsigma_n}B[\Lambda(\tau_{ni})-\Lambda(\tau_{(n-1)i})]\}+\\
\quad\eta_i\varsigma_K[\Lambda(t_{Kij})-\Lambda(\tau_{(K-1)i})]+\sqrt{\alpha\varsigma_K}B[\Lambda(t_{Kij})-\Lambda(\tau_{(K-1)i})],\\
\tau_{(K-1)i}<t_{Kij}\leqslant\tau_{Ki}
\end{cases}
\tag{2-61}
$$

2.3.2　步进应力加速退化试验未知参数估计

假设步进应力下的样本总数为 N，第 k 个加速应力水平下第 i 个样本第 j 次测量的退化量为 x_{kij}，测量时间为 t_{kij}，其中 $k=1,2,\cdots,K$；$i=1,2,\cdots,N$；$j=1,2,\cdots,M_{ki}$，第 i 个样本的测量次数为 $\sum_{k=1}^{K}M_{ki}$，采用 Wiener 过程退化增量的性质求解未知参数。第 k 个加速应力水平下第 i 个样本第 j 次测量的退化增量为

$$
\Delta x_{kij}=x_{kij}-x_{ki(j-1)}=\eta_i\varsigma_k\Delta\varpi_{kij}+\sqrt{\alpha\varsigma_k}B(\Delta\varpi_{kij})
\tag{2-62}
$$

式中，$\eta_i\sim N(\mu_\eta,\sigma_\eta^2)$，$\varsigma_k$ 的形式根据 2.1.3 节的加速模型进行选择，$\varpi_{kij}=\Lambda(t_{kij};b)$，$\Delta\varpi_{kij}=\Lambda(t_{kij};b)-\Lambda(t_{kj(j-1)};b)$，当 $k=1$ 时，$x_{1i0}=0$，$t_{1i0}=\omega_{1i0}=0$，当 $k=2,3,\cdots,K$ 时，$x_{ki0}=x_{(k-1)iM_{(k-1)i}}$，$t_{ki0}=t_{(k-1)iM_{(k-1)i}}$。

根据 Wiener 过程退化增量的性质，可得

$$
\Delta x_{kij}\sim N(\eta_i\varsigma_k\Delta\varpi_{kij},\alpha\varsigma_k\Delta\varpi_{kij})
\tag{2-63}
$$

根据式（2-63）建立关于参数 $\boldsymbol{\Theta}=\{\mu_\eta,\sigma_\eta^2,\alpha,b,\beta\}$ 和参数 η_i 的最大对数似然函数，见式（2-64）。

$$\ln L(\boldsymbol{\Theta}\mid\boldsymbol{X}) = -\frac{1}{2}[\ln(2\pi)+\ln\alpha]\sum_{k=1}^{K}\sum_{i=1}^{N}M_{ki} - \frac{1}{2}\sum_{k=1}^{K}\sum_{i=1}^{N}\sum_{j=1}^{M_{ki}}\ln(\Delta\varpi_{kij}) - \frac{1}{2}\sum_{k=1}^{K}\sum_{i=1}^{N}M_{ki}\ln\varsigma_k - \frac{1}{2\alpha}\sum_{k=1}^{K}\sum_{i=1}^{N}\sum_{j=1}^{M_{ki}}\frac{(\Delta x_{kij}-\eta_i\varsigma_k\Delta\varpi_{kij})^2}{\varsigma_k\Delta\varpi_{kij}} - \frac{N}{2}\ln(2\pi) - \frac{N}{2}\ln\sigma_\eta^2 - \frac{1}{2\sigma_\eta^2}\sum_{i=1}^{N}(\eta_i-\mu_\eta)^2 \tag{2-64}$$

通过式（2-64）得到μ_η、σ_η^2、α 最大对数似然估计值$\hat{\mu}_\eta$、$\hat{\sigma}_\eta^2$、$\hat{\alpha}$ 的解析表达式为

$$\hat{\mu}_\eta = \frac{1}{N}\sum_{i=1}^{N}\eta_i \tag{2-65}$$

$$\hat{\sigma}_\eta^2 = \frac{1}{N}\sum_{i=1}^{N}(\eta_i-\hat{\mu}_\eta)^2 \tag{2-66}$$

$$\hat{\alpha} = \frac{1}{\sum_{k=1}^{K}\sum_{i=1}^{N}M_{ki}}\sum_{k=1}^{K}\sum_{i=1}^{N}\sum_{j=1}^{M_{ki}}\frac{(\Delta x_{kij}-\eta_i\varsigma_k\Delta\varpi_{kij})^2}{\varsigma_k\Delta\varpi_{kij}} \tag{2-67}$$

$\hat{\mu}_\eta$、$\hat{\sigma}_\eta^2$、$\hat{\alpha}$ 的解析表达式中，参数 η_i 为隐含变量，无法直接求出。不过，最大期望算法（Expectation Maximization Algorithm）在处理隐藏函数的问题上具有较好的性能，因此可以为求解参数μ_η、σ_η^2、α 的最大似然估计值提供一种解决办法。最大期望算法是 Dempster[185]提出的一种迭代方法，每一步迭代由两部分组成：Expectation 步（简称“E 步”）和 Maximization 步（简称“M 步”）。其中，E 步得到包含隐藏函数的表达式的均值，M 步根据 E 步得到的隐藏函数表达式的均值，采用最大似然函数法再次估计未知参数的最大似然函数值[186]。此处直接给出 E 步和 M 步的计算结果。

E 步：计算包含隐藏数据 η_i、η_i^2 的函数表达式的均值。由于 η_i 服从正态分布，根据贝叶斯理论，可得 η_i 的后验分布 $\eta_i\mid\boldsymbol{X}_i$，$\hat{\boldsymbol{\Theta}}_e$ 也服从正态分布，$\boldsymbol{X}_i$为第 i 个样本所有的退化数据，$\hat{\boldsymbol{\Theta}}_e=\{(\mu_\eta)_e,(\sigma_\eta^2)_e,\alpha_e,b_e,\beta_e\}$ 为第 e 次迭代得到的未知参数的估计值，即

$$\eta_i\mid\boldsymbol{X}_i,\hat{\boldsymbol{\Theta}}_e \sim N[E(\eta_j\mid\boldsymbol{X}_i,\hat{\boldsymbol{\Theta}}_e),\mathrm{var}(\eta_j\mid\boldsymbol{X}_i,\hat{\boldsymbol{\Theta}}_e)] \tag{2-68}$$

式中

$$E(\eta_j\mid\boldsymbol{X}_i,\hat{\boldsymbol{\Theta}}_e) = \frac{(\hat{\sigma}_\eta^2)_e x_{KiM_{Ki}}+\hat{\alpha}_e(\hat{\mu}_\eta)_e}{(\hat{\sigma}_\eta^2)_e\sum_{k=1}^{K}\sum_{j=1}^{M_{ki}}\varsigma_k\Delta\varpi_{kij}+\hat{\alpha}_e} \tag{2-69}$$

$$\mathrm{var}(\eta_j\mid\boldsymbol{X}_i,\hat{\boldsymbol{\Theta}}_e) = \frac{(\hat{\sigma}_\eta^2)_e\hat{\alpha}_e}{(\hat{\sigma}_\eta^2)_e\sum_{k=1}^{K}\sum_{j=1}^{M_{ki}}\varsigma_k\Delta\varpi_{kij}+\hat{\alpha}_e} \tag{2-70}$$

$x_{KiM_{Ki}}$为第 i 个样本在最后一级加速应力水平下最后一次测量得到的退化量。

完全对数似然函数的均值为

$$\ln L(\boldsymbol{\Theta} \mid \hat{\boldsymbol{\Theta}}_e, X) = -\frac{1}{2}[\ln(2\pi) + \ln\alpha_e]\sum_{k=1}^{K}\sum_{i=1}^{N} M_{ki} - \frac{1}{2}\sum_{k=1}^{K}\sum_{i=1}^{N}\sum_{j=1}^{M_{ki}}\ln(\Delta\varpi_{kij}) - \frac{1}{2}\sum_{k=1}^{K}\sum_{i=1}^{N} M_{ki}\ln\varsigma_k - \frac{N}{2}\ln(2\pi) - \frac{N}{2}\ln\sigma_\eta^2 - \frac{1}{2\alpha}\sum_{k=1}^{K}\sum_{i=1}^{N}\sum_{j=1}^{M_{ki}}\frac{[\Delta x_{kij} - E(\eta_j \mid \boldsymbol{X}_i, \hat{\boldsymbol{\Theta}}_e)\varsigma_k\Delta\varpi_{kij}]^2 + \mathrm{var}(\eta_j \mid \boldsymbol{X}_i, \hat{\boldsymbol{\Theta}}_e)\varsigma_k^2\Delta\varpi_{kij}^2}{\varsigma_k\Delta\varpi_{kij}} - \frac{1}{2(\sigma_\eta^2)_e}\sum_{i=1}^{N}[E(\eta_j \mid \boldsymbol{X}_i, \hat{\boldsymbol{\Theta}}_e) - \mu_\eta]^2 + \mathrm{var}(\eta_j \mid \boldsymbol{X}_i, \hat{\boldsymbol{\Theta}}_e) \tag{2-71}$$

M 步：最大化 $\ln L(\boldsymbol{\Theta} \mid \hat{\boldsymbol{\Theta}}_e, X)$，即

$$\hat{\boldsymbol{\Theta}}_{(e+1)} = \underset{\boldsymbol{\Theta}}{\arg\max}\ln L(\boldsymbol{\Theta} \mid \hat{\boldsymbol{\Theta}}_e, X) \tag{2-72}$$

对式（2-71）求关于参数 μ_η、σ_η^2、α 的偏导数并令其等于 0，通过求解方程得到参数 μ_η、σ_η^2、α 关于参数 b、β 的受限最大似然估计值，其结果为

$$(\hat{\mu}_\eta)_{e+1}(b,\beta) = \frac{1}{N}\sum_{i=1}^{N}E(\eta_j \mid \boldsymbol{X}_i, \hat{\boldsymbol{\Theta}}_e) \tag{2-73}$$

$$(\hat{\sigma}_\eta^2)_{e+1}(b,\beta) = \frac{1}{N}\sum_{i=1}^{N}\{[E(\eta_j \mid \boldsymbol{X}_i, \hat{\boldsymbol{\Theta}}_e) - (\hat{\mu}_\eta)_{e+1}]^2 + \mathrm{var}(\eta_j \mid \boldsymbol{X}_i, \hat{\boldsymbol{\Theta}}_e)\} \tag{2-74}$$

$$\hat{\alpha}_{e+1}(b,\beta) = \frac{1}{\sum_{k=1}^{K}\sum_{i=1}^{N}M_{ki}}\left\{\sum_{k=1}^{K}\sum_{i=1}^{N}\sum_{j=1}^{M_{ki}}\frac{[\Delta x_{kij} - E(\eta_j \mid \boldsymbol{X}_i, \hat{\boldsymbol{\Theta}}_e)\varsigma_k\Delta\varpi_{kij}]^2}{\varsigma_k\Delta\varpi_{kij}} + \sum_{k=1}^{K}\sum_{i=1}^{N}\sum_{j=1}^{M_{ki}}\frac{\mathrm{var}(\eta_j \mid \boldsymbol{X}_i, \hat{\boldsymbol{\Theta}}_e)\varsigma_k^2\Delta\varpi_{kij}^2}{\varsigma_k\Delta\varpi_{kij}}\right\} \tag{2-75}$$

将式（2-73）~式（2-75）代入式（2-71）可以得到剖面对数似然函数为

$$\ln L(b,\beta) = -\frac{1}{2}\{\ln(2\pi) + \ln[\hat{\alpha}_{e+1}(b,\beta)] + 1\}\sum_{k=1}^{K}\sum_{i=1}^{N}M_{ki} - \frac{N}{2}[\ln(2\pi) + 1] - \frac{N}{2}\ln(\hat{\sigma}_\eta^2)_{e+1} - \frac{1}{2}\sum_{k=1}^{K}\sum_{i=1}^{N}\sum_{j=1}^{M_{ki}}\ln(\Delta\varpi_{kij}) - \frac{1}{2}\sum_{k=1}^{K}\sum_{i=1}^{N}M_{ki}\ln\varsigma_k \tag{2-76}$$

根据剖面似然函数，采用二维搜索计算参数 b、β 的 $e+1$ 次迭代估计值 $\hat{b}_{e+1}$、$\hat{\beta}_{e+1}$，将 $\hat{b}_{e+1}$、$\hat{\beta}_{e+1}$ 代入式（2-73）~式（2-75）可以得到 $(\hat{\mu}_\eta)_{e+1}$、$(\hat{\sigma}_\eta^2)_{e+1}$、$\hat{\kappa}_{e+1}$的 $e+1$ 次迭代估计值。重复 E 步和 M 步，直至 $\|\hat{\boldsymbol{\Theta}}_{e+1} - \hat{\boldsymbol{\Theta}}_e\| <$

m 或 $e > E$。

2.3.3 基于步进应力加速退化仿真数据的寿命及可靠度预测

本小节主要通过仿真得到产品步进应力加速退化试验的数据，然后利用上述产品步进应力加速退化模型对仿真退化数据进行拟合，从而对失效寿命以及可靠度函数进行估计。在仿真之前，首先需要确定样本量 N、加速应力的类型、加速应力的个数及加速应力水平，同时需要给出参数 $\Theta = \{\mu_\eta, \sigma_\eta^2, \alpha, \beta, b\}$ 的真值。

步进应力加速退化试验数据的仿真过程如下。

步骤1：生成 N 个服从均值为 μ_η、方差为 σ_η^2 且服从正态分布的随机数 η_i $(i=1, 2, \cdots, N)$；

步骤2：令 $k = 1$；

步骤3：令 $l = 1$（表示数据仿真过程中的次数索引）；

步骤4：采用欧拉近似法计算 $X_{ki(l+1)}$ 的值

$$X_{ki(l+1)} = X_{kil} + \eta_i \varsigma_k \Lambda(\Delta t; b) + \alpha \varsigma_k \sqrt{\Lambda(\Delta t; b)}\Psi \tag{2-77}$$

式中，Ψ 为服从标准正态分布的随机数，Δt 为仿真步长，且在第一级应力水平下（$k=1$ 时）退化量的初值为 $X_{ki0}=0$，在其他应力水平（$1<k\leqslant K$）下，$X_{ki0}=X_{(k-1)iL_{(k-1)}}$；

步骤5：令 $l=l+1$，然后回到步骤4，直至 $l=L_{ki}+1$；

步骤6：令 $k=k+1$，然后回到步骤2，直至 $k=K+1$；

步骤7：基于提前设定的测量时间点 t_{kij}，其中 $k=1, 2, \cdots, K$；$i=1, 2, \cdots, N$；$j=1, 2, \cdots, M_{ki}$，提取该测量时间点的退化量 X_{kij}，即可得到仿真退化数据。

假设某产品零部件的加速应力为电应力，加速应力个数为4，其加速应力水平分别为1.5mA、2.0mA、2.5mA和3.0mA，因此根据表2-1可得 $\varsigma(S_k|\beta)=\exp(\beta\ln S_k)$，整个试验中的样本数量为10，每个样本在每个应力水平下的退化测量次数为5。时间尺度转换函数为幂率函数 $\Lambda(t)=t^b$，其中 $b=1.2$，测量时间间隔为10h，退化参数的仿真真值 $\mu_\eta=8$，$\sigma_n^2=4$，$\alpha=900$，$\beta=1.5$，仿真时间间隔为1，则最终可以得到样本的加速退化轨迹，如图2-3所示。

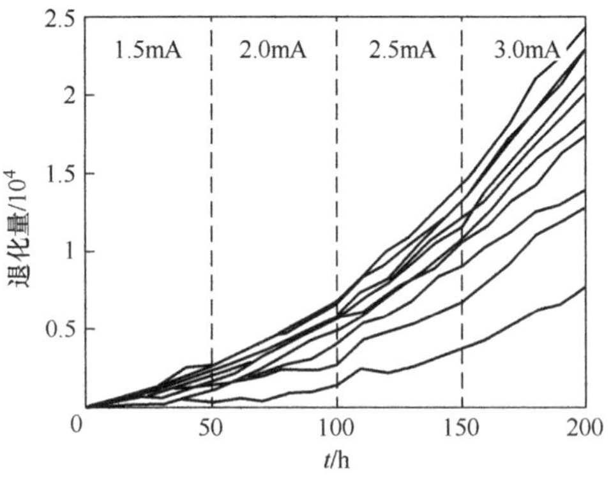

图2-3 基于仿真的步进电应力加速退化轨迹

采用 2.3 节所述的方法对未知参数进行估计，其估计结果见表 2-6。为了对比不同模型预测结果的差异性，同样地，将恒定应力加速退化模型记为模型 M_0，将不考虑加速应力水平对扩散系数的影响的模型记为模型 M_1，在模型 M_1 中，所有加速应力水平下的扩散系数均为$\sqrt{\alpha}$，同样采用最大似然函数估计法对未知参数进行求解。

表 2-6　基于仿真步进应力加速退化试验数据的未知参数的估计值及选择指标

模型	$\hat{\mu}_\eta$	$\hat{\sigma}_\eta$	$\hat{\alpha}$	$\hat{\beta}$	$\hat{b}$	Log - F	AIC
真值	8	2	900	1.5	1.2	—	—
M_0	9.79	2.63	944.07	1.52	1.17	-1435.88	2881.75
M_1	6.59	1.70	1898.77	1.35	1.27	-1438.63	2887.26

从表 2-6 可以看出，相对于模型 M_1，模型 M_0具有较大的最大对数似然函数估计值和较小的赤池信息量准则值，且模型 M_0得到的未知参数的估计值更接近于真值。将表 2-6 中的参数外推到常应力水平 1mA，假设失效阈值 $D = 50000$，得到仿真数据的寿命分布的概率密度函数（PDF）和可靠度（R）函数如图 2-4 所示。

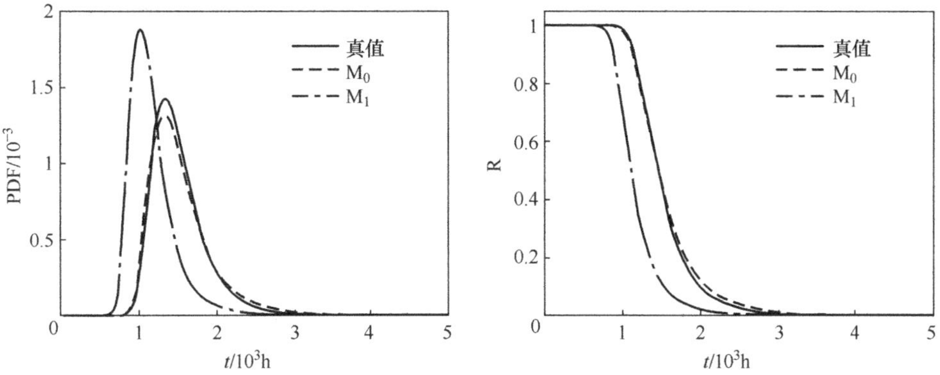

图 2-4　基于步进应力加速退化仿真数据的常应力水平下的概率密度函数和可靠度函数曲线

从图 2-4 可以看出，由模型 M_0得到的产品失效寿命分布的概率密度函数与通过仿真真值得到的概率密度函数非常接近，而由模型 M_1得到的概率密度函数的范围偏窄，可能会造成忽略部分区间的失效概率。

2.4　本章小结

针对长寿命、高可靠产品退化过程呈现的非线性特征，本章提出了基于失效机理不变原则和时间尺度转换的产品非线性 Wiener 过程模型，取得了如下进展：

1）提出了时间尺度转换下的加速因子，并在此基础上基于失效机理不变原则推导了漂移系数和扩散系数与加速应力水平之间的函数关系。结果表明，各应力水平下的漂移系数和扩散系数的平方之比为常数，且基于时间尺度转换的加速因子等于各加速应力水平下的漂移系数之比，也等于扩散系数的平方之比，同时各加速应力水平下时间尺度转换函数的参数必须相等。构建了检验统计量，采用 t 检验法对产品加速退化试验失效机理的一致性进行检验。

2）为了表示不同样本之间的差异性，假设漂移系数服从正态分布，推导了考虑随机效应的任意加速应力水平下产品失效寿命分布的概率密度函数和可靠度函数的解析表达式，并对其平均失效时间进行了说明。

3）基于漂移系数和扩散系数的平方之间的函数关系，同时考虑样本之间的差异性，对基于时间尺度转换的非线性 Wiener 过程的产品恒定应力加速退化过程和步进应力加速退化过程进行了描述。基于 Wiener 过程退化量的性质，采用最大似然函数估计法对恒定应力加速退化模型中的未知参数进行求解；基于 Wiener 过程退化增量的性质，采用最大期望算法对步进应力加速退化模型中的未知参数进行求解。

4）通过某水声干扰子弹起爆电容器恒定应力加速退化试验数据对模型的有效性进行了验证，并采用 t 检验法对其加速退化试验失效机理的一致性进行了检验，结果表明各加速应力水平下的失效机理基本保持一致。

第3章 基于Wiener过程的变环境应力下产品退化过程建模

在产品库房自然贮存条件下，环境应力往往具有一定的随机性，如产品库房自然贮存条件下的温度应力往往随着季节和地区的变化而变化。Wang等人假设航天电磁继电器在自然贮存条件下的温度应力为25～32℃，基于自回归模型和小波转换模型对其贮存寿命进行预测；黄姣英等人假设钽电容工作环境温度为35℃，对其工作环境下的可靠度进行评估；钟立强采用平均温度代替真实温度对其性能退化数据进行建模；王铁军基于机舱环境温度月平均值，采用经验等效温度模型对船用丁腈橡胶自然贮存条件下的温度应力进行等效。从以上的分析可以看出，通常采用平均温度、假设温度或温度区间对产品贮存环境温度或自然贮存条件下的温度进行近似，而经验等效温度主要适用于具有线性退化特征的产品。在工程实践中，很多零部件的退化过程呈现非线性特征，因此有必要推导适用于具有非线性退化特征产品的一般等效温度模型。

除了温度应力，湿度应力也是影响产品寿命的一个因素，通过对产品库房自然贮存条件下的温度、湿度应力进行监测，可以建立其温度、湿度应力载荷谱，继而采用相应的随机分布对温度、湿度应力的随机性进行描述，通过蒙特卡罗仿真可以得到随机温度、湿度应力下产品的平均失效寿命。除此之外，还可以对随机应力条件下退化量的均值和方差进行近似，从而对其近似统计量进行统计分析，获得在随机应力条件下的寿命和可靠性信息。因此，本章主要开展变环境应力下产品退化相关问题的研究。

3.1 基于退化量均值相等的一般等效温度模型

3.1.1 等效温度模型

1. 经验等效温度模型

在阿伦尼乌斯模型中，退化速率与温度应力水平S之间的关系为

$$\frac{\mathrm{d}x}{\mathrm{d}t}=Ae^{\left(\frac{-E_a}{RS}\right)} \tag{3-1}$$

式中，x为退化量，A为阿伦尼乌斯模型退化速率的前指数因子，是一个定值，E_a为材料表现活化能，R为通用气体常数［8.314J/(mol·K)］，S的单位K。令

$\vartheta=\ln A$，$\beta=-E_{\mathrm{a}}/R$，对式（3-1）进行简化后，退化模型可以写成

$$x=e^{\left(\vartheta+\frac{\beta}{s}\right)}t+x_0 \tag{3-2}$$

式中，x_0为退化量初值，根据参数β的物理含义，β的值小于0。对于线性Wiener过程，其退化量的均值与式（3-2）的形式相同。

温度应力加速退化试验是一种通过增加温度应力值从而加速产品退化的试验方法，在试验过程中对恒定加速温度应力水平下的退化特征参数进行测量与收集[15]。然而，产品自然贮存条件下的温度应力往往是不断变化的，将其记为时间的函数$S(t)$。假设在时变温度应力$S(t)$下试验时间ρ后得到的退化量等于在温度应力S_0下试验ρ时间后的退化量，称温度应力S_0为等效温度，等效温度S_0必须满足式（3-3）。

$$e^{\left(\frac{\beta}{S_0}\right)}\rho=\int_0^{\rho}e^{\left[\frac{\beta}{S(t)}\right]}\mathrm{d}t \tag{3-3}$$

在时变温度应力$S(t)$已知的情况下，等效温度S_0可以写成

$$S_0=\frac{\beta}{\ln\left\{\frac{1}{\rho}\int_0^{\rho}e^{\left[\frac{\beta}{S(t)}\right]}\mathrm{d}t\right\}} \tag{3-4}$$

然而，对于实际环境温度应力，很难用连续函数对时变温度$S(t)$进行建模，所以难以得到式（2-81）中等效温度S_0的解析表达式。因此，将式（3-4）中的积分进行离散化，表示为

$$\mathrm{M}_1:S_0=\frac{\beta}{\ln\left[\frac{1}{\rho}\sum_{i=1}^{n}t_i\exp\left(\frac{\beta}{S_i}\right)\right]} \tag{3-5}$$

式中，$t_i(i=1,2,\cdots,n)$为在温度应力S_i下的试验时间，总贮存时间$\rho=\sum_{i=1}^{n}t_i$。

2. 一般等效温度模型

有时退化速率并不总是一个常数，可能与退化时间相关，因此当退化速率与退化时间相关时，式（3-1）和式（3-2）可以写成

$$\begin{cases}\dfrac{\mathrm{d}x}{\mathrm{d}t}=\dfrac{1}{b}e^{\left(\vartheta+\frac{\beta}{s}\right)}t^{b-1}\\ x=e^{\left(\vartheta+\frac{\beta}{s}\right)}t^{b}+x_0\end{cases} \tag{3-6}$$

式中，时间指数b是与退化机理相关的常数，且$b>0$。当$0<b<1$时，退化轨迹曲线是上凸的；当$b=1$时，退化轨迹是一条直线；当$b>1$时，退化轨迹曲线是上凹的。为了不失一般性，假设$x_0=0$；在$x_0\neq0$的情况下，可以通过一定的函数变换将x_0变为0。对于基于时间尺度转换的非线性Wiener过程，当$\Lambda(t;b)=t^b$时，令$\lambda=e^{(\vartheta+\beta/S)}$，退化量的均值形式与式（2-83）的形式相同，如2.2.3节所示的起爆电容器的退化量均值均为λt^b。

相似地，在时变温度应力下，等效温度 S_0 可以表示为

$$S_0 = \frac{\beta}{\ln\left\{\frac{b}{\rho^b}\int_0^\rho e^{\left[\frac{\beta}{S(t)}\right]}t^{b-1}\mathrm{d}t\right\}} \tag{3-7}$$

当 $b=1$ 时，式（3-7）中等效温度 S_0 的表达式变为式（3-4）。然而，即便使用离散化的方式也很难得到式（3-7）中等效温度 S_0 的表达式。因此，基于退化量均值等效原则，提出了一般等效温度模型。为了推导一般等效温度模型，首先引入以下假设：在大小相同、时间相同但施加顺序不同的温度应力下，得到的退化量是相等的。

为了详细说明上述假设，将温度应力施加过程（退化轨迹）在图3-1中表示出来，其中虚线为假设将某产品首先放置在温度应力水平 S_1 下进行试验，试验时间为 t_{11}，得到的退化量为 x^{11}，然后将此产品放置在温度应力水平 S_2 下进行试验，试验时间为 t_{12}，得到的退化量为 x^{12}。此外，在温度应力水平 S_1 下的退化速率相关参数为 λ_1，在温度应力水平 S_2 下的退化速率相关参数为 λ_2，并且根据退化速率与退化时间的物理含义，t_1、t_2、λ_1、λ_2 皆大于0。

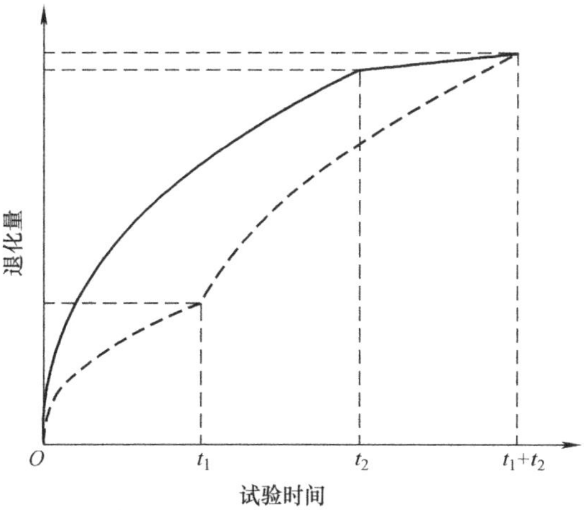

图3-1　不同温度应力施加顺序下的退化轨迹

根据式（3-6），可以得到

$$\lambda_1 = \exp\left(\vartheta + \frac{\beta}{S_1}\right) \tag{3-8}$$

$$\lambda_2 = \exp\left(\vartheta + \frac{\beta}{S_2}\right) \tag{3-9}$$

$$x^{11} = \lambda_1 t_1^b \tag{3-10}$$

整个退化过程是连续的，只依赖于累积退化量以及当前的退化应力水平，因此应该将退化量 x^{11} 转换到温度应力水平 S_2 下，转换得到的等效退化时间为 τ_{12}。

$$x^{11} = \lambda_2 \tau_{12}^b \tag{3-11}$$

将式（3-8）~式（3-10）代入式（3-11）可以得到

$$\tau_{12} = t_1\left(\frac{\lambda_1}{\lambda_2}\right)^{\frac{1}{b}} = t_1\left\{\exp\left[\beta\left(\frac{1}{S_1} - \frac{1}{S_2}\right)\right]\right\}^{\frac{1}{b}} \tag{3-12}$$

通过上述推导过程，x^{12}可以表示为

$$x^{12}=\lambda_2\left[t_2+t_1\left(\frac{\lambda_1}{\lambda_2}\right)^{\frac{1}{b}}\right]^b \tag{3-13}$$

相反，该产品首先在温度应力水平 S_2下试验 t_2时间后，得到的退化量为 x^{21}。然后将该产品放置在温度应力水平 S_1下试验 t_1时间后，得到的退化量为 x^{22}，退化轨迹如图 3-1 中的实线所示。退化量 x^{21}、x^{22}的表达式为

$$x^{21}=\lambda_2 t_2^b \tag{3-14}$$

$$x^{22}=\lambda_1\left[t_1+t_2\left(\frac{\lambda_2}{\lambda_1}\right)^{\frac{1}{b}}\right]^b \tag{3-15}$$

x^{12}与 x^{22}是相等的，证明过程如下：

$$\frac{x^{12}}{x_{22}}=\frac{\lambda_2\left[t_2+t_1\left(\frac{\lambda_1}{\lambda_2}\right)^{\frac{1}{b}}\right]^b}{\lambda_1\left[t_1+t_2\left(\frac{\lambda_2}{\lambda_1}\right)^{\frac{1}{b}}\right]^b}=\frac{[(\lambda_2)^{\frac{1}{b}}t_2+t_1(\lambda_1)^{\frac{1}{b}}]^b}{[(\lambda_1)^{\frac{1}{b}}t_1+t_2(\lambda_2)^{\frac{1}{b}}]^b}=1 \tag{3-16}$$

在自然环境贮存试验中，假设在温度应力水平 S_i下的贮存时间为 t_i（$i=1$，2，…，n），则整个退化时间为 $\rho=\sum_{i=1}^{n}t_i$。通过一般等效温度模型，将在变应力环境下试验 ρ 时间后的退化量等效于在恒定温度应力水平 S_0下试验 ρ 时间后的退化量，其一般等效温度模型可以表示为

$$\mathrm{M}_0:\begin{cases} S_0=\dfrac{1}{\dfrac{1}{S_n}+\dfrac{b}{\beta}\ln\tau_n-\dfrac{b}{\beta}\ln\rho} \\ \tau_n=t_n+(\tau_{n-1})\left(\dfrac{\lambda_{n-1}}{\lambda_n}\right)^{\frac{1}{b}} \\ \vdots \\ \tau_2=t_2+\tau_1\left(\dfrac{\lambda_1}{\lambda_2}\right)^{\frac{1}{b}} \\ \tau_1=t_1 \end{cases} \tag{3-17}$$

式中，τ_1、τ_2、…、τ_n为等效时间，且 $\lambda_{n-1}/\lambda_n=\exp[\beta(1/S_{n-1}-1/S_n)]$。

3.1.2 基于加速退化数据的参数估计

在产品恒定温度应力加速退化试验中，假设有 K 级加速温度应力，每个温度应力水平下的样本量为 N_k，基于式（3-6）所示的幂率模型的退化量如下

$$x_{kij}(t_{kij}\mid S_k)=x_{ki0}+\lambda_{ki}t_{kij}^b \tag{3-18}$$
$$k=1,2,\cdots,K;i=1,2,\cdots,N_k;\ j=1,2,\cdots,M_{ki}$$

式中，$\lambda_{ki}=\exp(\vartheta_{ki}+\beta_{ki}/S_k)$；$x_{kij}(t_{kij}\mid S_k)$ 是在温度应力水平 S_k 下第 i 个样本在时间 t_{kij} 下测得的退化量；x_{ki0} 为退化量初值，为了不失一般性，假设 x_{ki0} 为0；λ_{ki} 为温度应力水平 S_k 下第 i 个样本的退化速率相关参数，且 $\lambda_{ki}>0$；M_{ki} 为每个样本的测量次数。

采用逐次逼近法求解参数 b，可以通过最小化 I 的值得到参数 b 的估计值，其中 I 的表达式为

$$\begin{cases} I(b) = \sum_{k=1}^{K}\sum_{i=1}^{N_k}\sum_{j=1}^{M_{ki}}(x_{kij}-\hat{x}_{kij})^2 \\ \hat{x}_{kij} = \hat{\lambda}_{ki}t_{kij}^{b} \end{cases} \tag{3-19}$$

式中，在参数 b 为一个特定值的情况下，可以通过线性拟合得到 λ_{ki} 的估计值 $\hat{\lambda}_{ki}$，$\hat{x}_{kij}$ 为相应的退化量的估计值。

每个温度应力水平 S_k 下的平均退化速率为 $\overline{\lambda}(S_k)$，为 $\hat{\lambda}_{ki}$（$i=1, 2, \cdots, N_k$）的均值。将式（3-6）与式（3-19）结合，可以得到以下关系

$$\overline{\lambda}(S_k)=e^{(\vartheta+\beta/S_k)} \tag{3-20}$$

将式（3-20）的左侧与右侧同时取对数，参数 ϑ、β 的估计值可以通过简单线性回归分析得到。

3.1.3　参数敏感性分析

由式（3-17）可知，一般等效温度模型与参数 β 以及参数 b 有关，故下面分析等效模型对每个参数变化的响应。

1. 参数 β 敏感性分析

将式（3-17）对参数 β 求一阶偏导数可得式（3-21）。根据式（3-21）可得，当 $\beta\to-\infty$ 时，$\partial S_0/\partial\beta\to 0$；当 $b\to\infty$ 时，$\partial S_0/\partial\beta\to 0$。

$$\begin{cases} \dfrac{\partial S_0}{\partial\beta} = -\left[\dfrac{1}{\dfrac{1}{T_n}+\dfrac{b}{\beta}\ln\tau_n-\dfrac{b}{\beta}\ln\rho}\right]^2\left[\dfrac{b}{\beta^2}(\ln\rho-\ln\tau_n)+\dfrac{b}{\beta\tau_n}\dfrac{d\tau_n}{d\beta}\right] \\ \dfrac{d\tau_n}{d\beta}=\dfrac{d\tau_{n-1}}{d\beta}\left(\dfrac{\lambda_{n-1}}{\lambda_n}\right)^{\frac{1}{b}}+\tau_{n-1}\dfrac{1}{b}\left(\dfrac{\lambda_{n-1}}{\lambda_n}\right)^{\frac{1}{b}}\left(\dfrac{1}{S_{n-1}}-\dfrac{1}{S_n}\right) \\ \quad\vdots \\ \dfrac{d\tau_2}{d\beta}=\dfrac{d\tau_1}{d\beta}\left(\dfrac{\lambda_1}{\lambda_2}\right)^{\frac{1}{b}}+\tau_1\dfrac{1}{b}\left(\dfrac{\lambda_1}{\lambda_2}\right)^{\frac{1}{b}}\left(\dfrac{1}{S_1}-\dfrac{1}{S_2}\right) \\ \dfrac{d\tau_1}{d\beta}=0 \end{cases} \tag{3-21}$$

由于 $\partial S_0/\partial\beta$ 的表达式较为复杂，所以很难通过解析式的计算求解。因此采

用数值计算的方式计算其值的大小，以 2014 年某库房贮存环境为例，其在 2014 年的日平均温度变化曲线如图 3-2 所示。

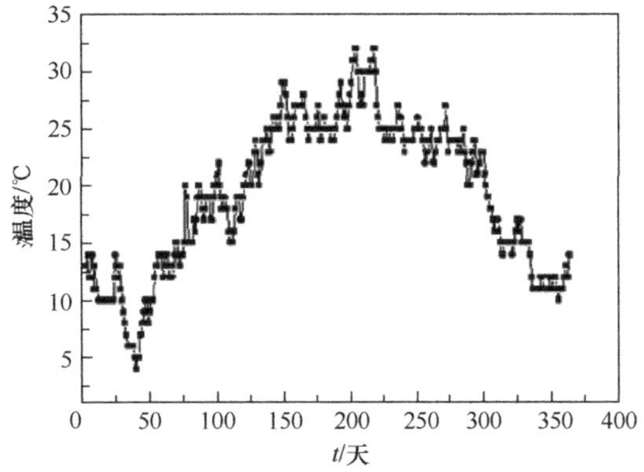

图 3-2　2014 年某库房日平均温度变化曲线

采用数值计算得到的等效温度 S_0 对参数 β 的一阶偏导数如图 3-3所示，根据参数 β 的物理含义可知，$\beta<0$，因此参数 β 的取值范围为 $-10000\sim0$，参数 b 的取值范围为 $0<b<5$。

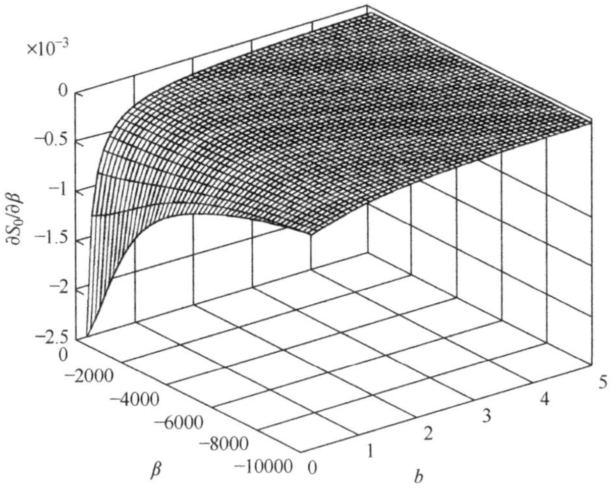

图 3-3　等效温度 S_0 对参数 β 的一阶偏导数

由图 3-3 可知，$\partial S_0/\partial\beta$ 在取值范围内均小于 0，等效温度 S_0 在参数 b 确定的情况下，随参数 β 的增大而减小。

2. 参数 b 敏感性分析

将式（3-17）对参数 b 求一阶偏导数可得

$$
\begin{cases}
\dfrac{\partial S_0}{\partial b}=-\left[\dfrac{1}{\dfrac{1}{S_n}+\dfrac{b}{\beta}\ln(\tau_n)-\dfrac{b}{\beta}\ln(\rho)}\right]^2\left[\dfrac{1}{\beta}(\ln\tau_n-\ln\rho)+\dfrac{b}{\beta\tau_n}\dfrac{\mathrm{d}\tau_n}{\mathrm{d}b}\right]\\
\dfrac{\mathrm{d}\tau_n}{\mathrm{d}b}=\dfrac{\mathrm{d}\tau_{n-1}}{\mathrm{d}b}\left(\dfrac{\lambda_{n-1}}{\lambda_n}\right)^{\frac{1}{b}}+\tau_{n-1}\left(\dfrac{\lambda_{n-1}}{\lambda_n}\right)^{\frac{1}{b}}\ln\left(\dfrac{\lambda_{n-1}}{\lambda_n}\right)\left(-\dfrac{1}{b^2}\right)\\
\qquad\vdots\\
\dfrac{\mathrm{d}\tau_2}{\mathrm{d}b}=\dfrac{\mathrm{d}\tau_1}{\mathrm{d}b}\left(\dfrac{\lambda_1}{\lambda_2}\right)^{\frac{1}{b}}+\tau_1\left(\dfrac{\lambda_1}{\lambda_2}\right)^{\frac{1}{b}}\ln\left(\dfrac{\lambda_1}{\lambda_2}\right)\left(-\dfrac{1}{b^2}\right)\\
\dfrac{\mathrm{d}\tau_1}{\mathrm{d}b}=0
\end{cases}
\tag{3-22}
$$

式中，$\ln(\lambda_{n-1}/\lambda_n)=\beta(1/S_{n-1}-1/S_n)$。

由于$\partial S_0/\partial b$的表达式较为复杂，很难通过解析式的计算求解。因此同样以2014年某库房贮存环境为例，采用数值计算得到的等效温度S_0对参数b的一阶偏导数如图3-4所示。

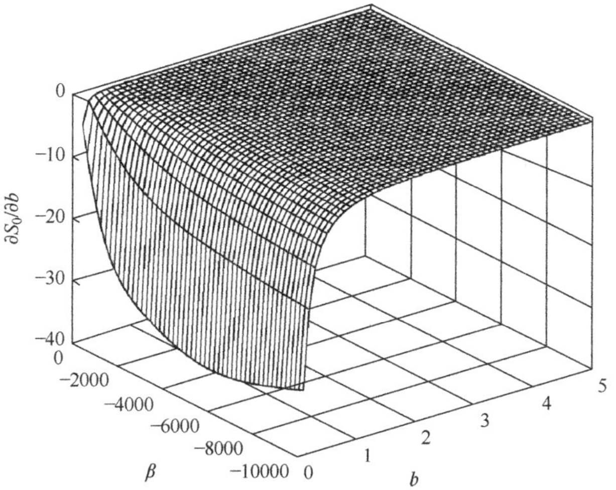

图3-4 等效温度S_0对参数b的一阶偏导数

由图3-4可知，$\partial S_0/\partial b$在取值范围内均小于0，等效温度S_0在参数β确定的情况下，随参数b的增大而减小，且减小的速度越来越慢。

3.1.4 实例分析

1. 某火箭弹用O形橡胶密封圈加速退化试验

在某火箭弹引信中，通过某O形橡胶密封圈进行密封，由于可靠性和安全性的需求，在设计中该O形橡胶密封圈是不可替代的。相关研究表明，在该火箭弹中，相对于机械产品和电子部件，橡胶部件是最容易失效的部件之一。除此之外，弹药从制造到最终使用中间可能要经过好多年，也就是说，在弹药整个生命周期中，其大多数时间处于贮存状态。随着贮存时间的延长，由于内部和外部原因的共同影响，橡胶材料的性能不可避免地会发生退化，最终失去密封性能。在贮存环境下的应力包括温度、湿度、霉菌以及振动等，在所有应力中，温度应力（热应力）经常在实验室环境中作为加速应力。

某火箭弹用 O 形橡胶密封圈的材料为具有耐水性的硫化丁腈橡胶[196]，外径为 25mm，线径为 3.5mm，采用轴向安装方式和静密封形式，使用温度为 -30 ~ 130℃。为了对其寿命进行快速评估，对其进行恒定温度应力加速退化试验，试验要求在加速应力条件下的失效机理不发生变化，因此加速温度应力的选取应低于其最高使用温度 130°C，因此选定 4 个加速温度应力水平，分别为 50℃、60℃、70℃、80℃，每个温度应力水平下投入 8 个样品，共计 32 个样品，O 形橡胶密封圈实物如图 3-5 所示。

图 3-5　O 形橡胶密封圈实物

在试验过程中，为了模拟密封圈实际使用条件下的状态，将其置于图 3-6 所示的夹具中，夹具由上、下两块圆柱状金属板以及用于控制压缩率的环形限制器具构成，当密封圈放入夹具中时，使用 4 枚螺栓将密封圈压缩至规定的厚度。

图 3-6　某火箭弹用 O 形橡胶密封圈加速退化试验夹具

在实际使用条件下，密封圈处于压缩状态，随着使用时间的延长，橡胶材料会产生压缩永久变形，采用压缩永久变形率（Compression Set）描述压缩永久变形的大小，其计算方法见式（3-23）。

$$\varepsilon = \frac{d_0 - d_t}{d_0 - d_x} \times 100\% \tag{3-23}$$

式中，ε 为压缩永久变形率，单位为%；d_0 为试验样品轴向厚度的初值，单位为 mm；d_x 为限制器厚度，单位为 mm；d_t 为试验样品经过高温加速退化、冷却和恢复弹性变形后的轴向厚度，单位为 mm。当压缩永久变形率 $\varepsilon > 31$ 时，即会破坏引信结构内部的气密性，从而使其安全性和可靠性降低，因此将 $\varepsilon = 31$ 作为密封圈的失效阈值。

将 32 个 O 形橡胶密封圈以 30% 的压缩率安装在特制夹具中，在室温下压缩 1 天后取出，恢复弹性变形 1 天后，在每个样本的圆周上随机选取 4 个点，用高精度橡胶测厚仪测量每个点的轴向厚度，取其平均值作为该样本轴向厚度的初值。

将 32 个样本平均分成 4 组，每组 8 个。将每组 O 形橡胶密封圈装载在夹具中并放置在对应的温度试验箱中，在设定时间点将夹具从温度试验箱中取出，放置在室温下冷却 1h，然后松开夹具，将试验样品从夹具中取出后在室温下恢复弹性变形 1h，测量其圆周上 4 个点的轴向厚度，取其平均值作为密封圈的轴向厚度。将各加速应力水平下各个样品在各检测时间点测量得到的轴向厚度代入式（3-23），计算得到的密封圈压缩永久变形率变化曲线如图 3-7 所示。

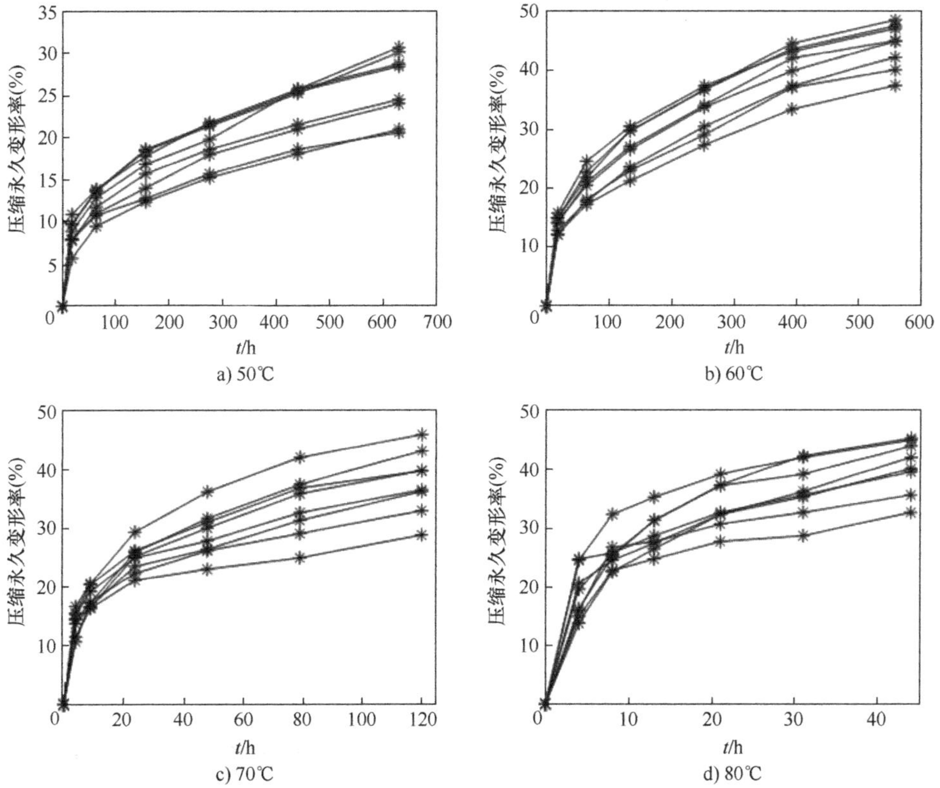

图 3-7　某火箭弹用 O 形橡胶密封圈加速退化试验压缩永久变形率变化曲线

2. 某火箭弹用O形橡胶密封圈库房自然环境贮存试验

某火箭弹用O形橡胶密封圈库房自然环境贮存试验于2013年6月在实验室条件下开展，实验室采用窗帘避光，夏季不制冷，冬季不取暖，使用的夹具、安装及检测方法与加速退化试验均相同，在试验过程中记录实验室的日平均温度和湿度。截止到某次测量，试验共进行了1542天，试验期间日平均温度变化曲线如图3-8所示。

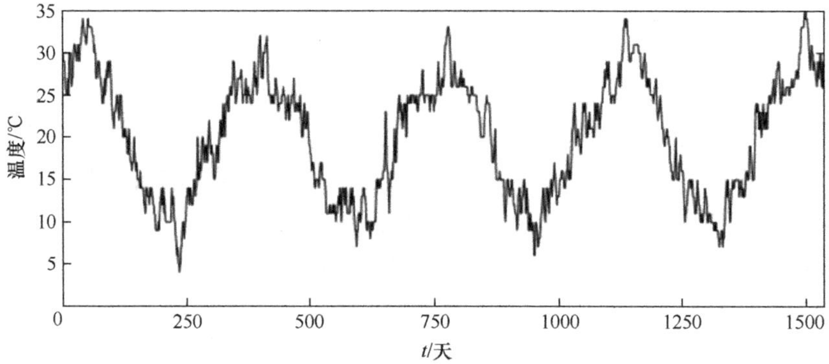

图3-8 某火箭弹用O形橡胶密封圈自然环境贮存试验过程中的日平均温度变化曲线

对8个试验样品共进行了12次检测，测量得到的各样品压缩永久变形率变化曲线如图3-9所示。

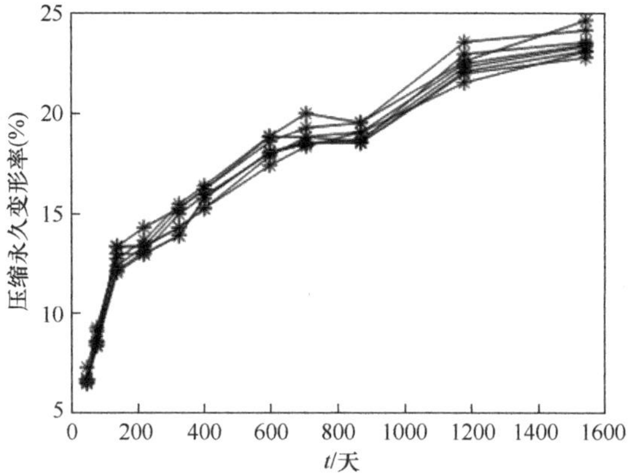

图3-9 某火箭弹用O形橡胶密封圈自然环境贮存试验压缩永久变形率变化曲线

3. 加速退化试验参数估计

根据工程经验，O形橡胶密封圈退化特征参数x为压缩永久变形率的函数，其函数表达式为

$$x = -\ln(1-\varepsilon) \tag{3-24}$$

将加速退化试验获得的各样本的退化量用式（3-18）进行拟合，通过最小化 I 的值得到参数 b 的估计值为0.37，各样本退化速率相关参数 λ_{ki} 的估计值见表3-1。

表3-1　某火箭弹用O形橡胶密封圈加速退化试验各个样本退化速率相关参数的估计值

温度应力水平	样本	$\hat{\lambda}_{ki}$	温度应力水平	样本	$\hat{\lambda}_{ki}$
323.15	1	0.0315	343.15	1	0.0858
	2	0.0310		2	0.0922
	3	0.0255		3	0.0795
	4	0.0305		4	0.0889
	5	0.0296		5	0.1053
	6	0.0244		6	0.0757
	7	0.0207		7	0.0700
	8	0.0213		8	0.0610
333.15	1	0.0537	353.15	1	0.1280
	2	0.0594		2	0.1455
	3	0.0598		3	0.1415
	4	0.0484		4	0.1249
	5	0.0604		5	0.1567
	6	0.0551		6	0.1242
	7	0.0465		7	0.1148
	8	0.0424		8	0.1007

各加速温度应力水平下样本退化速率的均值见表3-2。

表3-2　某火箭弹用O形橡胶密封圈各加速温度应力水平下样本退化速率的均值

温度应力水平	$\overline{\lambda}_k$	温度应力水平	$\overline{\lambda}_k$
323.15	0.0268	343.15	0.0823
333.15	0.0532	353.15	0.1295

将表3-2中的数据进行线性拟合，可以得到 ϑ、β 的估计值 $\hat{\vartheta}=14.7046$、$\hat{\beta}=-5903.8136$，以及线性拟合相关系数 $r=0.996$，r 大于临界值0.990，因此说明采用阿伦尼乌斯方程对加速温度应力水平下的平均失效率进行拟合是十分合适的，各温度应力水平下的退化速率相关参数 λ_k 的加速方程为

$$\ln\lambda_k = 14.7046 - \frac{5903.8136}{S_k} \tag{3-25}$$

4. 模型对比

为了比较本书提出的等效温度模型与其他等效温度模型之间的差异性，将

式（3-5）中的模型记为模型 M_1，将平均温度模型记为模型 M_2，见式（3-26），将等效温度模型记为模型 M_0。

$$M_2: S_0 = \frac{1}{\rho}\sum_{i=1}^{n} t_i S_i \tag{3-26}$$

相似地，以某库房2014年日平均温度为例，分别基于模型 M_0、M_1、M_2 计算各模型对应的等效温度，见表3-3。为了对等效温度的对比结果有更直观的印象，表3-3中将等效温度的单位由热力学温度换算为摄氏度。

表3-3 三个模型计算得到的等效温度

模型	M_0	M_1	M_2
S_0/℃	23.85	21.59	20.11

根据表3-3，模型 M_0 比模型 M_1 计算得到的等效温度高了2.26°C，模型 M_0 比模型 M_2 计算得到的等效温度高了3.74℃。

参数 β 对等效温度 S_0 的影响如图3-10所示，其中参数 β 的取值范围为 −10000 ~0。由图3-10可以看出，基于模型 M_0 与模型 M_1 得到的等效温度都随着参数 β 的减小而增大，同时减小的速率随着参数 β 的减小而减小，与3.1.3小节分析得到的结论是一致的。

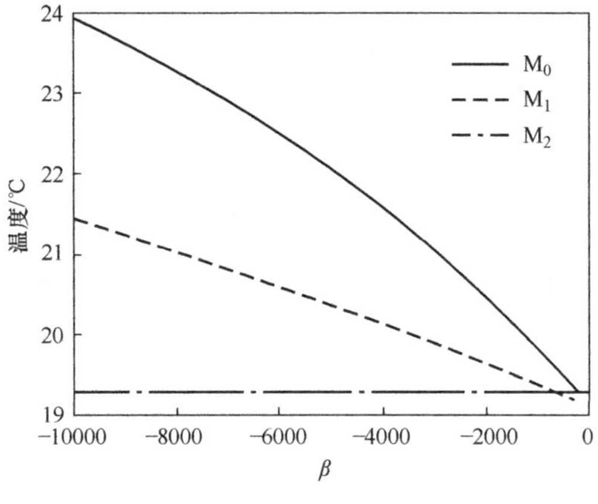

图3-10 三个等效温度模型中参数 β 对等效温度 S_0 的影响对比

参数 b 对等效温度 S_0 的影响如图3-11所示，其中参数 b 的取值范围为0 ~5。由图3-11可以看出，基于模型 M_0 得到的等效温度随着参数 b 的增大而减小，同时减小的速率随着参数 b 的增大而减小，与3.1.3小节分析得到的结论是一致的。然而，基于模型 M_1 与模型 M_2 得到的等效温度为一个定值，并不随着参数 b 的变化而变化。当 $b=1$ 时，基于模型 M_0 得到的等效温度与基于模型 M_1 得到的等效温度相等，说明模型 M_1 是模型 M_0 在 $b=1$ 时的特殊情况；而当 b 趋近于

5 时，基于模型 M_0 得到的等效温度与基于模型 M_2 得到的等效温度非常接近。因此，模型 M_0 的使用范围更广，模型 M_1 和模型 M_2 均是 M_0 在一定条件下的特例。

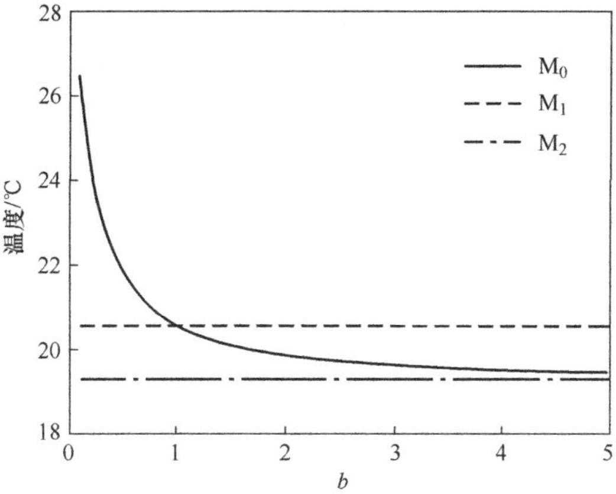

图 3-11　三个等效温度模型中参数 b 对等效温度 S_0 的影响对比

将图 3-8 的日平均温度分别代入模型 M_0、M_1、M_2，得到自然环境贮存试验过程中等效温度的实时变化曲线如图 3-12 所示，图中的 DAT（daily average temperature）表示日平均温度曲线。根据图 3-12，可以看出随着日平均温度的变化，等效温度的变化范围在第一年相对较大。然而，在第二年，随着日平均温度的波动，等效温度并没有很大的波动；相应地，第三年等效温度的波动更是越来越小。因此，假设检测时间足够长的话，各模型得到的等效温度最终会趋近于一个特定的值。

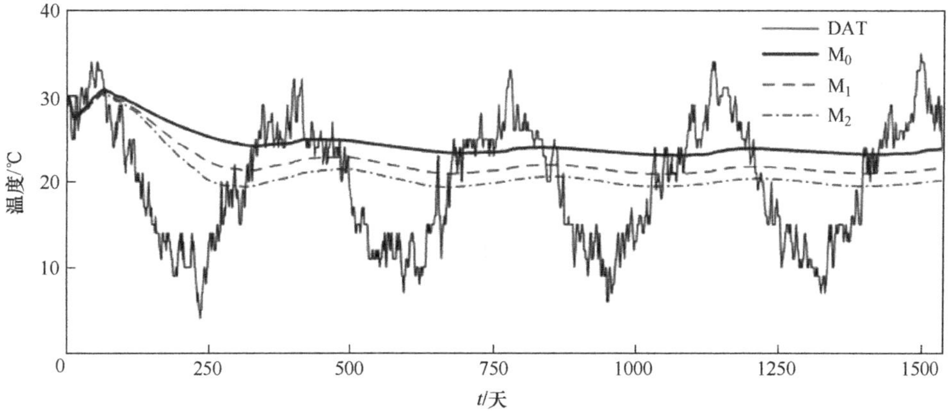

图 3-12　各模型自然环境贮存试验等效温度对比

自然贮存条件下的退化速率相关参数 λ_k 可以通过将图 3-12 中的等效温度代入式（3-25）得到。为了定量比较各模型之间的差异性，将均方误差（mean square error，MSE）用于衡量各模型的估计精度，其表达式为

$$\mathrm{MSE} = \frac{1}{M}\sum_{j=1}^{M}\left[\hat{x}(t_j) - \bar{x}(t_j)\right]^2 \tag{3-27}$$

式中，$\hat{x}(t_j)$为在退化时间 t_j 时的 O 形橡胶密封圈退化量的估计均值，$\bar{x}(t_j)$ 为自然环境贮存试验中在退化时间 t_j 时测量的 O 形橡胶密封圈退化量的均值，M 为自然环境贮存条件下对 O 形橡胶密封圈的测量次数。

在均方误差尺度下，越小的均方误差对应越高的估计精度，因此均方误差可以作为模型选择的标准，三个等效温度模型对应的均方误差见表 3-4。

表 3-4 三个等效温度模型对应的均方误差

模型	M_0	M_1	M_2
MSE	4.5190×10^{-4}	5.7077×10^{-4}	1.0936×10^{-3}

根据表 3-4，模型 M_0得到的均方误差最小，因此基于该模型得到的等效温度最适合作为实验用 O 形橡胶密封圈所处库房条件的等效温度。

3.2 基于库房温湿度应力分布的退化数据建模

3.2.1 建立库房自然贮存环境下的温湿度载荷谱

对于常贮型产品而言，在其整个生命周期内，其大部分时间处于库房自然环境贮存状态，库房自然环境的变化使产品内部元器件所经受的环境应力水平不断发生变化，温度和湿度是影响产品寿命最主要的因素，因此要对其温湿度进行监控。以 3.1.4 小节的 O 形橡胶密封圈为例，所记录的环境温度变化曲线已在图 3-8中给出，该产品的库房湿度变化曲线如图 3-13 所示。

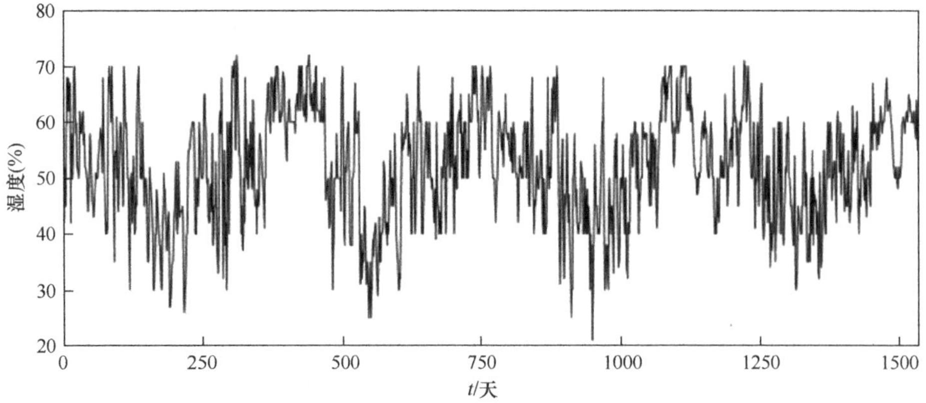

图 3-13 库房湿度变化曲线

根据采集的温湿度数据，建立产品在自然环境贮存条件下的温湿度载荷谱，建立的步骤如下[197]。

步骤1：根据采集的数据量，选择尽可能多的全年周期的数据，假设该年数为 N。

步骤2：将测得的温湿度四舍五入成整数值，确定温湿度应力水平的变化区间，即温度上限 $\overline{S}$、温度下限 $\underline{S}$、湿度上限 $\overline{H}$ 和湿度下限 $\underline{H}$。

步骤3：统计各温湿度应力水平被采集到的天数。

步骤4：将各温湿度水平被采集到的天数除以所有的天数，即除以365N，得到温湿度水平的采集频率。

根据上述方法建立产品库房自然环境贮存条件下的温度载荷谱和湿度载荷谱分别如图3-14和图3-15所示。

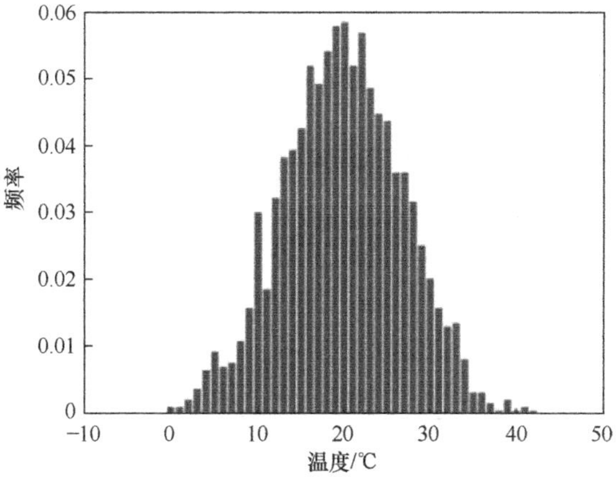

图3-14 库房自然环境贮存温度载荷谱

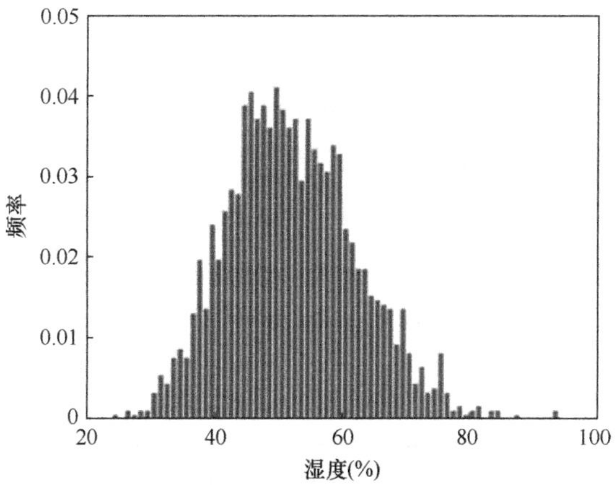

图3-15 库房自然环境贮存湿度载荷谱

由于该库房温度载荷谱形状呈现左右对称的特征，因此采用正态分布对其进行拟合；而库房相对湿度为非负值，且呈现单峰、左倾的特点，因此采用Gamma分布对湿度载荷谱进行拟合。温度载荷谱的概率密度函数为

$$\rho_S = \frac{1}{\sqrt{2\pi\sigma_S^2}}\exp\left[-\frac{(S-\mu_S)^2}{2\sigma_S^2}\right] \tag{3-28}$$

式中，S 为温度载荷；μ_S 为温度载荷均值；σ_S 为温度载荷标准差。

湿度载荷谱的概率密度函数为

$$\rho_H = \frac{\beta^{-\alpha}}{\Gamma(\alpha)}H^{\alpha-1}\exp\left(-\frac{H}{\beta}\right) \tag{3-29}$$

式中，H 为湿度载荷；α、β 分别为Gamma分布的形状参数和尺度参数。假设温度应力和湿度应力是相互独立的，则环境载荷谱的联合概率密度函数为

$$\rho(S,H) = \frac{\beta^{-\alpha}H^{\alpha-1}}{\sqrt{2\pi\sigma_S^2}\Gamma(\alpha)}\exp\left[-\frac{(S-\mu_S)^2}{2\sigma_S^2}-\frac{H}{\beta}\right] \tag{3-30}$$

3.2.2 基于库房温湿度载荷谱的可靠性模型

在温度应力、湿度应力的双重作用下，基于时间尺度转换的非线性Wiener过程的扩散系数的平方可以表示为

$$\sigma_B^2 = \exp\left(\frac{a+b}{S-cH}\right) \tag{3-31}$$

式中，a 为常数，b 为与温度应力水平相关的参数，c 为与湿度应力水平相关的参数。

基于2.2节所示的失效机理不变原则可得，各应力水平下的漂移系数 λ 和扩散系数的平方 σ_B^2 之比为定值，假设该比值为 k_0，则基于时间尺度转换的非线性Wiener过程的漂移系数可以表示为

$$\lambda = k_0\sigma_B^2 \tag{3-32}$$

由式（2-3）和式（2-4）所示的基于时间尺度转换的非线性Wiener过程的产品失效寿命分布的概率密度函数和累积概率分布函数，可得在温湿度应力载荷谱的作用下，产品的条件概率密度函数和条件可靠度函数分别为

$$f(t|S,H) = \frac{D}{\sqrt{2\pi\Lambda^3(t)\exp\left(a+\frac{b}{S}-cH\right)}}\frac{\mathrm{d}\Lambda(t)}{\mathrm{d}t}\times \exp\left\{-\frac{\left[D-k_0\exp\left(a+\frac{b}{S}-cH\right)\Lambda(t)\right]^2}{2\Lambda(t)\exp\left(a+\frac{b}{S}-cH\right)}\right\} \tag{3-33}$$

$$R(t \mid S,H)=\Phi\left[\frac{D-k_0\exp\left(a+\frac{b}{S}-cH\right)\Lambda(t)}{\sqrt{\exp\left(a+\frac{b}{S}-cH\right)\Lambda(t)}}\right]-\exp(2k_0D)\,\Phi\left(-\frac{k_0\exp\left(a+\frac{b}{S}-cH\right)\Lambda(t)+D}{\sqrt{\exp\left(a+\frac{b}{S}-cH\right)\Lambda(t)}}\right) \tag{3-34}$$

由条件概率密度函数以及温湿度应力载荷谱可推导得到产品失效寿命的全概率密度函数以及可靠度函数，见式（3-35）和式（3-36）。

$$f(t)=\int_0^\infty\int_{-\infty}^\infty f(t\mid S,H)\rho(S,H)\,\mathrm{d}S\mathrm{d}H \tag{3-35}$$

$$R(t)=\int_0^\infty\int_{-\infty}^\infty R(t\mid S,H)\rho(S,H)\,\mathrm{d}S\mathrm{d}H \tag{3-36}$$

3.3　变环境应力下产品等效退化失效建模

3.3.1　变环境应力下产品退化过程建模

假设产品库房自然环境贮存条件下的应力随时间是随机变化的，则将其称为变环境应力。假设共有 P 种类型的应力，在 t 时刻的应力可以表示为 $\widetilde{\boldsymbol{S}}(t)=[S_1,\cdots,S_p,\cdots,S_P]$，$1\leqslant p\leqslant P$，$S_p=s_p+v_p$，其中 s_p 为应力 S_p 的均值项，v_p 为随机项，其均值为0，方差为 $\mathrm{var}(S_p)$。因此，应力 $\widetilde{\boldsymbol{S}}(t)$ 可以写成 $\widetilde{\boldsymbol{S}}(t)=\bar{\boldsymbol{s}}+\widetilde{\boldsymbol{v}}$，其中 $\bar{\boldsymbol{s}}=[s_1,\cdots,s_p,\cdots,s_P]$，$\widetilde{\boldsymbol{v}}=[v_1,\cdots,v_p,\cdots,v_P]$。

为了区分确定环境应力下的退化过程，将变环境应力 $\widetilde{\boldsymbol{S}}(t)$ 下的退化量表示为 $\widetilde{X}[t;\widetilde{\boldsymbol{S}}(t)]$。假设在变环境应力下的退化量满足基于时间尺度转换的非线性 Wiener 过程模型，则其漂移系数表示为 $\lambda[\widetilde{\boldsymbol{S}}(t)]$，扩散系数表示为 $\sigma_B[\widetilde{\boldsymbol{S}}(t)]$，退化量表示为

$$\widetilde{X}[t;\widetilde{\boldsymbol{S}}(t)]=\lambda[\widetilde{\boldsymbol{S}}(t)]\Lambda(t;b)+\sigma_B[\widetilde{\boldsymbol{S}}(t)]B[\Lambda(t;b)] \tag{3-37}$$

根据失效机理不变原则，漂移系数和扩散系数的函数关系为

$$\lambda[\widetilde{\boldsymbol{S}}(t)]=k_0\sigma_B^2[\widetilde{\boldsymbol{S}}(t)] \tag{3-38}$$

扩散系数的平方是当前变环境应力 $\widetilde{\boldsymbol{S}}(t)$ 的函数，可以表示为

$$\sigma_B^2[\widetilde{\boldsymbol{S}}(t)]=h[\widetilde{\boldsymbol{S}}(t);\boldsymbol{\Theta}] \tag{3-39}$$

式中，函数 $h(\cdot;\boldsymbol{\Theta})$ 为加速模型，$\boldsymbol{\Theta}$ 为加速模型中未知参数的集合，可以根据加速退化试验得到。

综上，变环境应力下产品的退化过程（退化量）可以表示为

$$\widetilde{X}[t;\widetilde{\boldsymbol{S}}(t)] = k_0\int_0^t h[\bar{\boldsymbol{s}}+\widetilde{\boldsymbol{v}}(\tau);\boldsymbol{\Theta}]\mathrm{d}\Lambda(\tau;b) + \int_0^t \sqrt{h[\bar{\boldsymbol{s}}+\widetilde{\boldsymbol{v}}(\tau);\boldsymbol{\Theta}]}\mathrm{d}B[\Lambda(\tau;b)] \tag{3-40}$$

3.3.2 变环境应力下产品退化量均值与方差的推导

根据式（3-40）所示的变环境应力下产品的退化过程推导其退化量的均值 $E\{\widetilde{X}[t;\widetilde{\boldsymbol{S}}(t)]\}$ 和方差 $\mathrm{var}\{\widetilde{X}[t;\widetilde{\boldsymbol{S}}(t)]\}$。

$$E\{\widetilde{X}[t;\widetilde{\boldsymbol{S}}(t)]\} = k_0\int_0^t E\{h[\bar{\boldsymbol{s}}+\widetilde{\boldsymbol{v}}(\tau);\boldsymbol{\Theta}]\}\mathrm{d}\Lambda(\tau;b) + E\left\{\int_0^t \sqrt{h[\bar{\boldsymbol{s}}+\widetilde{\boldsymbol{v}}(\tau);\boldsymbol{\Theta}]}\mathrm{d}B[\Lambda(\tau;b)]\right\} \tag{3-41}$$

根据布朗运动的性质可得 $E\{\mathrm{d}B[\Lambda(\tau;b)]\}=0$，由于漂移 Wiener 过程中扩散系数与布朗运动是相互独立的，因此可得

$$E\left\{\int_0^t \sqrt{h[\bar{\boldsymbol{s}}+\widetilde{\boldsymbol{v}}(\tau);\boldsymbol{\Theta}]}\mathrm{d}B[\Lambda(\tau;b)]\right\} = \int_0^t E\left\{\sqrt{h[\bar{\boldsymbol{s}}+\widetilde{\boldsymbol{v}}(\tau);\boldsymbol{\Theta}]}\right\}E\{\mathrm{d}B[\Lambda(\tau;b)]\} = 0 \tag{3-42}$$

将式（3-42）代入式（3-41）可得退化量的均值为

$$E\{\widetilde{X}[t;\widetilde{\boldsymbol{S}}(t)]\} = k_0\int_0^t E\{h[\bar{\boldsymbol{s}}+\widetilde{\boldsymbol{v}}(\tau);\boldsymbol{\Theta}]\}\mathrm{d}\Lambda(\tau;b) \tag{3-43}$$

由于函数 $h(\cdot;\boldsymbol{\Theta})$ 为平滑函数，因此将式（3-43）中的积分项用泰勒公式在$\bar{\boldsymbol{s}}$处展开为

$$E\{h[\bar{\boldsymbol{s}}+\widetilde{\boldsymbol{v}}(\tau);\boldsymbol{\Theta}]\} = h(\bar{\boldsymbol{s}};\boldsymbol{\Theta}) + \sum_p\left[\frac{\partial h(\widetilde{\boldsymbol{S}};\boldsymbol{\Theta})}{\partial S_p}\right]_{\widetilde{\boldsymbol{S}}=\bar{\boldsymbol{s}}}E(v_p) + \frac{1}{2}\sum_p\left[\frac{\partial^2 h(\widetilde{\boldsymbol{S}};\boldsymbol{\Theta})}{\partial S_p^2}\right]_{\widetilde{\boldsymbol{S}}=\bar{\boldsymbol{s}}}M_2(v_p) + \sum_{p<q}\left[\frac{\partial^2 h(\widetilde{\boldsymbol{S}};\boldsymbol{\Theta})}{\partial S_p\partial S_q}\right]_{\widetilde{\boldsymbol{S}}=\bar{\boldsymbol{s}}}E(v_pv_q) + \cdots \tag{3-44}$$

式中，$M_2(v_p)$ 为 v_p的二阶矩。由于 $E(\widetilde{v}(t))=0$，且 v_p、$v_q(p\neq q)$ 是相互独立的，因此 $E\{\widetilde{X}[t;\widetilde{\boldsymbol{S}}(t)]\}$可以近似表示为

$$E\{\widetilde{X}[t;\widetilde{\boldsymbol{S}}(t)]\} \approx k_0\left\{h(\bar{\boldsymbol{s}};\boldsymbol{\Theta}) + \frac{1}{2}\sum_p\left[\frac{\partial^2 h(\widetilde{\boldsymbol{S}};\boldsymbol{\Theta})}{\partial S_p^2}\right]_{\widetilde{\boldsymbol{S}}=\bar{\boldsymbol{s}}}\mathrm{var}(v_p)\right\}\Lambda(t;b) \tag{3-45}$$

为了推导退化量$\widetilde{X}[t;\widetilde{\boldsymbol{S}}(t)]$的方差，首先引入 Itô过程以及 Itô公式。

Itô过程：设 $\{B_t,t\geqslant 0\}$ 是定义在概率空间（Ω, $\wp$, P）上的一维标准布朗运动。若（Ω, $\wp$, P）上的随机过程 $X=X\{X,t\geqslant 0\}$ 满足式（3-46）所示的 Itô

积分[198]

$$X_t = X_0 + \int_0^t u(s,\omega)\mathrm{d}s + \int_0^t v(s,\omega)\mathrm{d}B_s \tag{3-46}$$

或等价地写成式（3-47）所示的Itô微分形式

$$\mathrm{d}X_t = u(t,\omega)\mathrm{d}t + v(t,\omega)\mathrm{d}B_t \tag{3-47}$$

式中，$u \in L^2(\mathbb{R})$，$v \in \wp[S,T]$，则称 X 为Itô过程。

Itô公式：设 X 为式（3-46）所示的Itô过程，$g(t,x) \in C^2[(0,\infty)\times\mathbb{R}]$，则 $Y_t = g(t,X_t)$ 仍为Itô过程，且满足式（3-48）所示的Itô积分方程[198]

$$Y_t = Y_0 + \int_0^t \frac{\partial g}{\partial s}(s,X_s)\mathrm{d}s + \int_0^t \frac{\partial g}{\partial x}(s,X_s)\mathrm{d}X_s + \frac{1}{2}\int_0^t \frac{\partial^2 g}{\partial x^2}(s,X_s)(\mathrm{d}X_s)^2 \tag{3-48}$$

或等价地写成式（3-49）所示的Itô微分方程

$$\mathrm{d}Y_t = \frac{\partial g}{\partial t}(t,X_t)\mathrm{d}t + \frac{\partial g}{\partial x}(t,X_t)\mathrm{d}X_t + \frac{1}{2}\frac{\partial^2 g}{\partial x^2}(t,X_t)(\mathrm{d}X_t)^2 \tag{3-49}$$

式中，$(\mathrm{d}X_t)^2$ 按如下的规则运算：$\mathrm{d}t\cdot\mathrm{d}t = \mathrm{d}t\cdot\mathrm{d}B_t = \mathrm{d}B_t\cdot\mathrm{d}t = 0$，$\mathrm{d}B_t\cdot\mathrm{d}B_t = \mathrm{d}t$。

根据Itô过程的定义，可以看出变环境应力下产品的退化过程在基于时间尺度转换时满足Itô过程，因此基于Itô公式，可得

$$\begin{aligned}\widetilde{X}^2[t;\widetilde{\boldsymbol{S}}(t)] = {} & 2k_0\int_0^t \widetilde{X}[\tau;\widetilde{\boldsymbol{S}}(\tau)]h[\bar{s}+\widetilde{\boldsymbol{v}}(\tau);\boldsymbol{\Theta}]\mathrm{d}\Lambda(\tau;b) + \\ & \int_0^t h[\bar{s}+\widetilde{\boldsymbol{v}}(\tau);\boldsymbol{\Theta}]\mathrm{d}\Lambda(\tau;b) + \\ & 2\int_0^t \widetilde{X}[s;\widetilde{\boldsymbol{S}}(\tau)]\sqrt{h[\bar{s}+\widetilde{\boldsymbol{v}}(\tau);\boldsymbol{\Theta}]}\mathrm{d}B[\Lambda(\tau;b)]\end{aligned} \tag{3-50}$$

由于 $E\{\mathrm{d}B[\Lambda(\tau;b)]\}=0$，$\widetilde{X}^2[t;\widetilde{\boldsymbol{S}}(t)]$的均值可以等价为

$$\begin{aligned}E\{\widetilde{X}^2[t;\widetilde{\boldsymbol{S}}(t)]\} = {} & 2k_0\int_0^t E\{\widetilde{X}[\tau;\widetilde{\boldsymbol{S}}(\tau)]h[\bar{s}+\widetilde{\boldsymbol{v}}(\tau);\boldsymbol{\Theta}]\}\mathrm{d}\Lambda(\tau;b) + \\ & \int_0^t E\{h[\bar{s}+\widetilde{\boldsymbol{v}}(\tau);\boldsymbol{\Theta}]\}\mathrm{d}\Lambda(\tau;b) \\ = {} & 2k_0^2\int_0^t E\left\{\left\{\int_0^\tau h[\bar{s}+\widetilde{\boldsymbol{v}}(u);\boldsymbol{\Theta}]\mathrm{d}\Lambda(u;b)\right\}h[\bar{s}+\widetilde{\boldsymbol{v}}(\tau);\boldsymbol{\Theta}]\right\}\mathrm{d}\Lambda(\tau;b) + \\ & \int_0^t E\{h[\bar{s}+\widetilde{\boldsymbol{v}}(\tau);\boldsymbol{\Theta}]\}\mathrm{d}\Lambda(\tau;b)\end{aligned} \tag{3-51}$$

当$\widetilde{\boldsymbol{v}}(t)$ 严格满足联合遍历性时，表达式 $h[\bar{s}+\widetilde{\boldsymbol{v}}(t);\boldsymbol{\Theta}]$也为遍历的，因此 $E\{h[\bar{s}+\widetilde{\boldsymbol{v}}(t);\boldsymbol{\Theta}]\}$为一个常数。当 C 为常数时，式（3-52）成立。

$$\left(\int_0^t C\mathrm{d}\tau\right)^2 = 2\int_0^t\int_0^\tau C^2\mathrm{d}u\mathrm{d}\tau \tag{3-52}$$

由式（3-52）可得

$$\{E\{\widetilde{X}[t;\widetilde{S}(t)]\}\}^2 = 2k_0^2\int_0^t\int_0^\tau E\{h[\bar{s}+\widetilde{\boldsymbol{v}}(\tau);\boldsymbol{\Theta}]\}E\{h[\bar{s}+\widetilde{\boldsymbol{v}}(u);\boldsymbol{\Theta}]\}\mathrm{d}\Lambda(u;b)\mathrm{d}\Lambda(\tau;b) \tag{3-53}$$

因此可得 $\widetilde{X}[t;\widetilde{S}(t)]$的方差为

$$\begin{aligned}\mathrm{var}\{\widetilde{X}[t;\widetilde{S}(t)]\} &= E\{\widetilde{X}^2[t;\widetilde{S}(t)]\} - \{E\{\widetilde{X}[t,\widetilde{S}(t)]\}\}^2\\ &= \int_0^t E\{h[\bar{s}+\widetilde{\boldsymbol{v}}(\tau);\boldsymbol{\Theta}]\}\mathrm{d}\Lambda(\tau;b) + \\ &\quad 2k_0^2\int_0^t\int_0^\tau\{E\{h[\bar{s}+\widetilde{\boldsymbol{v}}(u);\boldsymbol{\Theta}]h[\bar{s}+\widetilde{\boldsymbol{v}}(\tau);\boldsymbol{\Theta}]\} - \\ &\quad E\{h[\bar{s}+\widetilde{\boldsymbol{v}}(u);\boldsymbol{\Theta}]\}E\{h[\bar{s}+\widetilde{\boldsymbol{v}}(\tau);\boldsymbol{\Theta}]\}\}\mathrm{d}\Lambda(u;b)\mathrm{d}\Lambda(\tau;b)\end{aligned} \tag{3-54}$$

采用泰勒公式将函数 $h(\cdot;\boldsymbol{\Theta})$ 在$\bar{s}$处展开并消除高阶项可得

$$\begin{aligned}&E\{h[\bar{s}+\widetilde{\boldsymbol{v}}(u);\boldsymbol{\Theta}]h[\bar{s}+\widetilde{\boldsymbol{v}}(\tau);\boldsymbol{\Theta}]\} - E\{h[\bar{s}+\widetilde{\boldsymbol{v}}(u);\boldsymbol{\Theta}]\}E\{h[\bar{s}+\widetilde{\boldsymbol{v}}(\tau);\boldsymbol{\Theta}]\}\\ &\approx \sum_p\left\{\left[\frac{\partial h(\widetilde{\boldsymbol{S}};\boldsymbol{\Theta})}{\partial S_p}\right]_{\widetilde{\boldsymbol{S}}=\bar{s}}\right\}^2 E[v_p(\tau)v_p(s)]\\ &= \sum_p\left\{\left[\frac{\partial h(\widetilde{\boldsymbol{S}};\boldsymbol{\Theta})}{\partial S_p}\right]_{\widetilde{\boldsymbol{S}}=\bar{s}}\right\}^2 r_{v_p}(\tau-u)\end{aligned} \tag{3-55}$$

综上可得，$\widetilde{X}[t;\widetilde{S}(t)]$的方差为

$$\begin{aligned}\mathrm{var}\{\widetilde{X}[t;\widetilde{S}(t)]\} \approx& \left\{h(\bar{s};\boldsymbol{\Theta}) + \frac{1}{2}\sum_p\left[\frac{\partial^2 h(\widetilde{\boldsymbol{S}};\boldsymbol{\Theta})}{\partial S_p^2}\right]_{\widetilde{\boldsymbol{S}}=\bar{s}}\mathrm{var}(v_p)\right\}\Lambda(t;b) + \\ & 2k_0^2\int_0^t\int_0^\tau\sum_p\left\{\left[\frac{\partial h(\widetilde{\boldsymbol{S}};\boldsymbol{\Theta})}{\partial S_p}\right]_{\widetilde{\boldsymbol{S}}=\bar{s}}\right\}^2 r_{v_p}(\tau-u)\mathrm{d}\Lambda(u;b)\mathrm{d}\Lambda(\tau;b)\end{aligned} \tag{3-56}$$

假设$v_p(t)$是二次均方可积的，当$\int_0^t r_{v_p}(u)\mathrm{d}u<\infty$存在时，意味着$\int_0^t\int_0^\tau r_{v_p}(\tau-u)\,\mathrm{d}u\mathrm{d}\tau < \infty$，可以得到$0 \leqslant \int_0^t\int_0^\tau\sum_p\{[\partial h(\widetilde{\boldsymbol{S}};\boldsymbol{\Theta})/\partial S_p]_{\widetilde{\boldsymbol{S}}=\bar{s}}\}^2 r_{v_p}(\tau-u)\mathrm{d}u\mathrm{d}\tau \leqslant \infty$，因此$\mathrm{var}\{\widetilde{X}[t;\widetilde{S}(t)]\}$存在。

在某些情况下，白噪声可以对 v_p 进行描述，此时可得 $r_{v_p}(u-\tau)=E[v_p(u)\times v_p(\tau)]=\mathrm{var}(v_p)\delta(u-\tau)$，其中 $\delta(\cdot)$ 为克罗内克函数，可以表示为

$$\delta(t)=\begin{cases}1, & t=0\\ 0, & t=0\end{cases} \tag{3-57}$$

因此，$\widetilde{X}[t;\widetilde{S}(t)]$的方差可以被近似表示为转换时间的函数，即

$$\operatorname{var}\{\widetilde{X}[t;\widetilde{\boldsymbol{S}}(t)]\}$$
$$\approx \left\{h(\bar{s};\boldsymbol{\Theta}) + \sum_p \left\{\frac{1}{2}\left[\frac{\partial h^2(\widetilde{\boldsymbol{S}};\boldsymbol{\Theta})}{\partial S_p^2}\right]_{\widetilde{S}=\bar{s}} + 2k_0^2\left\{\left[\frac{\partial h(\widetilde{\boldsymbol{S}};\boldsymbol{\Theta})}{\partial S_p}\right]_{\widetilde{S}=\bar{s}}\right\}^2\right\}\operatorname{var}(v_p)\right\}\Lambda(t;b) \tag{3-58}$$

由于$\widetilde{X}[t;\widetilde{\boldsymbol{S}}(t)]$的均值和方差皆与时间尺度转换函数 $\Lambda(t;b)$成正比例关系，因此可以用基于等效时间尺度转换的布朗运动 $U[\Lambda(t;b)]$对退化过程进行描述，见式（3-59）。

$$\widetilde{X}[t;\widetilde{\boldsymbol{S}}(t)] \approx k_0\widetilde{\lambda}\Lambda(t;b) + \widetilde{\sigma}_U U[\Lambda(t;b)] \tag{3-59}$$

式中

$$\widetilde{\lambda} = h(\bar{s};\boldsymbol{\Theta}) + \frac{1}{2}\sum_p \left[\frac{\partial h^2(\widetilde{\boldsymbol{S}};\boldsymbol{\Theta})}{\partial S_p^2}\right]_{\widetilde{S}=\bar{s}}\operatorname{var}(v_p) \tag{3-60}$$

$$\widetilde{\sigma}_U^2 = h(\bar{s};\boldsymbol{\Theta}) + \sum_p \left\{\frac{1}{2}\left[\frac{\partial h^2(\widetilde{\boldsymbol{S}};\boldsymbol{\Theta})}{\partial S_p^2}\right]_{\widetilde{S}=\bar{s}} + 2k_0^2\left\{\left[\frac{\partial h(\widetilde{\boldsymbol{S}};\boldsymbol{\Theta})}{\partial S_p}\right]_{\widetilde{S}=\bar{s}}\right\}^2\right\}\operatorname{var}(v_p) \tag{3-61}$$

3.3.3　变环境应力下产品失效寿命分布的概率密度函数及可靠度函数

根据式（3-59）所示的变环境应力下的近似退化过程，结合时间尺度转换的非线性 Wiener 过程的概率密度函数可以近似得到变环境应力下产品失效寿命分布的概率密度函数及可靠度函数，见式（3-62）和式（3-63）。

$$\widetilde{f}(t) \approx \frac{D}{\sqrt{2\pi\widetilde{\sigma}_U^2\Lambda^3(t;b)}}\exp\left\{-\frac{[D-k_0\widetilde{\lambda}\Lambda(t)]^2}{2\widetilde{\sigma}_U^2\Lambda(t;b)}\right\}\frac{\mathrm{d}\Lambda(t;b)}{\mathrm{d}t} \tag{3-62}$$

$$\widetilde{R}(t) \approx \Phi\left[\frac{D-k_0\widetilde{\lambda}\Lambda(t;b)}{\sqrt{\widetilde{\sigma}_U^2\Lambda(t;b)}}\right] - \exp\left[\frac{2k_0\widetilde{\lambda}D}{\widetilde{\sigma}_U^2}\right]\Phi\left[-\frac{k_0\widetilde{\lambda}\Lambda(t;b)+D}{\sqrt{\widetilde{\sigma}_U^2\Lambda(t;b)}}\right] \tag{3-63}$$

式中，D 为产品的失效阈值，$\Phi(\cdot)$ 为标准正态分布函数。

3.3.4　应用实例分析

本实例采用发光二极管恒定应力加速退化试验数据[158]对上述的模型进行验证。研究发现，随着使用时间的增加，发光二极管的光强度会逐渐下降，当其光强度低于初始光强度的 50% 时，该发光二极管失效，由于温度应力水平和电流大小对其光强度的衰减皆有影响，因此其加速应力选定为温度应力和电应力，整个试验共有 $K=4$ 级加速应力水平，分别为 $S_1=140℃$、$I_1=40\text{mA}$，$S_2=140℃$、$I_2=35\text{mA}$，$S_3=165℃$、$I_3=40\text{mA}$，$S_4=165℃$、$I_4=35\text{mA}$。每级加速应力下的

样本量均为 $N=5$，每隔 50h 将样本从温湿度试验箱中取出放置在正常环境应力（即室温为 40℃、电流值为 10mA）下进行光通量的测量。每个样本在温湿度试验箱中的试验时间为 250h，每个样本的测量次数（M）为 5 次。

光照度的测量单位为勒克斯（lx），表示光源照射到单位面积上的光通量，对测得的光照度取自然对数的相反数，通过一定的转换将所有测试样本光照度的初始测量值转换成 -5.0，为了使退化量的初值为0，将退化量选取为照度量自然对数的相反数加上 5。经过上述转换，所有样本退化量的初值为 0，各加速应力水平下发光二极管的退化轨迹如图 3-16 所示。当发光二极管的光强度低于其初始光照度的 50%，认定该发光二极管失效，因此经过相应转换后的失效阈值为 $D=0.6931$。

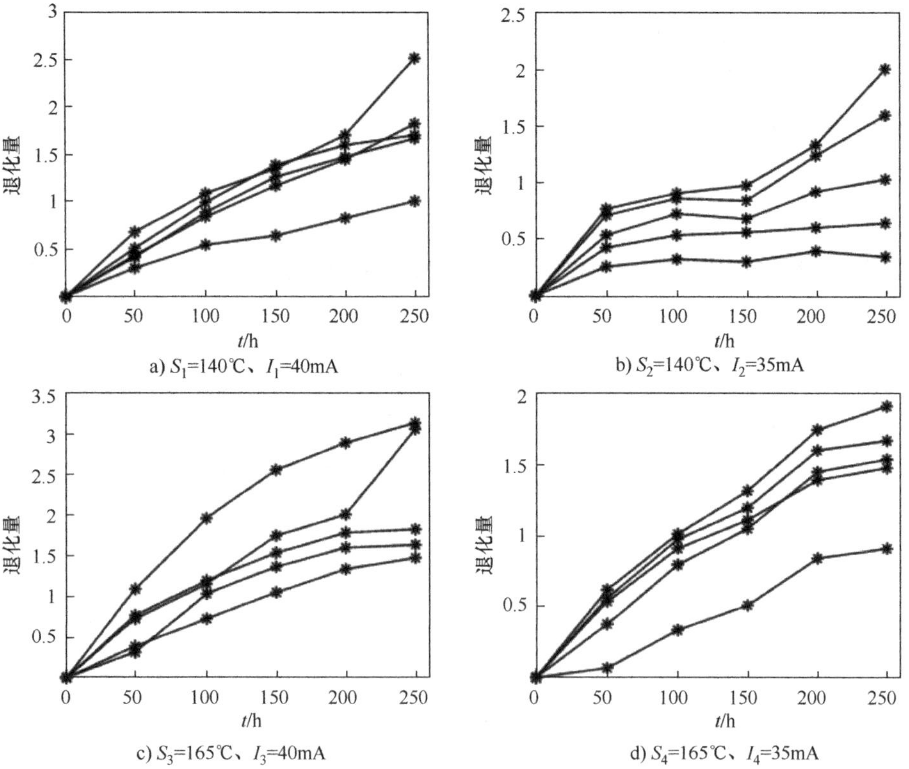

图 3-16 各加速应力水平下发光二极管的退化轨迹

假设使用环境应力下的温度和电流不是恒定的，而是随机变化的，温度应力水平的均值 $S_0=40℃$，标准差 $\sigma_S=50℃$，电应力水平的均值 $I_0=10\text{mA}$，标准差 $\sigma_I=0.5\text{mA}$。为了预测使用环境应力下发光二极管的可靠度函数，首先需要根据加速退化试验数据求取其退化参数。

从图3-16所示的发光二极管的退化轨迹可以看出，发光二极管的退化轨迹呈现非线性的特征。各加速应力下退化量的方差均随着试验时间的增加呈增长趋势，此结论也从侧面证明了扩散系数与加速应力存在相关性。一般情况下，当加速应力为温度应力时，采用阿伦尼乌斯方程描述温度应力对退化参数的影响；当加速应力为电应力时，采用逆幂率模型描述电应力对退化参数的影响，因此基于变环境应力下的退化模型，假设扩散系数与加速应力之间的关系为

$$\sigma_B^2(I,S)=h[(I,S);\boldsymbol{\Theta}]=\gamma_0 I^{\gamma_1}\exp\left(-\gamma_2\frac{1}{S}\right) \tag{3-64}$$

式中，I为电应力，S为热力学温度应力，单位为开尔文（K），γ_0、γ_1、γ_2为加速模型中的未知参数。相应地，根据扩散系数与漂移系数之间的关系，漂移系数与加速应力之间的关系为

$$\lambda(I,S)=kh[(I,S);\boldsymbol{\Theta}]=k_0\gamma_0 I^{\gamma_1}\exp\left(-\gamma_2\frac{1}{S}\right) \tag{3-65}$$

记第k级加速应力下第i个样本第j次测量得到的退化数据为x_{kij}，相应的退化测量时间点为t_{kij}，其中$k=1,2,\cdots,K$；$i=1,2,\cdots,N$；$j=1,2,\cdots,M$。第k级加速应力下的温度应力标记为T_k，电应力标记为I_k。由于退化轨迹的非线性，采用基于时间尺度转换的非线性Wiener过程对退化参数进行拟合，其中时间尺度转换函数为$\Lambda(t;b)=t^b$。退化增量Δx_{kij}服从均值为$\lambda(I,S)\Delta\Lambda(t_{kij};b)$、方差为$\sigma_B^2(I,S)\Delta\Lambda(t;b)$的正态分布，因此关于模型中所有未知参数$\boldsymbol{\Upsilon}=\{\gamma_0,\gamma_1,\gamma_2,k_0,b\}$的最大对数似然函数为

$$\begin{aligned}\ln L(\boldsymbol{\Upsilon}\mid\boldsymbol{X}) = & -\frac{KNM}{2}\ln(2\pi)-\frac{KNM}{2}\ln\gamma_0-\frac{NM}{2}\gamma_1\sum_{k=1}^{K}\ln I_k+\\ & \frac{NM}{2}\gamma_2\sum_{k=1}^{K}\frac{1}{S_k}-\frac{KN}{2}\sum_{j=1}^{M}\ln[\Delta\Lambda(t_j;b)]-\\ & \frac{1}{2\beta_0}\sum_{k=1}^{K}\sum_{i=1}^{N}\sum_{j=1}^{M_{ki}}\frac{\left[\Delta x_{kij}-k_0\gamma_0 I_k^{\gamma_1}\exp\left(\frac{-\gamma_2}{S_k}\right)\Delta\Lambda(t_j;b)\right]^2}{I_k^{\gamma_1}\exp\left(\frac{-\gamma_2}{S_k}\right)\Delta\Lambda(t_j;b)}\end{aligned} \tag{3-66}$$

式中，当$j=1$时，$\Delta x_{ki1}=x_{ki1}$，$\Delta\Lambda(t_{ki1};b)=\Lambda(t_{ki1},b)$；当$1<j\leqslant M$时，$\Delta x_{kij}=x_{kij}-x_{ki(j-1)}$，$\Delta\Lambda(t_{kij};b)=\Lambda(t_{kij};b)-\Lambda(t_{ki(j-1)};b)$。

将对数似然函数$\ln L(\boldsymbol{\Upsilon}\mid\boldsymbol{X})$对$k_0$求偏导数可得

$$\frac{\partial\ln L(\boldsymbol{\Upsilon}\mid\boldsymbol{X})}{\partial k_0}=-\frac{1}{2}\sum_{k=1}^{K}\sum_{i=1}^{N}\sum_{j=1}^{M_{ki}}2k_0\gamma_0 I_k^{\gamma_1}\exp\left(\frac{-\beta_2}{S_k}\right)\Delta\Lambda(t_j;b)-2\Delta x_{kij} \tag{3-67}$$

令$\dfrac{\partial\ln L(\boldsymbol{\Upsilon}\mid\boldsymbol{X})}{\partial k_0}=0$，可得

$$\hat{k}_0 = \frac{\sum_{k=1}^{K}\sum_{i=1}^{N} x_{kiM}}{N\beta_0 \Lambda(t_M;b)\sum_{k=1}^{K} I_k^{\beta_1}\exp\left(\frac{-\beta_2}{S_k}\right)} \tag{3-68}$$

式中，x_{kiM}为第 k 级加速应力下第 i 个样本最后一次测得的退化量。将$\hat{k}_0$ 代入 $\ln L(\boldsymbol{\Upsilon} \mid \boldsymbol{X})$可得关于参数$\{\gamma_0,\gamma_1,\gamma_2\}$的剖面似然函数，然后通过数值计算求解$\{\gamma_0,\gamma_1,\gamma_2\}$的估计值$\{\hat{\gamma}_0,\hat{\gamma}_1,\hat{\gamma}_2\}$，进而将$\{\hat{\gamma}_0,\hat{\gamma}_1,\hat{\gamma}_2\}$代入$\hat{k}_0$ 即可得到所有未知参数的最大似然估计值。将发光二极管加速退化试验数据代入上述的最大对数似然函数可得未知参数的估计值，见表 3-5。

表 3-5　基于发光二极管恒定应力加速退化数据的模型未知参数的估计值及选择指标

模型	$\hat{\gamma}_0$	$\hat{\gamma}_1$	$\hat{\gamma}_2$	$\hat{k}_0$	$\hat{b}$	$\hat{\beta}_0$	$\hat{\beta}_1$	Log - LF	AIC
M_0	2.76×10^{-6}	2.97	1565.30	8.41	0.74	—	—	22.98	-35.95
M_1	7.40×10^{-6}	3.08	1873.95	—	—	4.09×10^{-9}	1.73	-36.89	83.78

为了对比不同模型之间的差异性，将本书提出的基于时间尺度转换的非线性模型记为模型 M_0，将不考虑加速应力对扩散系数影响的模型记为模型 M_1，值得注意的是，模型 M_1中 γ_0、γ_1、γ_2 的物理含义与模型 M_0中 γ_0、γ_1、γ_2 的物理含义不同。采用最大对数似然函数（Log - LF）以及赤池信息量准则（AIC）的值作为模型对退化参数拟合效果的判定标准，可见模型 M_0具有较大的最大对数似然函数值以及较小的赤池信息量准则值，因此模型 M_0对退化数据的拟合更好，更适合退化数据。

为了估计该发光二极管在随机工作环境应力下的可靠度，首先根据式（3-64）将 $h(\widetilde{\boldsymbol{S}};\boldsymbol{\Theta})$代入式（3-60）和式（3-61）得到等效漂移系数和等效扩散系数的解析形式。

$$\begin{aligned}\widetilde{\lambda} = {} & \gamma_0 I_0^{\gamma_1}\exp\left(-\frac{\gamma_2}{S_0}\right) + \frac{1}{2}\gamma_0\gamma_1(\gamma_1-1)I_0^{\gamma_1-2}\exp\left(-\frac{\gamma_2}{S_0}\right)\sigma_I^2 + \\ & \frac{1}{2}\gamma_0 I_0^{\gamma_1}\exp\left(-\frac{\gamma_2}{S_0}\right)\left(\frac{\gamma_2^2}{S_0^4}-\frac{2\gamma_2}{S_0^3}\right)\sigma_S^2\end{aligned} \tag{3-69}$$

$$\begin{aligned}\widetilde{\sigma}_U^2 = {} & \gamma_0 I_0^{\gamma_1}\exp\left(-\frac{\gamma_2}{S_0}\right) + \\ & \left[\frac{1}{2}\gamma_0\gamma_1(\gamma_1-1)I_0^{\gamma_1-2}\exp\left(-\frac{\gamma_2}{S_0}\right) + 2k_0^2\gamma_0^2\gamma_1^2 I_0^{2\gamma_1-2}\exp\left(-\frac{2\gamma_2}{S_0}\right)\right]\sigma_I^2 + \\ & \left[\frac{1}{2}\gamma_0 I_0^{\gamma_1}\exp\left(-\frac{\gamma_2}{S_0}\right)\left(\frac{\gamma_2^2}{S_0^4}-\frac{2\gamma_2}{S_0^3}\right) + 2k_0^2\gamma_0^2 I_0^{2\gamma_1}\frac{\gamma_2^2}{S_0^4}\exp\left(-\frac{2\gamma_2}{S_0}\right)\right]\sigma_S^2\end{aligned} \tag{3-70}$$

将表3-5中的退化数据代入式（3-69）和式（3-70）可得等效参数$\widetilde{\lambda}$和$\widetilde{\sigma}_U^2$分别为$\widetilde{\lambda}=2.1972\times10^{-5}$，$\widetilde{\sigma}_U^2=2.2009\times10^{-5}$；如果不考虑工作环境应力的随机性，则40℃、10mA应力条件下的漂移系数为1.4617×10^{-4}，扩散系数为1.7380×10^{-5}，基于退化参数可得两种情况下的概率密度函数（PDF）及可靠度（R）函数，其曲线如图3-17所示。

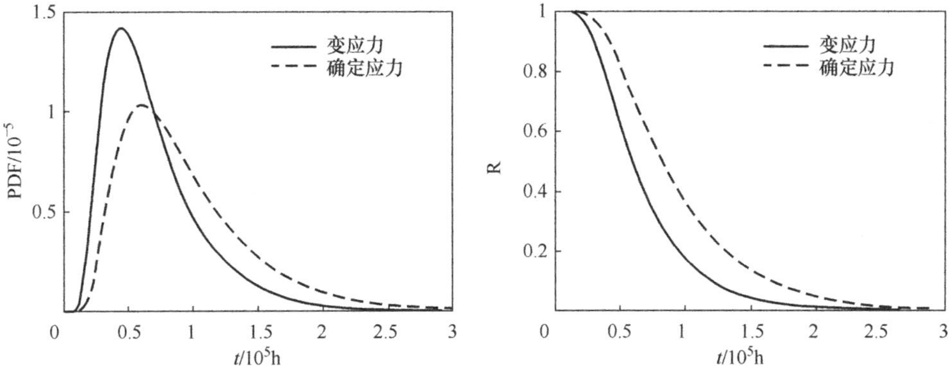

图3-17 发光二极管的概率密度函数及可靠度函数曲线

由图3-17可以看出，基于变应力退化模型得到的概率密度函数的峰值更高，且其变化的范围更窄，表明其预测精度更高。根据各模型的概率密度函数可得发光二极管的平均失效时间（MTTF）以及分位寿命，见表3-6。

表3-6 发光二极管的平均失效时间及分位寿命

参数	MTTF	$t_{0.999}$	$t_{0.99}$	$t_{0.9}$	$t_{0.75}$	$t_{0.25}$	$t_{0.1}$
变应力	7.00×10^4	1.24×10^4	1.78×10^4	3.03×10^4	4.18×10^4	8.74×10^4	1.22×10^5
确定应力	9.60×10^4	1.70×10^4	2.45×10^4	4.16×10^4	5.74×10^4	1.20×10^5	1.67×10^5

根据表3-6可以看出，采用确定应力模型比采用随机应力模型的平均失效时间多2.6×10^4h，其相对误差率达到37.14%。且基于确定应力模型得到的各分位寿命均小于基于随机应力的模型，造成对发光二极管寿命的高估，在工程实践中，会造成因可靠度预测值高估带来的产品更换或维修不及时的后果，从而造成巨大的经济损失。

3.4 本章小结

本章主要针对变环境应力从三个方面进行分析。针对单温度应力的情形，基于退化量均值等效原则建立一般等效温度模型；基于随机温湿度环境应力监测数据，建立产品库房温湿度应力载荷谱，进而对产品可靠性进行评估；对于包含多个变环境应力的情形，通过泰勒公式对其在变环境应力下的退化过程进行近似，从而建立变环境应力下产品的等效退化模型，主要包括以下内容：

1）建立了适用于非线性退化过程的一般等效温度模型，相对于一般等效温度模型，常用的经验等效温度模型和平均温度模型是一般等效温度模型在一定条件下的特例，证明了一般等效温度模型具有更广的应用范围。当产品在库房条件下进行贮存时，尽可能地增加检测次数，可以获得更多有关其寿命和健康状况的试验数据，能够提高寿命预测精度，然而过多的检测也可能会造成故障。因此，在产品贮存期内应尽可能减少检测次数，甚至某些型号的制导弹药在贮存期内不进行检测，只有到达贮存期后才进行维修检测，这就造成库房条件下试验数据的不足或缺失。为了对库房条件下的产品寿命及可靠度进行评估，可以通过加速退化试验获得其退化参数的估计值，然后通过加速方程将其退化参数外推至等效温度应力条件下，从而对其自然环境贮存条件下的寿命和可靠度进行估计。

2）采用某火箭弹用 O 形橡胶密封圈贮存试验对一般等效温度模型进行验证，结果表明基于一般等效温度模型得到的等效温度比通过经验等效温度模型和平均温度模型得到的等效温度更符合该火箭弹用 O 形橡胶密封圈在库房自然环境贮存试验中的实际情况。

3）通过对库房自然环境贮存条件下产品温湿度环境应力进行监控，建立温湿度应力载荷谱，对其应力载荷分布进行拟合并确定相应的随分布类型，通过贝叶斯方法得到产品首达时间的全概率密度函数和可靠度函数。值得注意的是，此处给出的温度载荷服从正态分布、湿度载荷服从 Gamma 分布为基于某库房温湿度载荷测量误差数据通过分布拟合检验得出的，在实际使用中也可以根据具体库房环境条件采用其他随机分布对温湿度载荷进行描述。

4）通过 Itô公式和泰勒公式对随机变环境应力条件下的产品退化量均值和方差进行近似，得到了其退化过程的近似形式，并推导了产品失效寿命概率密度函数和可靠度函数的解析形式。采用发光二极管恒定应力加速退化试验数据对模型进行了验证，结果表明考虑环境应力的随机性得到的寿命预测结果更合理。

第 4 章　融合加速退化试验数据和现场退化数据的产品剩余寿命评估模型

第 3 章建立了变环境应力下产品的等效温度模型以及等效退化模型，模型中未知参数的估计都依赖于产品加速退化试验数据。然而，在产品全生命周期中，从设计阶段、生产阶段、后勤阶段直至使用阶段，除了加速退化试验数据（accelerated degradation data，ADT），还可以获取实际工作条件下的现场退化数据（degradation data，DT）。产品加速退化试验数据对应的试验应力是可控且已知的，但实际工作条件下的环境应力类型及水平是复杂多变的，由于试验条件的限制，并不是所有的应力都可以被加速。对于 TO－CAN 封装的发光二极管，在实验室环境下其电压会随着试验时间发生变化，造成实验室条件下的电压是不可控的，因此采用驱动电流和温度作为加速应力对其进行试验[89]。某火箭弹用 O 形橡胶密封圈加速退化试验中的加速应力为温度应力，但在其库房自然环境贮存试验中，除了温度应力，还存在湿度应力等其他环境应力。因此，在将产品加速退化试验数据和实际工作条件下的退化数据进行融合之前，首先需要建立二者之间的定量关系。王立志引入了两个修正因子用来表示实验室中未考虑但在实际工作条件下存在的其他应力对退化系数的影响，但是其模型是基于线性 Wiener 过程建立的，且假设扩散系数是与加速应力无关的常数，与基于失效机理不变原则推导得到的扩散系数与加速应力之间的关系不符。因此，本章通过第 2 章基于失效机理不变原则推导得到的退化参数与加速应力之间的函数关系，对加速退化试验数据进行建模，在对实际工作条件下的退化数据进行建模时，引入修正因子用来描述除加速应力之外的其他类型应力对退化参数的影响。考虑不同样本之间的差异性，假设退化参数的先验分布服从随机分布，基于贝叶斯理论对实际工作条件下个体的退化参数进行更新，从而对其剩余寿命进行预测。

4.1　实际工作条件下的退化过程建模

4.1.1　数据来源及其形式分析

包含产品可靠性相关内容的信息统称为可靠性信息，可靠性信息通常分为狭义的可靠性信息和广义的可靠性信息。其中，狭义的可靠性信息是指在各项可靠性工作中所产生的有关可靠性水平及状况的各种相关信息，可以是数字、符号、图表和文字等形式；广义的可靠性信息包含和可靠性、维修性、安全性、测试性以及保障性相关的一切产品信息，反映了产品或系统在不同寿命阶段的可靠性状况和可靠性变化规律。可靠性信息是一切可靠性工作的基础，根据来源的不同可以大致分为现场数据、专家经验数据、相似产品信息、维修数据、试验数据，具体来源如图 4-1 所示[199]。

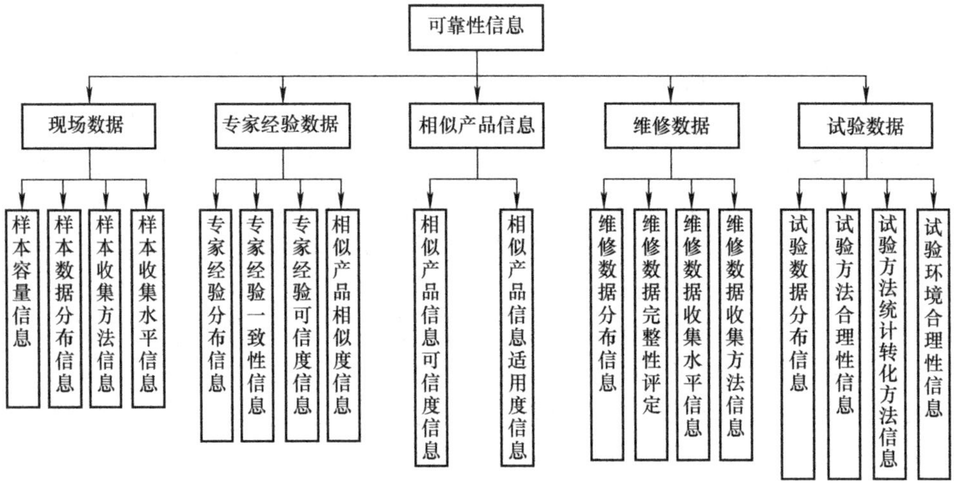

图 4-1 可靠性信息来源

本章主要考虑产品现场数据和试验数据，其中现场数据的主要形式为实际工作条件下的退化数据，试验数据主要来自产品加速退化试验，其数据形式为加速退化数据。

4.1.2 实际工作条件下的产品退化过程模型

在产品实际工作条件下，存在着多种应力，然而由于测试设备的局限性或者测试费用的制约，并不是所有的应力都是可控的。在实施产品加速退化试验的实验室环境中，很难模拟所有的应力条件，因而只增大与寿命相关性最大的应力，从而加速产品的退化。假设产品实际工作条件下有 P_1 种应力类型可以被加速，另外 P_2 种应力类型不能被加速，则实际工作条件下扩散系数的平方可以表示为

$$\sigma_B^2(S^r) = \exp\left[\gamma_0 + \sum_{p=1}^{P_1}\gamma_p\varphi(s_p^r) + \sum_{p=P_1+1}^{P_1+P_2}\gamma_p\varphi(s_p^r)\right] \tag{4-1}$$

式中，s_p^r 为实际工作条件下第 p 种应力。

然而，对所有的应力进行加速试验是不现实的，并且由于数据的缺乏，未知

参数 γ_p 很难确定，因此考虑引入修正因子 k_1，将应力 $s_p^r(p = P_1+1, P_1+2, \cdots, P_1+P_2)$ 对扩散系数的影响用修正因子 k_1 代替，即

$$\sigma_B^2(S^r) = k_1 \exp\left[\gamma_0 + \sum_{p=1}^{P_1} \gamma_p \varphi(s_p^r)\right] \tag{4-2}$$

结合失效机理不变原则得到的基于时间尺度转换的非线性 Wiener 过程的漂移系数和扩散系数的函数关系，其实际工作条件下的产品退化过程可以表示为

$$X^r(t \mid S^r) = x_0^r + \lambda(S^r)\Lambda(t;\alpha) + \sigma_B^2(S^r)B[\Lambda(t;\alpha)] \tag{4-3}$$

式中，$\lambda(S^r) = k_0\sigma_B^2(S^r)$。

4.1.3 退化参数多样性

由于应力水平的波动、材料的特性，同一批产品不同个体的退化会呈现形态相似但轨迹不同的现象，这种现象称为个体之间的差异性。这种差异性可以通过漂移系数和扩散系数的随机性进行表征。因此，假设常应力水平下扩散系数的倒数 $\omega_0 = 1/(\sigma_B^2)_0$ 服从形状参数为 a、尺度参数为 b 的 Gamma 分布，即 $\omega_0 \sim \mathrm{Ga}(a,b)$。在 ω_0 已知的条件下，假设常应力水平下的漂移系数服从均值为 c、方差为 d/ω_0 的正态分布，即 $\lambda_0 \sim N(c, d/\omega_0)$。

在漂移系数和扩散系数随机分布假设下，失效机理不变原则在均值意义下仍然是满足的，其中漂移系数的均值为 c，扩散系数的均值为 $b/(a-1)$，因此漂移系数和扩散系数的均值之比为 $c(a-1)/b$。接下来证明在第 k 级加速应力水平下，漂移系数和扩散系数之比保持不变。

基于时间尺度转换，相对于常应力水平 S_0，第 k 级加速应力水平的加速因子为 $\bar{\zeta}_{k,0}$，基于加速因子不变原则，第 k 级加速应力水平下漂移系数 λ_k 和扩散系数的倒数 ω_k 与常应力水平 S_0 下的漂移系数 λ_0 和扩散系数的倒数 ω_0 存在如下关系：

$$\begin{cases} \lambda_k = \bar{\zeta}_{k,0}\lambda_0 \\ \omega_k = \dfrac{\omega_0}{\bar{\zeta}_{k,0}} \end{cases} \tag{4-4}$$

假设第 k 级加速应力水平下的扩散系数 ω_k 服从形状参数为 a_k、尺度参数为 b_k 的 Gamma 分布，漂移系数 λ_k 服从均值为 c_k、方差为 d_k/ω_k 的正态分布，则 λ_k 和 ω_k 的联合概率密度函数为

$$\pi(\lambda_k, \omega_k) = \sqrt{\frac{\omega_k}{2\pi d_k}} \exp\left[-\frac{\omega_k(\lambda_k - c_k)^2}{2d_k}\right] \frac{{b_k}^{a_k}}{\Gamma(a_k)} {\omega_k}^{a_k-1} \exp(-b_k\omega_k) \tag{4-5}$$

将式（4-4）代入式（4-5），可以得到 λ_0 和 ω_0 的联合概率密度函数为

$$\pi(\lambda_0,\omega_0)=\sqrt{\frac{\omega_0}{\frac{2\pi d_k}{\bar{\bar{\zeta}}_{k,0}}}}\exp\left[-\frac{\omega_0\left(\frac{\lambda_0-c_k}{\bar{\bar{\zeta}}_{k,0}}\right)}{\frac{2d_k}{\bar{\bar{\zeta}}_{k,0}}}\right]\times \tag{4-6}$$

$$\frac{\left(\frac{b_k}{\bar{\bar{\zeta}}_{k,0}}\right)^{a_k}}{\Gamma(a_k)}\omega_0^{a_k-1}\exp\left(-\frac{b_k}{\bar{\bar{\zeta}}_{k,0}}\omega_0\right)$$

综上可得，$\omega_0\sim\mathrm{Ga}(a_k,b_k/\bar{\zeta}_{k,0})$，$\lambda_0\sim N[c_k/\bar{\zeta}_{k,0},d/(\omega_0\bar{\zeta}_{k,0})]$，因此第 k 级加速应力水平和常应力水平下漂移系数和扩散系数的分布参数之间的关系可以表示为

$$a_k=a,b_k=b\bar{\zeta}_{k,0},c_k=c\bar{\zeta}_{k,0},d_k=d\bar{\zeta}_{k,0} \tag{4-7}$$

而第 k 级加速应力水平下漂移系数和扩散系数的均值之比仍然为 $b/(a-1)$，因此在考虑参数随机性的情况下依然满足失效机理不变原则。

4.2 基于最大期望算法的未知参数估计及剩余寿命预测

4.2.1 加速因子估计及退化数据折算

假设在产品加速退化试验中有 K 级加速应力水平，分别为 $S_1,S_2,\cdots,S_K$，常应力水平为 S_0。第 k 级加速应力水平下的第 i 个样本的第 j 次的测量数据为 x_{kij}，相应的测量时间为 t_{kij}，因此退化增量和转换时间增量分别为 Δx_{kij}、$\Delta\Lambda(t_{kij};\alpha)$，其中 $k=1,2,\cdots,K$，$i=1,2,\cdots,N_k$，$j=1,2,\cdots,M_{ki}$。

假设在产品实际工作条件下有 N^r 个样本，第 l 个样本第 j 次测量得到的退化量为 x_{lj}^r，相应的退化时间为 t_{lj}^r，其中 $l=1,2,\cdots,N^r$，$j=1,2,\cdots,M_l$。

加速退化模型及实际工作条件下的退化模型中的未知参数 $\boldsymbol{\Omega}=\{a,b,c,d,k_1,\alpha,\gamma_0,\cdots,\gamma_{P_1}\}$，其中 α 是时间尺度转换函数中的未知参数。由于模型中有较多的未知参数，因此将它们分成两组，第一组为 $\boldsymbol{\Omega}_1=\{\alpha,\gamma_0,\cdots,\gamma_{P_1}\}$，第二组为 $\boldsymbol{\Omega}_2=\{a,b,c,d,k_1\}$，其中 $\boldsymbol{\Omega}_1$ 可以通过最大对数似然估计法得到。加速退化模型中各级加速应力水平下漂移系数和扩散系数的平方的解析表达式为

$$\hat{\lambda}_k=\frac{\sum_{i=1}^{N_k}x_{kiM_{ki}}}{\sum_{i=1}^{N_k}\Lambda(t_{kiM_{ki}};\alpha)} \tag{4-8}$$

$$(\hat{\sigma}_B^2)_k = \frac{\sum_{i=1}^{N_k}\sum_{j=1}^{M_{ki}}\left\{\frac{[x_{kij}-\hat{\lambda}_k\Lambda(t_{kij};\alpha)]^2}{\Lambda(t_{kij};\alpha)}\right\}}{\sum_{i=1}^{N_k}M_{ki}} \tag{4-9}$$

实际工作条件下的漂移系数和扩散系数的解析表达式为

$$\hat{\lambda}^r = \frac{\sum_{l=1}^{N^r}x_{lM_l}^r}{\sum_{l=1}^{N^r}\Lambda(t_{lM_l}^r;\alpha)} \tag{4-10}$$

$$(\hat{\sigma}_B^2)^r = \frac{\sum_{l=1}^{N^r}\sum_{j=1}^{M_l}\left\{\frac{[x_{lj}^r-\hat{\lambda}^r\Lambda(t_{lj}^r;\alpha)]^2}{\Lambda(t_{lj}^r;\alpha)}\right\}}{\sum_{l=1}^{N^r}M_l} \tag{4-11}$$

将各应力水平下的漂移系数和扩散系数的解析形式代入未知参数的对数似然函数，可得未知参数 α 的剖面对数似然函数为

$$\ln L(\alpha) \propto -\frac{1}{2}\sum_{k=1}^{K}\ln(\hat{\sigma}_B^2)_k - \frac{1}{2}\ln(\hat{\sigma}_B^2)^r - \frac{1}{2}\sum_{k=1}^{K}\sum_{i=1}^{N_k}\sum_{j=1}^{M_{ki}}\Delta\Lambda(t_{kij}\mid\alpha) - \frac{1}{2}\sum_{l=1}^{N^r}\sum_{j=1}^{M_l}\Delta\Lambda(t_{lj}^r\mid\alpha) \tag{4-12}$$

式（4-12）中只有 α 一个未知参数，因此可以通过一维搜索得到 α 的估计值 $\hat{\alpha}$，将 $\hat{\alpha}$ 代入式（4-8）可以得到各应力水平下漂移系数的估计值，进而通过最小二乘估计法得到 $\gamma_0,\cdots,\gamma_{P_1}$ 的估计值。因此，基于时间尺度转换的各加速应力水平相对于常应力水平的加速系数为

$$\bar{\zeta}_{i,0} = \exp[(S_i - S_0)\boldsymbol{H}] \tag{4-13}$$

式中，$\boldsymbol{H}=[\gamma_1,\cdots,\gamma_{P_1}]^{\mathrm{T}}$。

最后，通过加速系数将各加速应力水平下的退化数据折算到常应力水平下，折算公式为

$$\begin{cases} x_{lj} = x_{kij} \\ t_{lj} = \Lambda[\bar{\zeta}_{i,0}\Lambda(t_{kij};\alpha)] \\ l = N^r + j + \sum_{n=1}^{k-1}N_n \end{cases} \tag{4-14}$$

式中，$l=N^r+1,N^r+2,\cdots,N^r+\widetilde{N}$；$\widetilde{N}=\sum_{k=1}^{K}N_k$。为了简化表达式，后面将 $\Lambda(t,\alpha)$ 简写成 $\Lambda(t)$。

4.2.2 退化参数先验分布估计

基于产品加速退化试验折算数据与实际工作条件下的退化数据，包含参数 λ_l、ω_l、k_1 与超参数 a、b、c、d 的似然函数为

$$
\begin{aligned}
L(\lambda_l,\omega_l,a,b,c,d,k_1) = & \prod_{l=1}^{N^r}\prod_{j=1}^{M_l}\sqrt{\frac{\omega_l}{2\pi k_1\Delta\Lambda(t_{lj}^r)}}\exp\left\{-\frac{\omega_l\left[\Delta x_{lj}^r-\lambda_l k_1\Delta\Lambda(t_{lj}^r)\right]^2}{2k_1\Delta\Lambda(t_{lj}^r)}\right\}\times \\
& \prod_{l=\widetilde{N}+1}^{N^r+\widetilde{N}}\prod_{j=1}^{M_l}\sqrt{\frac{\omega_l}{2\pi\Delta\Lambda(t_{lj})}}\exp\left\{-\frac{\omega_l\left[\Delta x_{lj}-\lambda_l\Delta\Lambda(t_{lj})\right]^2}{2\Delta\Lambda(t_{lj})}\right\}\times \\
& \prod_{l=1}^{N^r+\widetilde{N}}\sqrt{\frac{\omega_l}{2\pi d}}\exp\left[-\frac{\omega_l(\lambda_l-c)^2}{2d}\right]\frac{b^a}{\Gamma(a)}\omega_l^{a-1}\exp(-b\omega_l)
\end{aligned} \tag{4-15}
$$

式中，M_l为各个样本的测量次数。

对式（4-15）求对数，得到的对数似然函数为

$$
\begin{aligned}
\ln L(\lambda_l,\omega_l,a,b,c,d,k_1) = & -\frac{1}{2}\sum_{l=1}^{\widetilde{N}+N^r}(M_l+1)\ln(2\pi)-\frac{1}{2}\sum_{l=\widetilde{N}+1}^{\widetilde{N}+N^r}\sum_{j=1}^{M_l}\ln k_1- \\
& \frac{\widetilde{N}+N^r}{2}\ln d+(\widetilde{N}+N^r)\{a\ln b-\ln[\Gamma(a)]\}+ \\
& (a-1)\sum_{l=1}^{\widetilde{N}+N^r}\ln\omega_l-b\sum_{l=1}^{\widetilde{N}+N^r}\omega_l-\frac{1}{2}\sum_{l=1}^{\widetilde{N}+N^r}\sum_{j=1}^{M_l}\ln[\Delta\Lambda(t_{lj})]- \\
& \frac{1}{2k_1}\sum_{l=\widetilde{N}+1}^{\widetilde{N}+N^r}\sum_{j=1}^{M_l}\frac{\omega_l\left[\Delta x_{lj}^r-\lambda_l k_1\Delta\Lambda(t_{lj}^r)\right]^2}{\Delta\Lambda(t_{lj}^r)}- \\
& \frac{1}{2}\sum_{l=1}^{\widetilde{N}}\sum_{j=1}^{M_l}\frac{\omega_l\left[\Delta x_{lj}-\lambda_l\Delta\Lambda(t_{lj})\right]^2}{\Delta\Lambda(t_{lj})}+\frac{1}{2}\sum_{l=1}^{\widetilde{N}+N^r}(M_l+1)\ln\omega_l- \\
& \frac{1}{2d}\sum_{l=1}^{\widetilde{N}+N^r}\omega_l(\lambda_l-c)^2
\end{aligned} \tag{4-16}
$$

将式（4-16）分别对 a、b、c、d 求一阶偏导数，并令一阶偏导数等于 0，可以得到超参数 a、b、c、d 的最大似然估计值为

$$
\psi(\hat{a})-\ln\hat{a}=\frac{1}{N^r+\widetilde{N}}\sum_{l=1}^{N^r+\widetilde{N}}\ln\omega_l+\ln(\widetilde{N}+N^r)-\ln\left(\sum_{l=1}^{N^r+\widetilde{N}}\omega_l\right) \tag{4-17}
$$

$$
\hat{b}=\frac{(N^r+\widetilde{N})\hat{a}}{\sum_{l=1}^{N^r+\widetilde{N}}\omega_l} \tag{4-18}
$$

$$\hat{c} = \frac{\sum_{l=1}^{N^r+\widetilde{N}} \omega_l \lambda_l}{\sum_{l=1}^{N^r+\widetilde{N}} \omega_l} \tag{4-19}$$

$$\hat{d} = \frac{1}{N^r + \widetilde{N}} \sum_{l=1}^{N^r+\widetilde{N}} (\omega_l \lambda_l^2 - 2\hat{c}\omega_l \lambda_l + \hat{c}^2 \omega_l) \tag{4-20}$$

式中，$\psi(\cdot)$ 为 digamma 函数。参数 k_1 的最大似然估计值可以表示为

$$\begin{cases} \hat{k}_1 = \dfrac{-B + \sqrt{B^2 - 4AC}}{2A} \\ A = \sum\limits_{l=1}^{N^r} \lambda_l^2 \omega_l \Lambda(t_{lM_l}^r) \\ B = \sum\limits_{l=1}^{N^r} M_l \\ C = -\sum\limits_{l=1}^{N^r} \sum\limits_{j=1}^{M_l} \dfrac{(\Delta x_{lj}^r)^2 \omega_l}{\Delta\Lambda(t_{lj}^r)} \end{cases} \tag{4-21}$$

因为在 k_1 与超参数 a、b、c、d 的表达式中都有隐藏函数 μ_l、ω_l 的存在，很难得到它们的最大似然估计值，因此采用最大期望算法对未知参数进行估计，具体的步骤如下所示。

E 步：ω_l、$\ln\omega_l$、$\omega_l\lambda_l$、$\omega_l\lambda_l^2$ 的均值可以通过共轭先验分布的性质得到。

$$E[\omega_l \mid (\boldsymbol{\Omega}_2)_e] = \begin{cases} \dfrac{\hat{a}_e + \dfrac{M_l}{2}}{\hat{b}_e + \dfrac{\hat{c}_e^2}{2\hat{d}_e} - \dfrac{(x_{lM_l}\hat{d}_e + \hat{c}_e)^2}{2[\hat{d}_e^2 (k_1)_e \Lambda(t_{lM_l}) + \hat{d}_e]} + \sum\limits_{j=1}^{M_l} \dfrac{\Delta x_{lj}^2}{2(k_1)_e \Delta\Lambda(t_{lj})}}, \\ \qquad l = 1,2,\cdots,N^r \\ \dfrac{\hat{a}_e + \dfrac{M_l}{2}}{\hat{b}_e + \dfrac{\hat{c}_e^2}{2\hat{d}_e} - \dfrac{(x_{lM_l}\hat{d}_e + \hat{c}_e)^2}{2[\hat{d}_e^2 \Lambda(t_{lM_l}) + \hat{d}_e]} + \sum\limits_{j=1}^{M_l} \dfrac{\Delta x_{lj}^2}{2\Delta\Lambda(t_{lj})}}, \\ \qquad l = N^r + 1, N^r + 2, \cdots, N^r + \widetilde{N} \end{cases} \tag{4-22}$$

$$E[\ln\omega_l \mid (\boldsymbol{\Omega}_2)_e] = \begin{cases} \Psi\left(\hat{a}_e + \dfrac{M_l}{2}\right) - \ln\left\{\hat{b}_e + \dfrac{\hat{c}_e^2}{2\hat{d}_e} - \dfrac{(x_{lM_l}\hat{d}_e + \hat{c}_e)^2}{2[\hat{d}_e^2(k_1)_e\Lambda(t_{lM_l}) + \hat{d}_e]} + \right. \\ \qquad \left. \sum_{j=1}^{M_l} \dfrac{\Delta x_{lj}^2}{2(k_1)_e\Delta\Lambda(t_{lj})}\right\}, \qquad l = 1,2,\cdots,N^r \\ \Psi\left(\hat{a}_e + \dfrac{M_l}{2}\right) - \ln\left\{\hat{b}_e + \dfrac{\hat{c}_e^2}{2\hat{d}_e} - \dfrac{(x_{lM_l}\hat{d}_e + \hat{c}_e)^2}{2[\hat{d}_e^2\Lambda(t_{lM_l}) + \hat{d}_e]} + \right. \\ \qquad \left. \sum_{j=1}^{M_l} \dfrac{\Delta x_{lj}^2}{2\Delta\Lambda(t_{ij})}\right\}, \quad l = N^r + 1, N^r + 2, \cdots, N^r + \widetilde{N} \end{cases} \tag{4-23}$$

$$E[\omega_l\lambda_l \mid (\boldsymbol{\Omega}_2)_e] = \begin{cases} E[\omega_l \mid (\boldsymbol{\Omega}_2)_e]\dfrac{\hat{d}_e x_{lM_l} + \hat{c}_e}{\hat{d}_e(k_1)_e\Lambda(t_{lM_l}) + 1}, \qquad l = 1,2,\cdots,N^r \\ E[\omega_l \mid (\boldsymbol{\Omega}_2)_e]\dfrac{\hat{d}_e x_{lM_l} + \hat{c}_e}{\hat{d}_e\Lambda(t_{lM_l}) + 1}, l = N^r + 1, N^r + 2, \cdots, \widetilde{N} + N^r \end{cases} \tag{4-24}$$

$$E[\omega_l\lambda_l^2 \mid (\boldsymbol{\Omega}_2)_e] = \begin{cases} E[\omega_l \mid (\boldsymbol{\Omega}_2)_e]\left[\dfrac{\hat{d}_e x_{lM_l} + \hat{c}_e}{\hat{d}_e(k_1)_e\Lambda(t_{lM_l}) + 1}\right]^2 + \dfrac{\hat{d}_e}{\hat{d}_e(k_1)_e\Lambda(t_{lM_l}) + 1}, \\ \qquad l = 1,2,\cdots,N^r \\ E[\omega_l \mid (\boldsymbol{\Omega}_2)_e]\left[\dfrac{\hat{d}_e x_{lM_l} + \hat{c}_e}{\hat{d}_e\Lambda(t_{lM_l}) + 1}\right]^2 + \dfrac{\hat{d}_e}{\hat{d}_e\Lambda(t_{lM_1}) + 1}, \\ \qquad l = N^r + 1, N^r + 2, \cdots, \widetilde{N} + N^r \end{cases} \tag{4-25}$$

式中，$(\boldsymbol{\Omega}_2)_e = \{\hat{a}_e, \hat{b}_e, \hat{c}_e, \hat{d}_e, (\hat{k}_1)_e\}$为第 e 次迭代得到的未知参数的估计值。

M 步：基于 E 步的估计结果，超参数 a、b、c、d 及参数 k_1 的最大似然估计值更新为

$$\psi(\hat{a}_{e+1}) - \ln\hat{a}_{e+1} = \frac{1}{N^r + \widetilde{N}}\sum_{l=1}^{N^r+\widetilde{N}} E[\ln\omega_l \mid (\boldsymbol{\Omega}_2)_e] + \ln(N^r + \widetilde{N}) - \ln\left\{\sum_{l=1}^{N^r+\widetilde{N}} E[\omega_l \mid (\boldsymbol{\Omega}_2)_e]\right\} \tag{4-26}$$

$$\hat{b}_{e+1} = \frac{(N^r + \widetilde{N})\hat{a}_{e+1}}{\sum_{l=1}^{N^r+\widetilde{N}} E[\omega_l \mid (\boldsymbol{\Omega}_2)_e]} \tag{4-27}$$

$$\hat{c}_{e+1}=\frac{\sum_{l=1}^{N^r+\widetilde{N}}E[\omega_l\lambda_l\mid(\boldsymbol{\Omega}_2)_e]}{\sum_{l=1}^{N^r+\widetilde{N}}E[\omega_l\mid(\boldsymbol{\Omega}_2)_e]} \tag{4-28}$$

$$\hat{d}_{e+1}=\frac{1}{N^r+\widetilde{N}}\sum_{l=1}^{N^r+\widetilde{N}}\{E[\omega_l\lambda_l^2\mid(\boldsymbol{\Omega}_2)_e]-2\hat{c}_{e+1}E[\omega_l\lambda_l\mid(\boldsymbol{\Omega}_2)_e]+\hat{c}_{e+1}^2E[\omega_l\mid(\boldsymbol{\Omega}_2)_e]\} \tag{4-29}$$

$$(\hat{k}_1)_{e+1}=\frac{-B+\sqrt{B^2-4AC}}{2A} \tag{4-30}$$

式中，$A=\sum_{l=1}^{N^r}E[\lambda_l^2\omega_l\mid(\boldsymbol{\Omega}_2)_e]\Lambda(t_{lM_l}^r)$，$B=\sum_{l=1}^{N^r}M_l, C=-\sum_{l=1}^{N^r}\sum_{j=1}^{M_l}\frac{(\Delta x_{lj}^r)^2E[\omega_l\mid(\boldsymbol{\Omega}_2)_e]}{\Delta\Lambda(t_{lj}^r)}$。

当$\|(\boldsymbol{\Omega}_2)_{e+1}-(\boldsymbol{\Omega}_2)_e\|<m$或$e>E_{end}$时，终止迭代。最终迭代得到的结果即为$a$、$b$、$c$、$d$、$k_1$的先验值。

4.2.3　个体退化参数的实时更新

对于实际工作条件下的某个特定的样本，假设已测得的退化数据为$x^r=(x_1^r, x_2^r,\cdots,x_U^r)$，对应的测量时间为$t^r=(t_1^r,t_2^r,\cdots,t_U^r)$，从4.2.2小节可以得到漂移系数和扩散系数的先验分布参数，其后验分布参数可以通过贝叶斯方法得到。

$$\begin{aligned}\pi(a,b,c,d\mid\Delta x^r)&=\frac{L(\Delta x^r\mid\lambda,\omega)\pi(\lambda,\omega)}{\int_0^{+\infty}\int_{-\infty}^{+\infty}L(\Delta x^r\mid\lambda,\omega)\pi(\lambda,\omega)\mathrm{d}\lambda\mathrm{d}\omega}\\&\propto\omega^{(U+1)/2+a-1}\exp\left\{-\omega\left\{\left[\frac{dk_1\Lambda(t_U^r)+1}{2d}\right]\left[\lambda-\frac{(dx_U^r+c)}{dk_1\Lambda(t_U^r)+1}\right]^2+\right.\right.\\&\left.\left.\left\{\frac{1}{2k_1}\sum_{u=1}^{U}\frac{(\Delta x_u^r)^2}{\Delta\Lambda(t_u^r)}+\frac{1}{2d}c^2+b-\frac{(dx_U^r+c)^2}{2d[dk_1\Lambda(t_U^r)+1]}\right\}\right\}\right\}\end{aligned} \tag{4-31}$$

当$u=2, 3, \cdots, U$时，$\Delta x_u^r=x_u^r-x_{u-1}^r$，$\Delta\Lambda(t_u^r)=\Lambda(t_u^r)-\Lambda(t_{u-1}^r)$，$\Delta x_1^r=x_1^r$，$\Delta\Lambda(t_1^r)=\Lambda(t_1^r)$。由于后验分布和先验分布是共轭的，因此后验分布参数为

$$a'=\frac{U}{2}+a \tag{4-32}$$

$$b'=\frac{1}{2k_1}\sum_{u=1}^{U}\frac{(\Delta x_u^r)^2}{\Delta\Lambda(t_u^r)}+\frac{c^2}{2d}+b-\frac{(dx_U^r+c)^2}{2d[dk_1\Lambda(t_U^r)+1]} \tag{4-33}$$

$$c'=\frac{(dx_U^r+c)}{dk_1\Lambda(t_U^r)+1} \tag{4-34}$$

$$d'=\frac{d}{dk_1\Lambda(t_U^r)+1} \tag{4-35}$$

由后验分布的性质可以看出，后验分布参数由两部分组成，其中一部分是先验分布参数，另一部分是试验测量信息，如 a'是 a 和测量时间的一半（$U/2$）之和，a 保持不变，$U/2$ 随着试验时间的增长而不断增大。这意味着先验分布参数 a 在后验分布参数 $U/2+a$ 中所占的比重 $a/(a+U/2)$逐渐下降，其他三个先验分布参数 b、c、d 也呈现类似的规律。其中，参数 c'对剩余寿命的影响最大，其后验参数可以写为

$$c' = \frac{1}{1+\frac{1}{[dk_1\Lambda(t_U^r)]}}\frac{x_U^r}{k_1\Lambda(t_U^r)}+\frac{1}{1+dk_1\Lambda(t_U^r)}c \tag{4-36}$$

式中，$x_U^r/\Lambda(t_U^r)$为只由产品退化量得到的漂移系数的估计值。令 $\delta=dk_1\Lambda(t_U^r)$，$\xi_1=1/(1+1/\delta)$，$\xi_2=1/(1+\delta)$，然后参数 c'可以表示为

$$c' = \xi_1\frac{Y_U^r}{k_1\Lambda(t_U^r)}+\xi_2 c \tag{4-37}$$

式中，$\xi_1+\xi_2=1$。参数 ξ_1 和 ξ_2 随 δ 的变化曲线如图 4-2 所示。

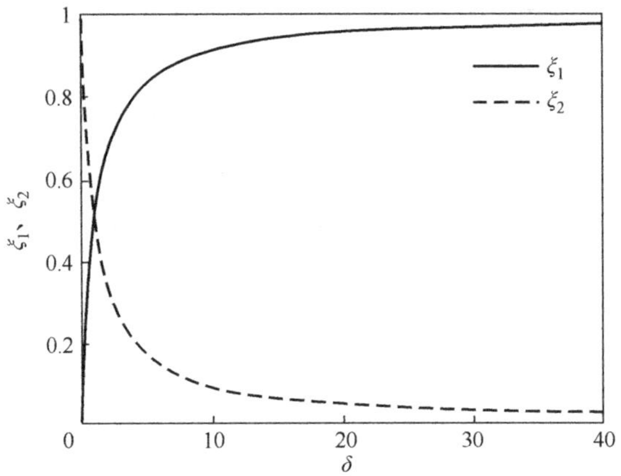

图 4-2 参数 ξ_1 和 ξ_2 随 δ 的变化曲线

δ 会随着退化时间的增长而不断变大，ξ_1 会随着 δ 的增大而不断增大，最终趋近于 1；相反，由于 ξ_2 代表先验分布参数 c 在后验分布参数 c'中所占的比例，所以其随着试验时间的增长而不断减小。此结论与客观规律也是一致的。

4.2.4 基于贝叶斯更新的产品剩余寿命预测

令 T_U^r 表示实际工作条件下产品在测量时间点 t_U^r 时的剩余寿命，根据首达时

间的概念，T_U^r 可以定义为

$$T_U^r = \inf\{t: x(t_U^r + t) \geqslant D \mid x_U^r\} = \inf\{t: x(t) \geqslant D - x_U^r \mid x_U^r\} \tag{4-38}$$

式中，D 为该产品的失效阈值，x_U^r 代表 t_U^r 时刻产品的退化量。因此，t_U^r 时刻，产品剩余寿命 T_U^r 的条件概率密度函数为

$$f_{T_U^r|x_U^r}(t \mid D, x_U^r, \lambda, \omega) = \frac{D - x_U^r}{\sqrt{\frac{2\pi[\Lambda(t)]^3 k_1}{\omega}}} \exp\left\{-\frac{\omega[(D - x_U^r) - k_1\lambda\Lambda(t)]^2}{2k_1\Lambda(t)}\right\} \frac{\mathrm{d}\Lambda(t)}{\mathrm{d}t} \tag{4-39}$$

考虑参数的多样性，产品剩余寿命分布的概率密度函数可以用过全概率理论得到，即

$$f_{T_U^r|x_U^r}(t \mid D, x_U^r) = \int_0^\infty \int_{-\infty}^\infty f_{T_U^r|x_U^r}(t \mid D, x_U^r, \lambda, \omega)\pi(\omega, \lambda)\mathrm{d}\lambda\mathrm{d}\omega \tag{4-40}$$

经过一系列的函数运算，式（4-40）可以整理为

$$f_{T_U^r|x_U^r}(t \mid D, x_U^r) = \frac{D - x_U^r}{\Lambda(t)} \frac{\mathrm{d}\Lambda(t)}{\mathrm{d}t} \sqrt{\frac{1}{2\pi b'\{d'[k_1\Lambda(t)]^2 + k_1\Lambda(t)\}}} \frac{\Gamma\left(a' + \frac{1}{2}\right)}{\Gamma(a')} \times \left\{1 + \frac{[D - x_U^r - c'k_1\Lambda(t)]^2}{2b'\{d'[k_1\Lambda(t)]^2 + k_1\Lambda(t)\}}\right\}^{-(a' + \frac{1}{2})} \tag{4-41}$$

其证明过程如下：

在式（4-40）中，t_U^r 时刻随机参数 ω、λ 的联合概率密度函数 $\pi(\omega,\lambda)$ 可以表示为

$$\pi(\omega, \lambda) = \sqrt{\frac{\omega}{2\pi d'}} \exp\left[-\frac{\omega(\lambda - c')^2}{2d'}\right] \frac{(b')^{a'}}{\Gamma(a')} \omega^{a'-1} \exp(-b'\omega) \tag{4-42}$$

令 $D' = D - x_U^r$，将式（4-39）和式（4-42）代入式（4-40），可以得到

$$\begin{aligned} f_{T|x_U^r}(t \mid D, x_U^r) &= \int_0^\infty \int_{-\infty}^\infty \frac{D'}{\sqrt{\frac{2\pi[\Lambda(t)]^3 k_1}{\omega}}} \exp\left\{-\frac{\omega[D' - \lambda k_1\Lambda(t)]^2}{2k_1\Lambda(t)}\right\} \frac{\mathrm{d}\Lambda(t)}{\mathrm{d}t} \times \\ &\quad \sqrt{\frac{\omega}{2\pi d'}} \exp\left[-\frac{\omega(\lambda - c')^2}{2d'}\right] \frac{(b')^{a'}}{\Gamma(a')} \omega^{a'-1} \exp(-b'\omega)\mathrm{d}\mu\mathrm{d}\omega \\ &= \int_0^\infty \frac{D'}{\sqrt{\frac{2\pi[\Lambda(t)]^3 k_1}{\omega}}} \frac{\mathrm{d}\Lambda(t)}{\mathrm{d}t} \sqrt{\frac{\omega}{2\pi d'}} \frac{(b')^{a'}}{\Gamma(a')} \omega^{a'-1} \exp(-b'\omega) \times \\ &\quad J_1(\omega)\mathrm{d}\omega \end{aligned} \tag{4-43}$$

式中

$$J_1(\omega) = \int_{-\infty}^{\infty} \exp\left\{-\frac{\omega[D' - \lambda k_1\Lambda(t)]^2}{2k_1\Lambda(t)}\right\}\exp\left[-\frac{\omega(\lambda - c')^2}{2d'}\right]d\lambda$$

$$= \sqrt{\frac{2\pi d'}{\{\omega[d'k_1\Lambda(t)+1]\}}}\exp\left\{-\frac{[D' - c'k_1\Lambda(t)]^2}{\frac{2\{d'[k_1\Lambda(t)]^2 + k_1\Lambda(t)\}}{\omega}}\right\}\times$$

$$\int_{-\infty}^{\infty}\frac{1}{\sqrt{\frac{2\pi d'}{\{\omega[d'k_1\Lambda(t)+1]\}}}}\exp\left\{-\frac{\left[\lambda - \frac{d'D + c'}{d'k_1\Lambda(t)+1}\right]^2}{\frac{2d'}{\{\omega[d'k_1\Lambda(t)+1]\}}}\right\}d\mu \tag{4-44}$$

采用正态分布的性质 $\int_{-\infty}^{\infty}\frac{1}{\sqrt{2\pi\sigma^2}}\exp\left[-\frac{(x-\mu)^2}{2\sigma^2}\right]dx = 1$ 可以进一步得到

$$J_1(\omega) = \sqrt{\frac{2\pi d}{\{\omega[d'k_1\Lambda(t)+1]\}}}\exp\left\{-\frac{[D' - c'k_1\Lambda(t)]^2}{\frac{2\{d'[k_1\Lambda(t)]^2 + k_1\Lambda(t)\}}{\omega}}\right\} \tag{4-45}$$

将 $J_1(\omega)$ 的表达式代入式（4-43）可得

$$f_{T|x_U^r}(t \mid D, x_U^r) = D'\sqrt{\frac{1}{2\pi[\Lambda(t)]^3k_1[d'k_1\Lambda(t)+1]}}\frac{(b')^{a'}}{\Gamma(a)}\frac{d\Lambda(t)}{dt}$$

$$\int_0^{\infty}\omega^{(a'+\frac{1}{2})-1}\exp\left\{-\omega b'\left\{1 + \frac{[D' - c'k_1\Lambda(t)]^2}{2b'\{d'[k_1\Lambda(t)]^2 + k_1\Lambda(t)\}}\right\}\right\}d\omega \tag{4-46}$$

基于定积分公式 $\int_0^{\infty}\omega^{a-1}\exp(-b\omega)d\omega = \Gamma(a)b^{-a}$ 可以进一步得到

$$f_{T|x_U^r}(t \mid D, x_U^r) = D'\sqrt{\frac{1}{2\pi[\Lambda(t)]^3k_1[d'k_1\Lambda(t)+1]}}\frac{(b')^{a'}}{\Gamma(a')}\frac{d\Lambda(t)}{dt}\times$$

$$\Gamma\left(a'+\frac{1}{2}\right)\left\{1 + \frac{[D' - c'k_1\Lambda(t)]^2}{2b'\{d'[k_1\Lambda(t)]^2 + k_1\Lambda(t)\}}\right\}^{-\left(a'+\frac{1}{2}\right)}(b')^{-\left(a'+\frac{1}{2}\right)} \tag{4-47}$$

因此，将 $D' = D - x_U^r$ 代入式（4-47）即可得到式（4-42）所示的产品剩余寿命分布的概率密度函数的解析形式。证明完成。

综上可得融合产品加速退化试验数据和实际工作条件下的退化数据，从而进行产品剩余寿命预测的整体框架，如图 4-3 所示。

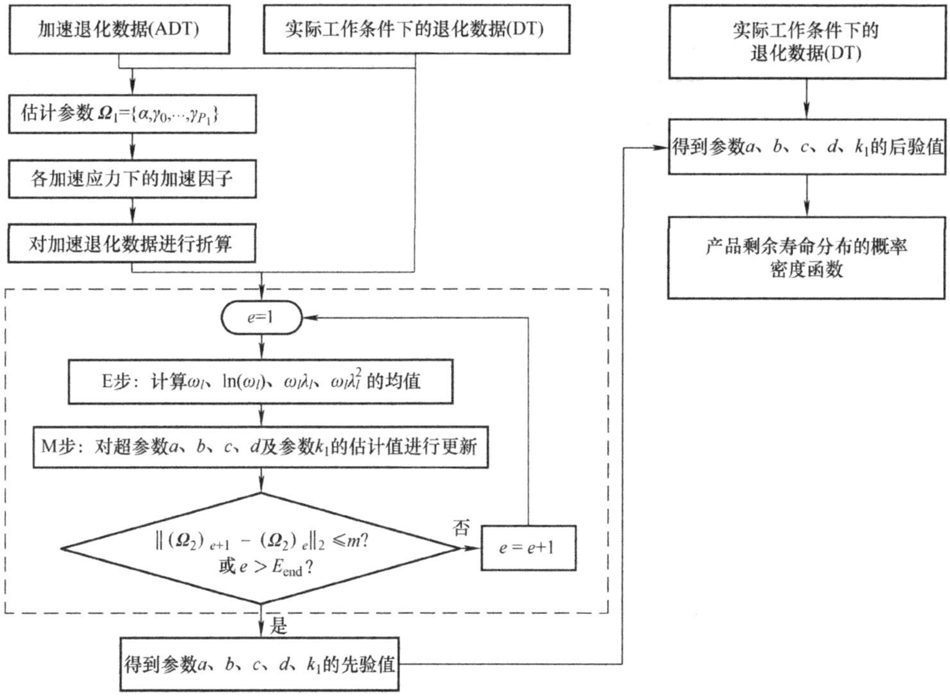

图4-3 产品剩余寿命预测整体框架

4.3 产品剩余寿命评估模型对比分析

4.3.1 基于仿真退化数据的剩余寿命预测模型对比分析

1. 验证最大期望算法的有效性

根据4.2节的描述，将加速退化数据折算到常应力水平下时，很大程度上依赖于时间尺度参数α和加速方程中的参数γ_p。为了验证最大期望算法对超参数估计结果的有效性，需要先消除参数α和γ_p的影响。因此，首先只仿真常应力水平和实际工作条件下的退化数据。

假设某产品退化参数先验分布的仿真真值为$a=12$，$b=1\times10^{-5}$，$c=5\times10^{-3}$，$d=3\times10^{-2}$，修正因子k_1的仿真真值为$k_1=1.5$。假设常应力水平下的样本量为N_0，实际工作条件下的样本量为N^r，各样本检测时间点的时间间隔均为10，每个样本的测量次数都为M。采用蒙特卡罗仿真方法获得参数N_0、N^r、M在不同组合下的退化数据，每个组合仿真500次。采用最大期望算法对每次仿真得到的退化数据进行拟合，最终得到先验分布参数a、b、c、d、k_1的估计值的均值，见表 4-1。

表 4-1 不同 N_0、N^r、M 组合下的先验分布参数估计值的均值

N_0	N^r	M	a	b	c	d	k_1
100	100	10	12.70	1.06×10^{-5}	5.002×10^{-3}	2.92×10^{-2}	1.50
100	100	50	12.20	1.02×10^{-5}	5.000×10^{-3}	2.99×10^{-2}	1.50
100	100	100	12.13	1.01×10^{-5}	5.001×10^{-3}	2.96×10^{-2}	1.50
100	500	10	12.03	1.00×10^{-5}	5.000×10^{-3}	2.97×10^{-2}	1.50
100	500	50	12.09	1.01×10^{-5}	5.000×10^{-3}	2.99×10^{-2}	1.50
100	500	100	12.02	1.00×10^{-5}	4.999×10^{-3}	2.97×10^{-2}	1.50
100	1000	10	11.80	9.82×10^{-6}	5.000×10^{-3}	2.98×10^{-2}	1.50
100	1000	50	12.07	1.01×10^{-5}	5.001×10^{-3}	2.99×10^{-2}	1.50
100	1000	100	12.03	1.00×10^{-5}	5.000×10^{-3}	3.00×10^{-2}	1.50
500	100	10	11.95	9.97×10^{-6}	5.000×10^{-3}	2.95×10^{-2}	1.50
500	100	50	12.00	1.00×10^{-5}	5.000×10^{-3}	2.99×10^{-2}	1.50
500	100	100	12.01	1.00×10^{-5}	5.000×10^{-3}	2.99×10^{-2}	1.50
500	500	10	11.91	9.92×10^{-6}	5.000×10^{-3}	2.97×10^{-2}	1.50
500	500	50	12.03	1.00×10^{-5}	5.000×10^{-3}	3.00×10^{-2}	1.50
500	500	100	11.95	9.96×10^{-6}	5.000×10^{-3}	3.00×10^{-2}	1.50
500	1000	10	11.83	9.84×10^{-6}	5.000×10^{-3}	3.01×10^{-2}	1.50
500	1000	50	11.99	9.99×10^{-6}	5.000×10^{-3}	3.00×10^{-2}	1.50
500	1000	100	11.96	9.97×10^{-6}	5.000×10^{-3}	2.99×10^{-2}	1.50
1000	100	10	11.95	9.95×10^{-6}	5.000×10^{-3}	2.98×10^{-2}	1.50
1000	100	50	12.06	1.00×10^{-5}	5.000×10^{-3}	2.99×10^{-2}	1.50
1000	100	100	11.94	9.94×10^{-6}	5.000×10^{-3}	2.99×10^{-2}	1.50
1000	500	10	11.86	9.89×10^{-6}	5.001×10^{-3}	2.97×10^{-2}	1.50
1000	500	50	11.99	9.99×10^{-6}	5.000×10^{-3}	2.99×10^{-2}	1.50
1000	500	100	11.95	9.95×10^{-6}	5.000×10^{-3}	3.00×10^{-2}	1.50
1000	1000	10	11.85	9.87×10^{-6}	5.000×10^{-3}	3.00×10^{-2}	1.50
1000	1000	50	11.94	9.95×10^{-6}	5.000×10^{-3}	3.00×10^{-2}	1.50
1000	1000	100	11.95	9.96×10^{-6}	5.000×10^{-3}	3.00×10^{-2}	1.50

从表 4-1 可以看出，不管各应力水平下的样本量及测量次数如何变化，参数 c 和 k_1 的估计精度都极高，近似等于仿真参数的真值。当常应力水平下的样本量和实际工作条件下的样本量相等，即 $N_0 = N^r$，测量次数 M 由 10 增加到 50 时，

预测精度有很大程度的提升，而当测量次数 M 由 50 增加到 100 时，预测精度却没有进一步提高，反而在一定程度有所下降。

除此之外，还考虑了常应力水平下的样本量和实际工作条件下的样本量不相等的情况，仿真结果表明不管常应力水平下的样本量大于实际工作条件下的样本量，还是常应力水平下的样本量小于实际工作条件下的样本量，预测精度都没有明显的差异性。大体来说，通过最大期望算法可以得到较高的估计精度。

在仿真过程中，参数的估计值不断迭代直至 $\|(\boldsymbol{\Omega}_2)_{e+1}-(\boldsymbol{\Omega}_2)_e\|_2\leqslant m$ 或 $e>E$。当 a、b、c、d、k_1 迭代初值为 10、1×10^{-5}、1×10^{-2}、1×10^{-2}、1 时，各参数的迭代过程如图 4-4 所示。其迭代过程共经过了 334 次迭代，然而为了展示的需要，图 4-4 中只显示了前 200 次迭代，后 134 次参数只有轻微的波动，几乎保持平稳。

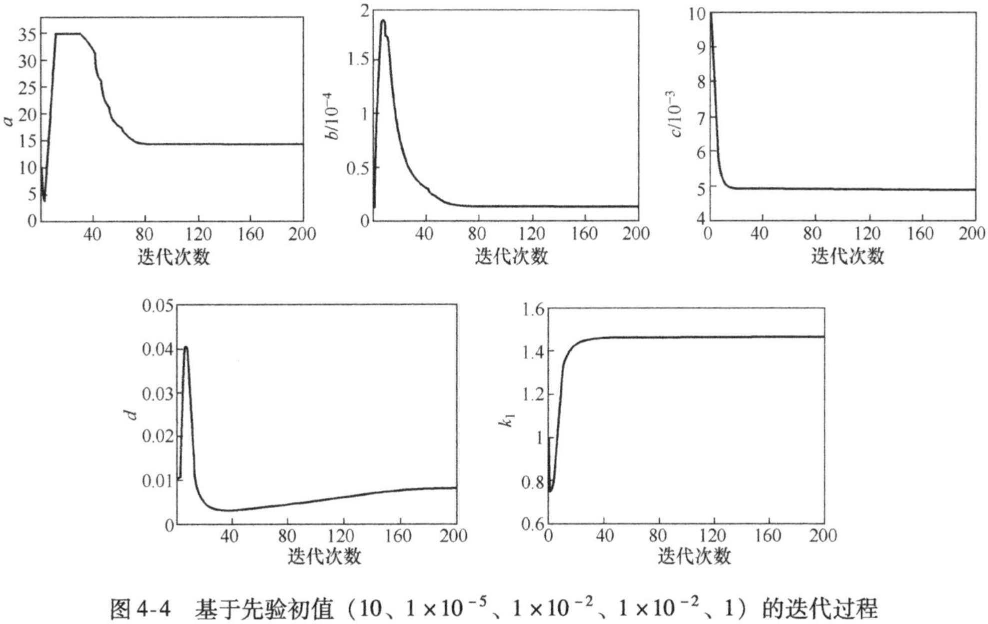

图 4-4 基于先验初值（10、1×10^{-5}、1×10^{-2}、1×10^{-2}、1）的迭代过程

除此之外，采用另一组数据（20、1×10^{-5}、1×10^{-2}、1×10^{-3}、2）作为对同一组仿真退化数据的迭代初值，迭代次数增加至 466 次，迭代过程如图 4-5 所示。

对比图 4-4 和图 4-5 的迭代过程，发现不同的迭代初值得到了相同的迭代结果，但是参数的迭代轨迹不同，证明了最大期望算法鲁棒性较好且对迭代初值不敏感。

2. 基于加速退化数据和实际工作条件下的退化数据的先验参数估计

在实际应用中，一些试验数据来自于加速退化试验，尤其是对于长寿命、高可靠的产品。因此，在这部分将加速退化数据和实际工作条件下的退化参数融合来对超参数的先验分布进行估计。假设加速应力为温度应力，在加速退化试验中共有 4 级加速温度应力水平，分别为 40℃、50℃、60℃、70℃，而实际工作条件下的温度应力水平为 25℃。由于加速应力为温度应力，因此漂移系数的加速函数 $\lambda(S_k)=\exp[\gamma_0+\gamma_1\varphi(S_k)]$，其中 γ_0 的仿真真值为 9. 1723，γ_1 的仿真真值为 −4314. 40；加速应力的函数 $\varphi(S_k)=1/S_k$，S_k 为热力学温度。退化数据的仿真过程与 4. 3. 1. 1 小节类似，然而这部分主要考虑非线性加速退化的情形，因此时间尺度转换函数采用幂率转换函数，定义为 $\Lambda(t)=t^{\alpha}$，其中 α 的仿真真值为 0. 7。所有仿真参数的真值见表 4-2。

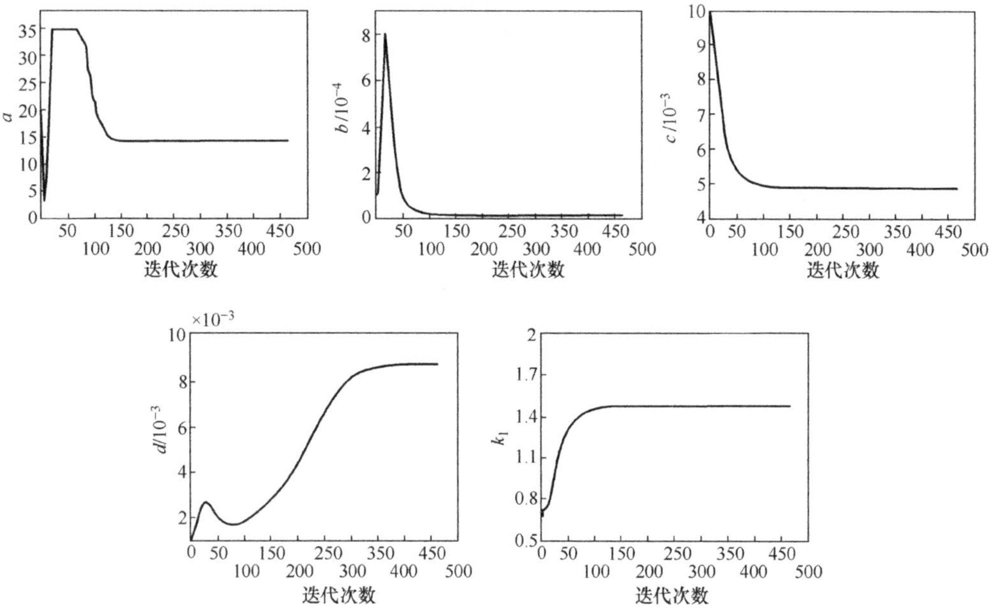

图 4-5 基于先验初值（20、1×10^{-5}、1×10^{-2}、1×10^{-3}、2）的迭代过程

表 4-2 仿真参数的真值

加速应力类型	温度应力
加速应力水平 S_k/K	313. 15、413. 15、423. 15、433. 15
a、b、c、d、k_1	$a=12$；$b=1\times10^{-5}$；$c=5\times10^{-3}$；$d=3\times10^{-2}$；$k_1=1.5$
漂移系数的加速方程	$\lambda(S_k)=\exp(9.1723-4314.40/S_k)$
时间尺度转换函数	$\Lambda(t)=t^{0.7}$
基于时间尺度转换的加速因子	$\bar{\zeta}_{k,0}=(2, 3.0633, 4.5734, 6.6702)$

基于失效机理不变原则，加速退化试验中各应力水平下漂移系数和扩散系数分布参数的仿真真值可以由式（4-7）得到，实际工作条件下的漂移系数和扩散系数的真值可以由式（4-2）得到，时间尺度转换函数中的参数 α 保持不变。每级加速应力水平下的样本量均为 10，实际工作条件下的样本量是变化的；检测时间间隔均为 10。

未知参数可以通过 4.2 节中的方法得到，首先通过加速退化试验数据得到参数 $\boldsymbol{\Omega}_1=\{\alpha,\gamma_0,\gamma_1\}$ 的估计值，然后将加速退化试验数据折算到常应力水平下，接着通过最大期望算法得到 $\boldsymbol{\Omega}_2=\{a,b,c,d,k_1\}$ 的先验估计值。为了证明模型的有效性，引入忽略参数 k_1 影响的模型作为对比模型，记为 M_1，而本书提出的融合模型记为 M_0，模型 M_1 可以看作模型 M_0 中 k_1 为 1 的特殊形式。将退化数据分别用 M_0 和 M_1 进行拟合，基于 1000 次仿真结果的未知参数估计值的均值见表 4-3。

表 4-3 基于 1000 次仿真结果的未知参数估计值的均值

N^r	模型	α	γ_0	γ_1	a	b
1	M_0	0.7	9.1721	-4314.3	14.26	1.20×10^{-5}
	M_1				5.40	4.31×10^{-6}
5	M_0	0.7	9.172	-4314.31	14.16	1.19×10^{-5}
	M_1				6.94	5.82×10^{-6}
20	M_0	0.7	9.1709	-4314.01	13.52	1.13×10^{-5}
	M_1				10.69	1.02×10^{-5}
40	M_0	0.7	9.1717	-4314.12	13.07	1.09×10^{-5}
	M_1				12.48	1.29×10^{-5}
80	M_0	0.7	9.1731	-4314.53	12.89	1.08×10^{-5}
	M_1				14.88	1.66×10^{-5}
120	M_0	0.7	9.1698	-4313.53	12.44	1.04×10^{-5}
	M_1				15.20	1.76×10^{-5}

N^r	模型	c	d	k_1	Log-LF	AIC
1	M_0	5.00×10^{-3}	2.51×10^{-2}	1.5	1830.80	-3651.60
	M_1	5.02×10^{-3}	0.0691	1	1786.74	-3565.49
5	M_0	5.00×10^{-3}	2.68×10^{-2}	1.5	1998.84	-3987.68
	M_1	5.16×10^{-3}	0.4803	1	1914.85	-3821.7
20	M_0	5.00×10^{-3}	2.71×10^{-2}	1.5	2633.20	-5256.39
	M_1	5.73×10^{-3}	1.4134	1	2507.12	-5006.24
40	M_0	5.00×10^{-3}	2.79×10^{-2}	1.5	3480.00	-6950.00
	M_1	6.18×10^{-3}	1.5598	1	3318.88	-6629.76

（续）

N^r	模型	c	d	k_1	Log - LF	AIC
80	M_0	5.00×10^{-3}	2.90×10^{-2}	1.5	5175.61	-10341.21
	M_1	6.64×10^{-3}	1.317	1	4961.36	-9914.72
120	M_0	5.00×10^{-3}	2.90×10^{-2}	1.5	6868.92	-13727.84
	M_1	6.87×10^{-3}	1.0674	1	6607.88	-13207.76

与4.3.1.1小节类似，基于模型M_0得到参数c和k_1的估计值与仿真真值非常接近，并且时间尺度转换函数中参数α的估计精度也非常高。值得注意的是，即使在实际工作条件下只有一个样本的情况下，未知参数k_1的估计精度也非常高，保证了将加速退化数据折算到常应力水平下的合理性和有效性。然而，超参数a、b、d的真值与估计值之间的差异性较大，这可能是由于较少的样本量以及检测次数引起的。实践表明，增大样本量和检测次数可以提高参数的估计精度。

通过模型M_1得到的未知参数a、b、c都随着N^r的增大而不断增大，然而对于参数d，当N^r从1增加至40时，其估计值不断增大，当N^r从40增加至120时，其估计值又不断减小。这种现象是因为参数c是由加速退化试验数据的折算数据以及实际工作条件下的退化数据所决定的，常应力水平下的漂移系数为5×10^{-3}，而实际工作条件下的漂移系数为7.5×10^{-3}。随着实际工作条件下样本量的不断增长，参数c的估计值不断趋近于7.5×10^{-3}；反之，当实际工作条件下的样本量较小时，参数c的估计值不断趋近于5×10^{-3}。

模型M_0和模型M_1的Log - LF以及AIC的估计值也在表4-3中给出，可以看出相对于模型M_1，模型M_0的Log - LF值较大，而AIC值较小，因此模型M_0对退化数据的拟合更好。

3. 剩余寿命估计

将基于最大期望算法得到的参数估计值作为先验分布参数，对于一个特定的样本，可以根据最新测得的退化数据对先验分布参数进行更新。假设某样本已经测得了10个退化数据，分别为$x_1^r,\cdots,x_{10}^r$，对应的测量时间点为$t_1^r,\cdots,t_{10}^r$，见表4-4。

表4-4 某样本的仿真退化数据

u	1	2	3	4	5	6	7	8	9	10
t_u^r	100	200	300	400	500	600	700	800	900	1000
x_u^r	0.1936	0.3188	0.4231	0.5176	0.6046	0.6878	0.7656	0.8497	0.9172	0.9800

此处只更新表4-3中N^r为1、40和120时的先验分布参数，假设样本的失效阈值为2，基于每个检测时间点的退化数据更新得到后验分布参数，当$N^r=1$时，各测量时间点个体剩余寿命分布的概率密度函数（PDF）如图4-6所示。

图4-6表明，随着退化时间的增长，基于模型 M_0 的产品剩余寿命分布的概率密度函数越来越窄，模型 M_1 也呈现相似的规律。但是，很明显相对于模型 M_1，模型 M_0 剩余寿命分布的概率密度函数的宽度更窄，意味着模型 M_0 的预测精度更高。为了进一步比较两个模型的估计精度，将两个模型预测得到的平均失效时间的点估计和区间估计在表4-5中列出。

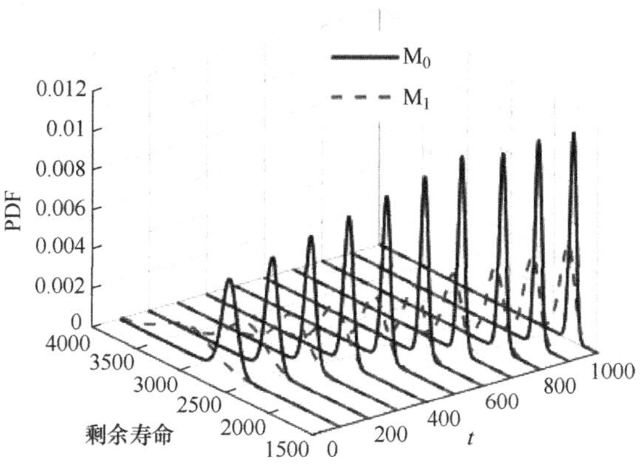

图4-6　$N^r=1$ 时个体剩余寿命分布的概率密度函数

表4-5　平均失效时间的点估计和区间估计

N^r	模型	t/h				
		100	200	300	400	500
真值		2702	2594	2492	2390	2289
1	M_0	2760[2707,2814]	2607[2562,2651]	2542[2518,2569]	2390[2356,2423]	2288[2259,2318]
	M_1	3270[3085,3463]	2915[2781,3071]	2723[2614,2841]	2567[2460,2669]	2431[2348,2524]
40	M_0	2759[2704,2814]	2606[2563,2649]	2498[2460,2536]	2389[2353,2425]	2286[2257,2318]
	M_1	2732[2665,2798]	2568[2520,2617]	2468[2429,2507]	2365[2331,2400]	2267[2237,2297]
120	M_0	2758[2702,2814]	2604[2560,2650]	2496[2458,2534]	2388[2354,2423]	2286[2255,2316]
	M_1	2728[2662,2794]	2566[2517,2615]	2468[2429,2507]	2364[2329,2400]	2266[2234,2298]

N^r	模型	t/h				
		600	700	800	900	1000
真值		2186	2085	1965	1874	1786
1	M_0	2180[2153,2207]	2080[2055,2105]	1938[1914,1965]	1858[1834,1883]	1783[1760,1806]
	M_1	2299[2225,2379]	2180[2116,2252]	2021[1960,2088]	1932[1874,1992]	1849[1794,1904]
40	M_0	2179[2153,2207]	2079[2053,2103]	1938[1914,1963]	1857[1834,1882]	1783[1758,1807]
	M_1	2161[2135,2187]	2063[2040,2087]	1920[1896,1944]	1844[1820,1868]	1774[1750,1798]
120	M_0	2178[2150,2207]	2078[2052,2103]	1938[1912,1962]	1856[1832,1882]	1782[1757,1806]
	M_1	2161[2133,2189]	2063[2038,2087]	1920[1896,1945]	1844[1819,1868]	1773[1749,1796]

从表4-5可以看出，当实际工作条件下的样本量 N^r 不同时，根据模型 M_0 获得的产品剩余寿命的平均失效时间的点估计和区间估计没有明显的差异性。然

而，当 $N^r=1$ 时，基于模型 M_1 得到的平均失效时间比失效寿命真值大得多，随着试验时间的增长，基于模型 M_1 的预测结果与失效寿命真值的差异性逐渐减小。当 $N^r=40$ 或 $N^r=120$ 时，两个模型的预测结果基本相同。为了分析产生上述结果的原因，计算先验分布参数 c 在后验分布参数 c' 中所占的比例 ξ_2，见表 4-6。

表 4-6 各测量时间点的 ξ_2 的估计值

N^r	模型	t_u^r				
		100	200	300	400	500
1	M_0	51.38%	39.41%	32.88%	28.59%	25.51%
	M_1	36.57%	26.19%	21.08%	17.93%	15.74%
40	M_0	48.76%	36.94%	30.60%	26.50%	23.57%
	M_1	2.49%	1.55%	1.17%	0.96%	0.82%
120	M_0	47.80%	36.05%	29.79%	25.76%	22.89%
	M_1	3.60%	2.24%	1.70%	1.39%	1.19%

N^r	模型	t_u^r				
		600	700	800	900	1000
1	M_0	23.17%	21.30%	19.78%	18.50%	17.41%
	M_1	14.12%	12.86%	11.85%	11.02%	10.32%
40	M_0	21.35%	19.59%	18.16%	16.97%	15.96%
	M_1	0.72%	0.65%	0.59%	0.55%	0.51%
120	M_0	20.71%	19.00%	17.60%	16.43%	15.45%
	M_1	1.05%	0.95%	0.86%	0.79%	0.74%

$N^r=1$ 时，当测量时间从 100 增加到 1000 时，模型 M_0 的 ξ_2 从 51.38% 减小到 17.41%，相似的下降趋势在 $N^r=40$ 和 $N^r=120$ 时也可以观测到。模型 M_1 也呈现相似趋势，此现象意味着参数 c 的先验值在后验结果中所占的比例随着试验时间的增加越来越小。在每个测量时间点，N^r 越大，ξ_2 越小；对于模型 M_0，不同 N^r 下的 ξ_2 的差别并不是很大。然而，在模型 M_1 中，当 $N^r=40$ 时，各测量时间点的 ξ_2 都非常小，意味着先验分布参数在后验分布参数中所占的比例非常小，从而导致 M_0 具有相对较高的预测精度。概括来讲，在预测精度尺度下，模型 M_0 比模型 M_1 有更好的预测精度，N^r 越小，模型 M_0 的优势越明显。

4.3.2 某 O 形橡胶密封圈剩余寿命预测模型对比分析

对于长寿命、高可靠的产品而言，由于其可靠性较高，为了快速获得其寿命及可靠性信息，将产品放置在加速应力下进行加速得到其加速退化数据。在实际工作条件下，可以通过周期性检测得到其退化数据。

针对3.1.4小节中某火箭弹用硫化丁腈O形橡胶密封圈，在弹药的整个生命周期中，其大多数时间处于贮存状态，具有“长期贮存，一次使用”的属性，因此上述模型中O形橡胶密封圈的使用条件对应于其库房贮存环境。在库房自然环境贮存试验过程中，记录其温度应力和湿度应力的变化情况；但在加速退化试验过程中，只选择对弹药寿命影响最大的温度应力作为加速应力。为了定性分析湿度应力对硫化丁腈O形橡胶密封圈的影响，采用恒定高湿高温环境应力对其进行试验，试验样品与恒定温度应力加速退化试验和自然环境贮存试验中的样品来自于同一批次，且试验采用的夹具、检测方法也与加速退化试验相同。为了与恒定温度应力加速退化试验的数据进行对比，试验中的湿度应力水平为固定值，皆为86% RH，温度应力水平为50℃、60℃、70℃，且各组试验中的检测时间点均与对应恒定温度应力加速退化试验中的检测时间点相同。将样本放置在50℃/86% RH、60℃/86% RH、70℃/86% RH的条件下进行试验，每组应力水平下有8个样本，共计24个样本，试验得到各个样本压缩永久变形率。将各组应力水平下的压缩永久变形率的均值与恒定温度应力加速退化试验中的对应温度下的压缩永久变形率均值进行对比，如图4-7所示。

从图4-7可以看出，相对于恒定温度应力加速退化试验，O形橡胶密封圈在温度相等、湿度较高条件下的压缩永久变形率更小，说明对于该O形橡胶密封圈，湿度应力对其退化起到减慢的作用。

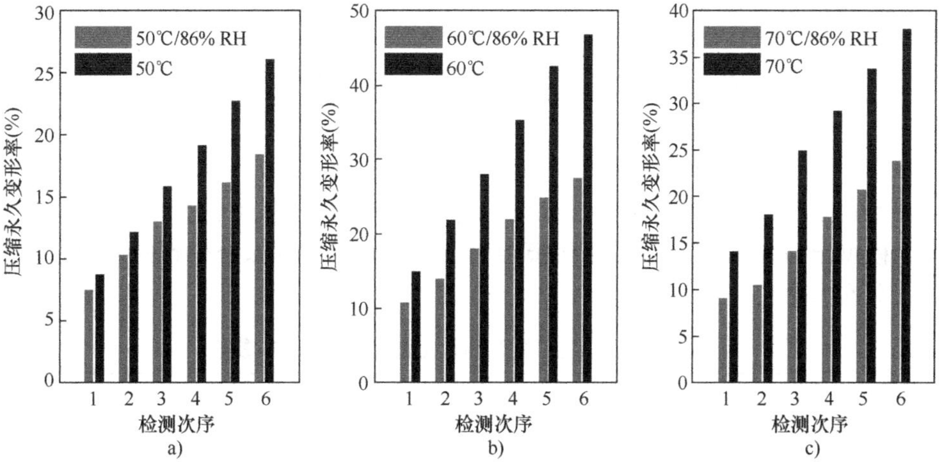

图4-7 湿热条件与仅温度条件下某火箭弹用O形橡胶密封圈压缩永久变形率均值对比

基于该O形橡胶密封圈恒定应力加速退化数据和库房自然环境贮存试验中的退化数据对库房贮存条件下的O形橡胶密封圈剩余寿命进行估计，根据3.1.4小节中的一般等效温度模型[200]，库房自然贮存条件下的等效温度为23.85℃。当O形橡胶密封圈的压缩永久变形率大于31%时即发生失效。退化量为压缩永久变形率的函数，即$x=-\ln(1-\varepsilon)$，其中ε为O形橡胶密封圈的压缩永久变形率。此函数在物理意义上保证了压缩永久变形率的变化区间为0~1。通过最大似然函数得到了未知参数$\boldsymbol{\Omega}_1$的估计值为$\{0.3746, 22.1309, -1.0115\times10^4\}$，因此各加速应力水平下的加速系数分别为4.7836、8.1563、13.4810、21.6568，根据加速系数将加速退化试验数据折算到常应力水平下，将折算后的退化数据与自然贮存试验中的退化数据曲线绘制在同一张图中，如图4-8所示。其中，黑色轨迹为在时间转换尺度下自然环境贮存条件下样本的退化轨迹，灰色轨迹为加速退化数据折算到等效温度环境下的退化轨迹。

从图4-8可以看出，退化数据近似于直线，自然环境贮存试验中退化轨迹所在的区域位于退化折算数据所在的区域中，证明了试验数据的一致性。自然贮存条件下的7样本被用于先验分布参数的估计，最后一个样本被用于剩余寿命的预测。

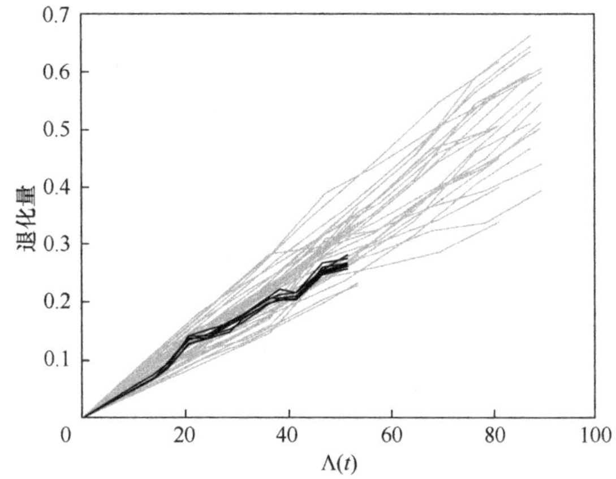

图4-8 某火箭弹用O形橡胶密封圈退化折算数据与自然环境贮存试验中的退化数据

将转换的试验数据与自然贮存条件下的退化数据融合，可以得到先验分布参数的估计值，与仿真部分类似，为了对比模型之间的差异性，将忽略自然贮存条件下除了温度应力以外的其他应力的影响的模型记为M_1，将本书的融合模型记为M_0。将退化数据用模型M_0和模型M_1分别拟合得到的未知参数的先验分布参数见表4-7。

表4-7 某火箭弹用O形橡胶密封圈先验分布参数

模型	a	b	c	d	k_1	Log-LF	AIC
M_0	21.58	9.12×10^{-4}	6.06×10^{-3}	5.79×10^{-3}	0.89	535.17	-1.06×10^3
M_1	21.57	8.78×10^{-4}	5.95×10^{-3}	7.89×10^{-3}	1	529.00	-1.05×10^3

最后一个O形橡胶密封圈的退化数据被用于剩余寿命预测，其退化数据见表4-8。基于此密封圈的退化数据，将表4-7中的先验分布参数进行更新得到其后验分布参数。然后预测在每个测量时间点的剩余寿命的平均失效时间及其

95%置信区间，其结果列见表4-9。

表4-8 自然贮存条件下某火箭弹用O形橡胶密封圈退化数据

u	1	2	3	4	5	6	7	8	9	10	11
t_u^r/天	1.3	76	136	218	324	400	596	704	867	1178	1543
x_u^r	0.069	0.090	0.132	0.143	0.154	0.165	0.191	0.203	0.211	0.243	0.263

表4-9 某火箭弹用O形橡胶密封圈剩余寿命及其95%置信区间

u	1	2	3	4
M_0	9.80[7.72,12,48]	9.25[7.31,11.63]	7.44[5.90,9.31]	8.02[6.42,9.97]
M_1	8.07[6.36,10.32]	7.66[6.03,9.72]	6.21[4.93,7.82]	6.86[5.45,8.54]
u	5	6	7	8
M_0	8.49[6.79,10.58]	8.42[6.86,10.36]	7.97[6.52,9.82]	7.73[6.26,9.43]
M_1	7.37[5.91,9.10]	7.35[5.95,9.09]	7.04[5.72,8.69]	6.86[5.62,8.39]
u	9	10	11	
M_0	7.85[6.49,9.59]	6.66[5.42,8.16]	6.13[4.94,7.44]	
M_1	7.06[5.74,8.64]	6.03[4.93,7.37]	5.60[4.58,6.90]	

在表4-9中，模型M_0和模型M_1预测得到的产品剩余寿命的平均失效时间的差异性随着试验时间的增加不断减小。在同一个检测时间点，M_0预测得到的产品剩余寿命的估计值比模型M_1预测得到的产品剩余寿命的估计值大，这是因为模型M_0中的k_1等于0.89，意味着相对于等效温度应力23.85℃，在自然环境贮存条件下的密封圈的退化速度较慢，这是由于对于该型号的密封圈，相对于加速退化试验，自然环境贮存试验中存在湿度应力，而湿度应力可以减缓该密封圈的退化。然而，不同于退化量随试验时间的增长大致呈现的递增规律，在第3个检测时间点预测的产品剩余寿命小于在第4个检测时间点预测的产品剩余寿命，这是因为在第3个检测时间点，退化量有较大幅度的增长，说明模型对检测数据具有快速的响应性，可以帮助工作人员快速调整维修方案，尤其是在退化量比较接近失效阈值的时候。并且在得到最新检测数据后，产品剩余寿命的预测结果会随着最新退化量的变化进行更新，因此减小检测时间间隔甚至在条件允许的情况下对退化量进行实时监控是很有必要的。

4.4 本章小结

本章主要融合产品加速退化试验数据和实际工作条件下的退化数据建立退化模型，从而对产品剩余寿命进行预测，主要取得了以下进展：

1）产品实际工作条件下的应力存在多样性以及复杂性的特点，而通过加速退化试验只能得到加速应力对退化参数的影响数据，为了对实际工作条件下的产品退化过程进行建模，引入了修正因子用来表征实际工作条件下的除加速应力以外的其他应力对产品退化参数的影响。

2）考虑产品不同样本之间的差异性，采用正态－逆 Gamma 分布作为漂移系数和扩散系数的倒数的先验分布，采用最大期望算法基于产品加速退化试验数据和库房自然贮存条件下的退化数据对退化参数的先验分布进行估计，通过数值仿真证明最大期望算法具有较高的估计精度且对迭代初值具有很好的鲁棒性。推导了产品剩余寿命概率密度函数的封闭解析解，在获取个体最新退化数据后，基于贝叶斯方法对其后验分布参数进行估计，从而实现产品剩余寿命的实时预测。

3）某火箭弹用丁腈 O 形橡胶密封圈在库房自然贮存试验中温度应力随季节和时间不断发生变化，采用第 3 章提出的等效温度模型得到了其在库房自然贮存条件下的等效温度。然而，在库房自然贮存条件下还存在湿度应力等其他应力的影响，通过湿热试验得到湿度应力可以减慢 O 形橡胶密封圈的退化过程。采用本章提出退化数据融合模型，将该 O 形橡胶密封圈加速退化试验数据与自然贮存试验数据融合，实现了自然贮存条件下对该密封圈剩余寿命的预测，同时对提出的模型进行了验证。

第 5 章　基于加速应力与扩散系数相关性的产品加速退化过程建模

前面 3 章主要基于时间尺度转换的非线性 Wiener 过程对产品加速退化过程进行建模，对于部分具有非线性退化特征的产品而言，其退化过程可以通过时间尺度转换变成线性退化过程。但在工程实践中，仍有很多产品的非线性退化过程不能通过时间尺度转换成线性退化过程，如惯性导航系统的陀螺仪[151]、某型宝石轴承支撑摆式加速度计[201]等。针对此问题，司小胜和王小林分别提出了基于非线性漂移的 Wiener 过程以及一般非线性 Wiener 过程。在将一般非线性 Wiener 过程用于加速退化试验数据分析时，通常假设各加速应力下的扩散系数是一个常数[142]，然而在第 2 章中基于失效机理不变原则得到的基于时间尺度转换的非线性 Wiener 过程的漂移系数和扩散系数都是加速应力的函数，而基于时间尺度转换的非线性 Wiener 过程是一般非线性 Wiener 过程在一定条件下的特殊形式，采用反证法可得基于一般非线性 Wiener 过程的加速退化模型中的扩散系数与加速应力存在相关性。因此本章主要基于一般非线性 Wiener 过程建立产品加速退化模型，在建模的过程中将漂移系数和扩散系数与加速应力之间的相关性考虑在内。如果采用不恰当的模型对产品加速退化数据进行拟合，会对产品贮存寿命和可靠性指标的评估结果造成影响，因此还需要对产品退化模型误指定问题进行定量分析。

5.1　非线性 Wiener 退化过程

5.1.1　基于非线性漂移的 Wiener 退化过程

基于时间尺度转换的非线性 Wiener 退化过程通过时间尺度转换将产品非线性退化过程转换成线性 Wiener 过程，然而有时仅仅通过时间尺度转换得到的退化曲线并不满足线性 Wiener 过程，因此采用非线性漂移的 Wiener 过程对产品退化过程进行描述。

$$X(t) = x_0 + \int_0^t \mu(u;\boldsymbol{\theta})\mathrm{d}u + \sigma_B B(t) \tag{5-1}$$

式中，$X(t)$ 为产品的退化量，$\mu(t;\boldsymbol{\theta})$为退化时间 t 的函数，当$\mu(t;\boldsymbol{\theta})$为与时间 t 无关的常数时，模型即为线性 Wiener 模型；$\boldsymbol{\theta}$ 为未知参数；σ_B 为扩散系数，

$B(\cdot)$ 为标准布朗运动。

在首达时间的概念下，满足非线性漂移的 Wiener 退化过程的产品失效寿命分布的概率密度函数为

$$f_T(t) \cong \frac{1}{\sqrt{2\pi t}}\left[\frac{S_B(t)}{t} + \frac{1}{\sigma_B}\mu(t;\boldsymbol{\theta})\right]\exp\left[-\frac{S_B^2(t)}{2t}\right] \tag{5-2}$$

式中，$S_B(t) = \left[D - \int_0^t \mu(u;\boldsymbol{\theta})\mathrm{d}u\right]/\sigma_B$。

5.1.2 一般非线性 Wiener 退化过程

将基于非线性漂移的 Wiener 过程扩展到更为一般的情形，令 $X(t)$ 表示产品在 t 时刻的退化量，则其退化过程可以表示为[114]

$$X(t) = x_0 + \int_0^t \mu(u;\boldsymbol{\theta})\mathrm{d}u + \sigma_B B[\tau(t;\gamma)] \tag{5-3}$$

式中，x_0为初始退化量；$\boldsymbol{\theta}$ 为未知参数的向量；σ_B为扩散系数；$\mu(u;\boldsymbol{\theta})$为非线性函数，为了保证式（5-3）具有唯一全局解，假设其满足正则性条件；$\tau(t;\gamma)$为时间 t 的连续非负单调递增函数，且满足 $\tau(0;\gamma)=0$；$B[\tau(t;\gamma)]$描述了退化过程的暂时不确定性，当 $\tau(t;\gamma)\neq t$ 时，其为非标准布朗运动。通常假设 $x_0=0$，当 $x_0\neq 0$ 时，通过一定的变换将 x_0转换成 0，此时 $X(t)$ 即为时间 t 的累积退化量。

一般假设参数向量 $\boldsymbol{\theta}$ 中含有两个元素，即 $\boldsymbol{\theta}=(\lambda,b)$，且 $\boldsymbol{\theta}$、σ_B、$\tau(t;\gamma)$是相互独立的；为了简化模型，通常假设 $\int_0^t \mu(u;\boldsymbol{\theta})\mathrm{d}u = \lambda\Lambda(t;b)$，这样式（5-3）可以表示为

$$X(t) = \lambda\Lambda(t;b) + \sigma_B B[\tau(t;\gamma)] \tag{5-4}$$

在首达时间的概念下，满足式（5-4）的一般非线性 Wiener 退化过程的产品失效寿命分布的概率密度函数可以表示为

$$f_T(t \mid S_k) \cong \frac{1}{A'}g_T(t) \tag{5-5}$$

$$g_T(t) \cong \frac{1}{\sqrt{2\pi\tau(t;\gamma)}}\left\{\frac{Q(t)}{\tau(t;\gamma)} + \frac{\lambda h[\tau(t;\gamma);b]}{\sigma_B}\right\}\exp\left[-\frac{Q^2(t)}{2\tau(t;\gamma)}\right]\frac{\mathrm{d}\tau(t;\gamma)}{\mathrm{d}t} \tag{5-6}$$

式中，$A' = \int_0^\infty g_T(u)\mathrm{d}u$，$Q(t) = [D - \lambda\Lambda(t;b)]/\sigma_B$，$h[\tau(t;\gamma);b] = \mathrm{d}\varphi(c;b)/\mathrm{d}c\mid_{c=\tau(t;\gamma)}$，$\varphi(c;b) = \Lambda[\tau(c;\gamma);b]$。

5.2　加速应力下的产品非线性 Wiener 退化过程

5.2.1　考虑加速应力对扩散系数影响的产品非线性 Wiener 退化过程

令 $X(t \mid S_k)$ 为产品在应力水平 S_k 下的退化量，其退化过程为

$$\mathbf{M_0}: X(t \mid S_k) = x_0 + \lambda(S_k;\eta,\beta)\Lambda(t;b) + \sigma_B(S_k;\alpha,\kappa)B[\tau(t;\gamma)] \quad (5\text{-}7)$$

式中，$\Lambda(t;b)$ 和 $\tau(t;\gamma)$ 分别为与参数 b 和 γ 有关的连续非负单调递增时间尺度转换函数，$\Lambda(t;b)$ 和 $\tau(t;\gamma)$ 的具体形式取决于统计分析或者工程经验。三种常用的时间尺度转换函数的形式分别为线性函数、幂率函数和指数函数，其最终的表达式可以通过对退化量均值和退化量方差的轨迹进行拟合得到。为了不失一般性，通常假设 $x_0=0$，然而当真实的退化数据不满足 $x_0=0$ 时，可以通过转换函数 $X(t)-x_0$ 使退化数据满足 $X(0)=0$。通常，将漂移系数 $\lambda(S_k;\eta,\beta)$ 作为与加速应力有关的参数，其中 η 是样本随机效应参数，表示个体之间的差异性，β 为固定效应参数，对所有的样本都是相同的，假设参数 η 服从均值为 μ_η、标准差为 σ_η 的正态分布。值得注意的是，尽管假设 η 服从正态分布，但在理论上也可以采用其他随机分布描述其随机性。除此之外，假设扩散系数 $\sigma_B(S_k;\alpha,\kappa)$ 也与加速应力有关，但为了计算的简便性，这里忽略扩散系数的样本差异性，也就是说所有样本的退化参数 α 和 κ 都是相同的。$B[\tau(t:\gamma)]$ 为基于时间尺度转换的布朗运动，满足 $B[\tau(t;\gamma)] \sim N[0,\tau(t;\gamma)]$。

在加速退化试验中，常用的加速应力有温度应力、湿度应力和电应力，漂移系数与扩散系数的表达式在很大程度上取决于加速应力的类型。当加速应力为温度应力时，阿伦尼乌斯模型通常被用于描述漂移系数、扩散系数和温度应力水平之间的关系；幂率模型通常被用于加速应力为电应力时的情形。为了表达的统一性，将漂移系数写成 $\lambda_k=\eta\varsigma(\beta \mid S_k)$，扩散系数写成 $(\sigma_B^2)_k=\alpha\varsigma(\kappa \mid S_k)$，其中阿伦尼乌斯模型、逆幂率模型以及艾林模型对应的函数 $\varsigma(\beta \mid S_k)$、$\varsigma(\kappa \mid S_k)$ 的表达式见表 5-1。

表 5-1　几种常见的加速模型对应的漂移系数、扩散系数的平方的函数表达式

加速模型	函数 $\varsigma(\beta \mid S_k)$	函数 $\varsigma(\kappa \mid S_k)$
阿伦尼乌斯模型	$\varsigma(\beta \mid S_k)=\exp(\beta/S_k)$	$\varsigma(\kappa \mid S_k)=\exp(\kappa/S_k)$
逆幂率模型	$\varsigma(\beta \mid S_k)=\exp(\beta\ln/S_k)$	$\varsigma(\kappa \mid S_k)=\exp(\kappa\ln/S_k)$
艾林模型	$\varsigma(\beta \mid S_k)=\exp(\beta/S_k)/S_k$	$\varsigma(\kappa \mid S_k)=\exp(\kappa/S_k)/S_k$

其中，S_k可以为热力学温度应力、电流或电压等，考虑参数 η 的随机性，漂移系数也服从正态分布 $\lambda(S_k;\eta,\beta)\sim N[\mu_\eta\varsigma(\beta\mid S_k),\sigma_\eta^2\varsigma^2(\beta\mid S_k)]$。

上面已经建立加速应力下的一般非线性 Wiener 退化过程，其中不仅考虑了加速应力水平与漂移系数之间的相关性，而且考虑了加速应力水平与扩散系数之间的相关性和样本之间的差异性。接下来，将推导各加速应力水平下失效寿命的分布。

当产品退化量 $X(t\mid S_k)$达到预先设定的失效阈值 D 时，由于此时产品的安全性和功能性已经无法满足要求，便认为产品发生失效。因此，退化量 $X(t\mid S_k)$首次穿越失效阈值 D 的时间称为产品在应力水平 S_k下的首达时间，在首达时间的概念下，产品失效寿命可以定义为

$$T_{S_k}=\inf\{t\mid X(t\mid S_k)\geqslant D\} \tag{5-8}$$

根据式（5-5）可得，在 η 已知的条件下，产品失效寿命分布的条件概率密度函数为

$$g_0(t\mid\eta,S_k)\cong\frac{1}{\sqrt{2\pi\alpha\varsigma(\beta\mid S_k)\tau(t;\gamma)}}\frac{\mathrm{d}\tau(t;\gamma)}{\mathrm{d}t}\exp\left\{-\frac{[D-\eta\varsigma(\beta\mid S_k)\Lambda(t;b)]^2}{2\alpha\varsigma(\beta\mid S_k)\tau(t;\gamma)}\right\}\times$$
$$\left\{\frac{D-\eta\varsigma(\beta\mid S_k)\Lambda(t;b)}{\tau(t;\gamma)}+\eta\varsigma(\beta\mid S_k)h[\tau(t;\gamma);b]\right\} \tag{5-9}$$

令 $h_0(t;b)=\mathrm{d}\varphi_0(s;b)/\mathrm{d}s\mid_{s=\tau(t;\gamma)}$，$\varphi_0(s;b)=\Lambda[\tau(s;\gamma);b]$；$B_0(t\mid S_k)=\sigma_\eta^2\varsigma^2(\beta\mid S_k)\Lambda^2(t;b)$；$C_0(t\mid S_i)=\alpha\varsigma(\kappa\mid S_k)\tau(t;\gamma)$。

为了得到在随机参数 η 影响下的失效寿命分布的全概率密度函数，首先给出以下结论：

如果 $Z\sim N(\mu,\sigma^2)$，w_1、w_2、$A\in\mathbb{R}$，且 $B\in\mathbb{R}^+$，则式（5-10）成立。

$$E_Z\left\{(w_1-AZ)\exp\left[-\frac{(w_2-BZ)^2}{2C}\right]\right\}$$
$$=\sqrt{\frac{C}{B^2\sigma^2+C}}\left(w_1-A\frac{Bw_2\sigma^2+\mu C}{B^2\sigma^2+C}\right)\exp\left[-\frac{(w_2-B\mu)^2}{2(B^2\sigma^2+C)}\right] \tag{5-10}$$

则根据式（5-10）得到的产品失效寿命分布的全概率密度函数可以近似表示为

$$f_0(t\mid S_k)\cong\frac{1}{A_0'}g_0(t\mid S_k) \tag{5-11}$$

$$g_0(t\mid S_k)=\frac{1}{\tau(t;\gamma)\sqrt{2\pi[B_0(t\mid S_k)+C_0(t\mid S_k)]}}\frac{\mathrm{d}\tau(t;\gamma)}{\mathrm{d}t}\times$$
$$\exp\left\{-\frac{[D-\mu_\eta\varsigma(\beta\mid S_k)\Lambda(t;b)]^2}{2[B_0(t\mid S_k)+C_0(t\mid S_k)]}\right\}\times$$

$$\left\{D-[\Lambda(t;b)-h_0(t;b)\tau(t;\gamma)]\frac{D\Lambda(t;b)\sigma_\eta^2+\mu_\eta C_0(t\mid S_k)}{B_0(t\mid S_k)+C_0(t\mid S_k)}\right\} \tag{5-12}$$

式中，$A_0'=\int_0^\infty g_0(u\mid S_k)\mathrm{d}u$，$\varphi_0(c;b)=\Lambda[\tau(c;\gamma);b]$，$h_0(t;b)=\mathrm{d}\varphi_0(c;b)/\mathrm{d}c\mid_{c=\tau(t;\gamma)}$，$B_0(t\mid S_k)=\sigma_\eta^2\varsigma^2(\beta\mid S_k)\Lambda^2(t;b)$，$C_0(t\mid S_i)=\alpha\varsigma(\kappa\mid S_k)\tau(t;\gamma)$。

由于基于模型 M_0 的概率密度函数的形式比较复杂，很难得到其失效分布函数及可靠度函数的解析形式，因此可靠度函数用积分的形式表示为

$$R_0(t\mid S_k)=1-\int_0^t f_0(u\mid S_k)\mathrm{d}u \tag{5-13}$$

当 $\gamma=1$ 时，模型 M_0 变成基于非线性漂移 Wiener 过程的加速退化模型，将该模型记为模型 M_1，其退化过程为

$$\mathbf{M_1}: X(t\mid S_k)=x_0+\lambda(S_k;\eta,\beta)\Lambda(t;b)+\sigma_B(S_k;\alpha,\kappa)B(t) \tag{5-14}$$

基于模型 M_1 的产品在应力水平 S_k 下的首达时间的概率密度函数可以近似表示为

$$f_1(t\mid S_k)\cong\frac{1}{A_1'}g_1(t\mid S_k) \tag{5-15}$$

$$g_1(t\mid S_k)=\frac{1}{t\sqrt{2\pi[B_1(t\mid S_k)+C_1(t\mid S_k)]}}\exp\left\{-\frac{[D-\mu_\eta\varsigma(\beta\mid S_k)\Lambda(t;b)]^2}{2[B_1(t\mid S_k)+C_1(t\mid S_k)]}\right\}$$
$$\left\{D-\left[\Lambda(t;b)-\frac{\mathrm{d}\Lambda(t;b)}{\mathrm{d}t}t\right]\frac{D\Lambda(t;b)\sigma_\eta^2+\mu_\eta C_1(t\mid S_k)}{B_1(t\mid S_k)+C_1(t\mid S_k)}\right\} \tag{5-16}$$

式中，$A_1'=\int_0^\infty g_1(u\mid S_k)\mathrm{d}u$，$B_1(t\mid S_k)=\sigma_\eta^2\varsigma^2(\beta\mid S_k)\Lambda^2(t;b)$，$C_1(t\mid S_k)=\alpha\varsigma(\kappa\mid S_k)t$。

由于基于模型 M_1 的概率密度函数的形式比较复杂，很难得到其失效分布函数及可靠度函数的解析形式，因此可靠度函数用积分的形式表示为

$$R_1(t\mid S_k)=1-\int_0^t f_1(u\mid S_k)\mathrm{d}u \tag{5-17}$$

当 $b=\gamma$，且 $\Lambda(\cdot)=\tau(\cdot)$ 时，模型 M_0 变成基于时间尺度转换的非线性 Wiener 过程的加速退化模型，将该模型记为模型 M_2，其退化过程为

$$\mathbf{M_2}: X(t\mid S_k)=X(0)+\lambda(S_k;\eta,\beta)\Lambda(t;b)+\sigma_B(S_k;\alpha,\kappa)B[\Lambda(t;b)] \tag{5-18}$$

基于模型 M_2 的产品在应力水平 S_k 下的首达时间的概率密度函数和可靠度函数分别为

$$f_2(t\mid S_k)=\frac{D}{\sqrt{2\pi\Lambda^3(t;b)[\alpha\varsigma(\kappa\mid S_k)+\sigma_\eta^2\varsigma^2(\beta\mid S_k)\Lambda(t;b)]}}\frac{\mathrm{d}\Lambda(t;b)}{\mathrm{d}t}\times$$
$$\exp\left\{-\frac{[D-\mu_\eta\varsigma(\beta\mid S_k)\Lambda(t;b)]^2}{2\Lambda(t;b)[\alpha\varsigma(\kappa\mid S_k)+\sigma_\eta^2\varsigma^2(\beta\mid S_k)\Lambda(t;b)]}\right\} \tag{5-19}$$

$$R_2(t\mid S_k)=\Phi\left\{\frac{D-\mu_\eta\varsigma(\beta\mid S_k)\Lambda(t;b)}{\sqrt{\Lambda(t;b)[\alpha\varsigma(\kappa\mid S_k)+\sigma_\eta^2\varsigma^2(\beta\mid S_k)\Lambda(t;b)]}}\right\}-\exp\left[\frac{2\mu_\eta\varsigma(\beta\mid S_k)D}{\alpha\varsigma(\kappa\mid S_k)}+\frac{2\sigma_\eta^2\varsigma^2(\beta\mid S_k)D^2}{\alpha^2\varsigma^2(\kappa\mid S_k)}\right]\times\Phi\left\{-\frac{2D\sigma_\eta^2\varsigma^2(\beta\mid S_k)\Lambda(t;b)+\alpha\varsigma(\kappa\mid S_k)[\mu_\eta\varsigma(\beta\mid S_k)\Lambda(t;b)+D]}{\alpha\varsigma(\kappa\mid S_k)\sqrt{\Lambda(t;b)[\alpha\varsigma(\kappa\mid S_k)+\sigma_\eta^2\varsigma^2(\beta\mid S_k)\Lambda(t;b)]}}\right\} \tag{5-20}$$

当 $b=\gamma$，且 $\Lambda(\cdot)=\tau(\cdot)$时，模型 M_0变成基于时间尺度转换的非线性 Wiener 过程的加速退化模型，且基于时间尺度转换的各级加速应力下的漂移系数和扩散系数之比为一固定的常数，具体的模型见 2. 2 节，将该模型记为模型 M_3。

很多文献为了计算的简便性，假设扩散系数与加速应力水平无关。基于此假设且满足一般非线性 Wiener 过程的产品在应力水平 S_k下的退化过程记为模型 M_0^*，其与加速退化模型 M_0的区别在于，模型 M_0^* 中的 $\kappa=0$，参数 α 的正二次方根为扩散系数，Li 将此模型用于 LED 在正常应力下的可靠度预测[142]；基于此假设且满足非线性漂移 Wiener 过程的产品在应力水平 S_k下的退化过程记为模型 M_1^*，其与加速退化模型 M_1的区别在于，模型 M_1^* 中的 $\kappa=0$，参数 α 的正二次方根为扩散系数；基于此假设且满足基于时间尺度转换的非线性 Wiener 过程的产品在应力水平 S_k下的退化过程记为模型 M_2^*，其与加速退化模型 M_2的区别在于，模型 M_2^* 中的 $\kappa=0$，参数 α 的正二次方根为扩散系数。

5.2.2 基于一般非线性 Wiener 过程的产品加速退化模型未知参数估计

假设在加速退化试验中，加速应力水平 S_k下第 i 个样本的退化量 $\boldsymbol{X}_{ki}=[x_{ki}(t_1),x_{ki}(t_2),\cdots,x_{ki}(t_{M_{ki}})]^{\mathrm{T}}$，其中 $k=1,\ 2,\ \cdots,\ K$；$i=1,\ 2,\ \cdots,\ N_k$。将模型 M_0用于对加速退化数据进行拟合，其中的未知参数 $\boldsymbol{\Theta}=\{\mu_\eta,\sigma_\eta^2,\beta,\alpha,\kappa,b,\gamma\}$，则模型 M_0中未知参数的对数似然函数为

$$\ln L(\boldsymbol{\Theta}\mid\boldsymbol{X})=-\frac{1}{2}\ln(2\pi)\sum_{k=1}^{K}\sum_{i=1}^{N_i}M_{ki}-\frac{1}{2}\sum_{k=1}^{K}\sum_{i=1}^{N_i}\ln|\boldsymbol{\Sigma}_{ki}|-\frac{1}{2}\sum_{k=1}^{K}\sum_{i=1}^{N_i}[\boldsymbol{X}_{ki}-\mu_\eta\varsigma(\beta\mid S_k)\boldsymbol{T}_{ki}]^{\mathrm{T}}\boldsymbol{\Sigma}_{ki}^{-1}[\boldsymbol{X}_{ki}-\mu_\eta\varsigma(\beta\mid S_k)\boldsymbol{T}_{ki}] \tag{5-21}$$

式中，$\boldsymbol{\Sigma}_{ki}=\boldsymbol{\Omega}_{ki}+\sigma_{\eta}^{2}\varsigma^{2}(\beta\mid S_{k})\boldsymbol{T}_{ki}\boldsymbol{T}_{ki}^{\mathrm{T}}$，$\boldsymbol{T}_{ki}=[\Lambda(t_{ki1};b),\Lambda(t_{ki2};b),\cdots,\Lambda(t_{kiM_{ki}};b)]^{\mathrm{T}}$，

$$\boldsymbol{\Omega}_{ki}=\alpha\varsigma(\kappa\mid S_{k})\begin{bmatrix}\tau(t_{ki1};\gamma) & \tau(t_{ki1};\gamma) & \cdots & \tau(t_{ki1};\gamma)\\ \tau(t_{ki1};\gamma) & \tau(t_{ki2};\gamma) & \cdots & \tau(t_{ki2};\gamma)\\ \vdots & \vdots & & \vdots\\ \tau(t_{ki1};\gamma) & \tau(t_{ki2};\gamma) & \cdots & \tau(t_{kiM_{ki}};\gamma)\end{bmatrix}\tag{5-22}$$

由于退化量的方差矩阵比较复杂，为了求取更多参数的解析表达式，将其方差矩阵写成

$$\begin{aligned}\boldsymbol{\Sigma}_{ki}&=\sigma_{\eta}^{2}\widetilde{\boldsymbol{\Sigma}}_{ki}\\ \widetilde{\boldsymbol{\Sigma}}_{ki}&=\widetilde{\boldsymbol{\Omega}}_{ki}+\varsigma^{2}(\beta\mid S_{k})\boldsymbol{T}_{ki}\boldsymbol{T}_{ki}^{\mathrm{T}}\\ \widetilde{\boldsymbol{\Omega}}_{ki}&=\widetilde{\alpha}\varsigma(\kappa\mid S_{k})\begin{bmatrix}\tau(t_{ki1};\gamma) & \tau(t_{ki1};\gamma) & \cdots & \tau(t_{ki1};\gamma)\\ \tau(t_{ki1};\gamma) & \tau(t_{ki2};\gamma) & \cdots & \tau(t_{ki2};\gamma)\\ \vdots & \vdots & & \vdots\\ \tau(t_{ij1};\gamma) & \tau(t_{ij2};\gamma) & \cdots & \tau(t_{ijm_{ij}};\gamma)\end{bmatrix}\\ \widetilde{\alpha}&=\alpha/\sigma_{\eta}^{2}\end{aligned}\tag{5-23}$$

因此，关于未知参数$\widetilde{\boldsymbol{\Theta}}=\{\mu_{\eta},\sigma_{\eta}^{2},\beta,\widetilde{\alpha},\kappa,b,\gamma\}$的对数似然函数为

$$\begin{aligned}\ln L(\widetilde{\boldsymbol{\Theta}}\mid\boldsymbol{X})=&-\frac{1}{2}\ln(2\pi)\sum_{k=1}^{K}\sum_{i=1}^{N_{i}}M_{ki}-\frac{1}{2}\ln\sigma_{\eta}^{2}\sum_{k=1}^{K}\sum_{i=1}^{N_{i}}M_{ki}-\frac{1}{2}\sum_{k=1}^{K}\sum_{i=1}^{N_{i}}\ln|\widetilde{\boldsymbol{\Sigma}}_{ki}|-\\ &\frac{1}{2\sigma_{\eta}^{2}}\sum_{k=1}^{K}\sum_{i=1}^{N_{i}}[\boldsymbol{X}_{ki}-\mu_{\eta}\varsigma(\beta\mid S_{k})\boldsymbol{T}_{ki}]^{\mathrm{T}}\widetilde{\boldsymbol{\Sigma}}_{ki}^{-1}[\boldsymbol{X}_{ki}-\mu_{\eta}\varsigma(\beta\mid S_{k})\boldsymbol{T}_{ki}]\end{aligned}\tag{5-24}$$

将对数似然函数$\ln L(\widetilde{\boldsymbol{\Theta}}\mid\boldsymbol{X})$对参数$\mu_{\eta}$、$\sigma_{\eta}^{2}$求一阶偏导数，并令其一阶偏导数等于0，通过解方程得到μ_{η}、σ_{η}^{2}估计值的解析表达式为

$$\hat{\mu}_{\eta}=\frac{\sum_{k=1}^{K}\sum_{i=1}^{N_{i}}[\varsigma(\beta\mid S_{k})\boldsymbol{T}_{ki}]^{\mathrm{T}}\widetilde{\boldsymbol{\Sigma}}_{ki}^{-1}\boldsymbol{X}_{ki}}{\sum_{k=1}^{K}\sum_{i=1}^{N_{i}}[\varsigma(\beta\mid S_{k})\boldsymbol{T}_{ki}]^{\mathrm{T}}\widetilde{\boldsymbol{\Sigma}}_{ki}^{-1}[\varsigma(\beta\mid S_{k})\boldsymbol{T}_{ki}]}\tag{5-25}$$

$$\hat{\sigma}_{\eta}^{2}=\frac{1}{\sum_{k=1}^{K}\sum_{i=1}^{N_{i}}M_{ki}}\sum_{k=1}^{K}\sum_{i=1}^{N_{i}}[\boldsymbol{X}_{ki}-\hat{\mu}_{\eta}\varsigma(\beta\mid S_{k})\boldsymbol{T}_{ki}]^{\mathrm{T}}\widetilde{\boldsymbol{\Sigma}}_{ki}^{-1}[\boldsymbol{X}_{ki}-\hat{\mu}_{\eta}\varsigma(\beta\mid S_{k})\boldsymbol{T}_{ki}]\tag{5-26}$$

将μ_{η}、σ_{η}^{2}的对数似然函数估计值$\hat{\mu}$、$\hat{\sigma}_{\eta}^{2}$代入式（5-21）可以得到剖面似然函数为

$$\ln L(\widetilde{\boldsymbol{\Theta}} \mid \boldsymbol{X}) = -\frac{1}{2}\ln\hat{\sigma}_{\eta}^{2}\sum_{k=1}^{K}\sum_{i=1}^{N_i}M_{ki} - \frac{1}{2}\sum_{k=1}^{K}\sum_{i=1}^{N_i}\ln|\widetilde{\boldsymbol{\Sigma}}_{ki}| - \frac{1}{2}\sum_{k=1}^{K}\sum_{i=1}^{N_i}M_{ki} - \frac{1}{2}\ln(2\pi)\sum_{k=1}^{K}\sum_{i=1}^{N_i}M_{ki} \tag{5-27}$$

通过多维搜索即可得到参数 β、$\widetilde{\alpha}$、κ、b、γ 的最大似然函数估计值 $\hat{\beta}$、$\hat{\widetilde{\alpha}}$、$\hat{\kappa}$、$\hat{b}$、$\hat{\gamma}$，将 $\hat{\beta}$、$\hat{\widetilde{\alpha}}$、$\hat{\kappa}$、$\hat{b}$、$\hat{\gamma}$ 代入式（5-25）和式（5-26），可以得到 μ_η、σ_η^2 的最大似然估计值 $\hat{\mu}_\eta$、$\hat{\sigma}_\eta^2$，由 $\widetilde{\alpha}$、σ_η^2 的最大似然估计值可得 $\hat{\alpha}=\hat{\widetilde{\alpha}}\hat{\sigma}_\eta^2$。

模型 M_1、模型 M_2、模型 M_3、模型 M_0^*、模型 M_1^* 和模型 M_2^* 中未知参数的求解过程与上述模型 M_0 未知参数的求解方式类似，在此不再赘述。

5.2.3 应用实例分析

1. 基于加速非线性 Wiener 过程的起爆电容器寿命评估

采用上述 7 个模型对 2.2.3 小节某水声干扰子弹起爆电容器恒定应力加速退化数据进行拟合，各模型拟合得到的退化参数见表 5-2。除此之外，为了比较模型 M_0 和模型 M_1 的拟合特性，同时计算了各模型的最大对数似然函数（Log-LF）值以及赤池信息量准则（AIC）值。

表 5-2 基于不同加速退化模型得到的起爆电容器加速退化参数

模型	β	α	κ	b	γ
M_0	-1.038×10^4	3.63×10^3	-9.16×10^3	1.551	1.461
M_1	-1.037×10^4	5.17×10^2	-7.20×10^3	1.561	1
M_2	-1.038×10^4	5.10×10^3	-9.51×10^3	1.549	1.549
M_3	-1.033×10^4	3.51×10^4	-1.03×10^4	1.552	1.552
M_0^*	-1.036×10^4	9.60×10^5	0	1.550	0.799
M_1^*	-1.037×10^4	2.93×10^5	0	1.544	1
M_2^*	-1.044×10^4	1.71×10^6	0	1.528	1.528
模型	μ_η	σ_η^2	Log-LF	AIC	
M_0	1.11×10^7	3.31×10^{12}	226.595	-439.191	
M_1	1.03×10^7	2.97×10^{12}	223.159	-434.317	
M_2	1.13×10^7	3.41×10^{12}	226.470	-440.939	
M_3	9.91×10^6	2.62×10^{12}	226.169	-442.338	
M_0^*	1.07×10^7	3.23×10^{12}	202.865	-393.729	
M_1^*	1.13×10^7	3.54×10^{12}	202.015	-394.030	
M_2^*	1.46×10^7	5.71×10^{12}	192.059	-374.119	

从表 5-2 可以看出，模型 M_0 的最大对数似然函数估计值最大，而模型 M_2、

模型 M_3 的最大对数似然函数估计值与模型 M_0 的最大对数似然函数估计值非常接近，但由于模型 M_0 中有7个参数，而模型 M_2 和模型 M_3 中分别有6个参数和5个参数，因此在赤池信息量准则下，模型 M_3 具有最好的拟合性能，这与2.2节中的分析一致，进一步说明了在加速退化试验中起爆电容器的失效机理没有发生变化。由于起爆电容器的退化过程与模型 M_3 更为一致，因此在用模型 M_1 对退化数据进行拟合时，假设 $\gamma=1$ 与实际情况不符；基于模型 M_2 的拟合效果相比于模型 M_3 要稍差一些。基于模型 M_0^*、模型 M_1^*、模型 M_2^* 对加速退化数据进行拟合时，即假设扩散系数与加速应力水平无关（$\kappa=0$），相对而言，模型 M_2^* 的拟合效果最差，模型 M_0^*、模型 M_1^* 的效果稍好，但显然均比考虑加速应力水平对扩散系数的影响的模型要差。为了进一步对比几种模型对加速退化数据的拟合效果，将通过各模型估计得到的不同加速应力水平下的各个测量时间点的退化量均值在图5-1中表示出来。

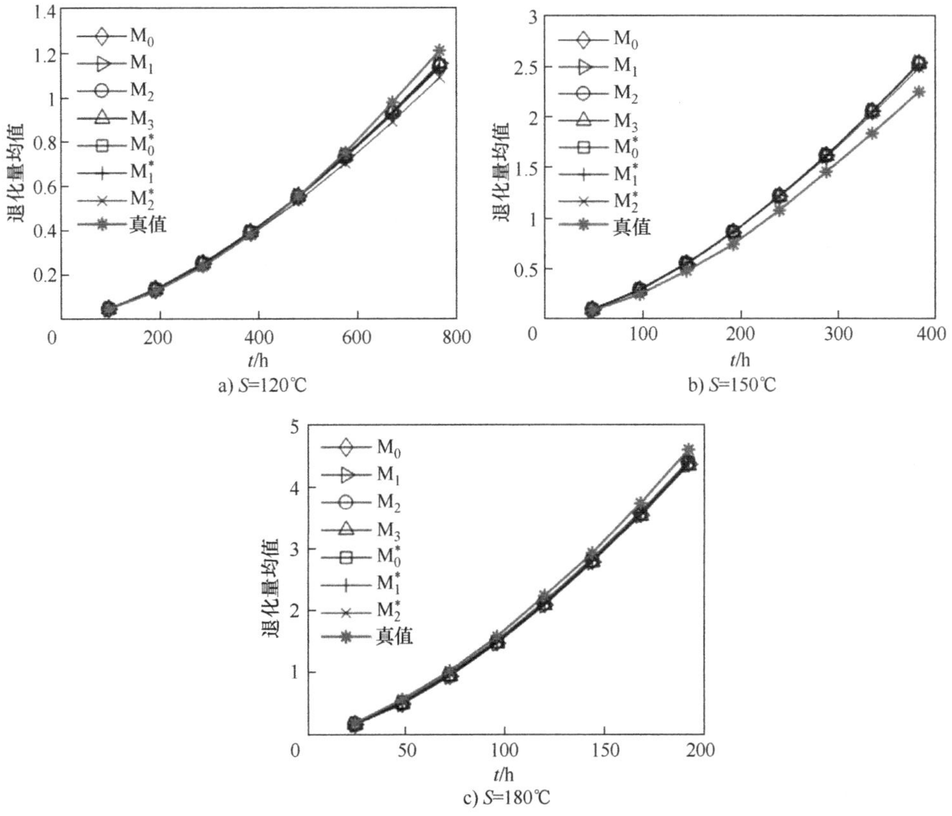

图5-1　基于不同加速退化模型得到的不同加速应力水平下退化量均值的估计值

由图5-1可以看出，通过不同加速退化模型估计得到的不同加速应力水平下的退化量均值并无明显差异，且与试验数据得到的退化量均值非常接近。根据表5-2中的各模型退化参数外推得到了常应力水平下起爆电容器的退化参数，见表5-3。

表5-3 基于不同加速退化模型得到的起爆电容器在常应力水平下的退化参数

模型	μ_λ	σ_λ^2	b	σ_B^2	γ
M_0	8.491×10^{-9}	1.933×10^{-18}	1.551	1.629×10^{-10}	1.461
M_1	8.093×10^{-9}	1.826×10^{-18}	1.561	1.679×10^{-8}	1
M_2	8.597×10^{-9}	1.969×10^{-18}	1.549	7.097×10^{-11}	1.549
M_3	8.819×10^{-9}	2.076×10^{-18}	1.552	3.127×10^{-11}	1.552
M_0^*	8.732×10^{-9}	2.165×10^{-18}	1.550	9.601×10^{-5}	0.799
M_1^*	8.932×10^{-9}	2.225×10^{-18}	1.544	2.932×10^{-5}	1
M_2^*	8.997×10^{-9}	2.156×10^{-18}	1.528	1.713×10^{-6}	1.528

由表5-3可以看出，基于各模型得到的常应力水平下的μ_λ、σ_λ^2、b值非常接近，而由于模型M_0^*、模型M_1^*、模型M_2^*假设各应力水平下的扩散系数是不变的，因此相对于模型M_0、模型M_1、模型M_2、模型M_3下的扩散系数，基于模型M_0^*、模型M_1^*、模型M_2^*的扩散系数显得非常大。根据表5-3中的数据可求得常应力水平下起爆电容器失效寿命分布的概率密度函数（PDF），如图5-2～图5-4所示。

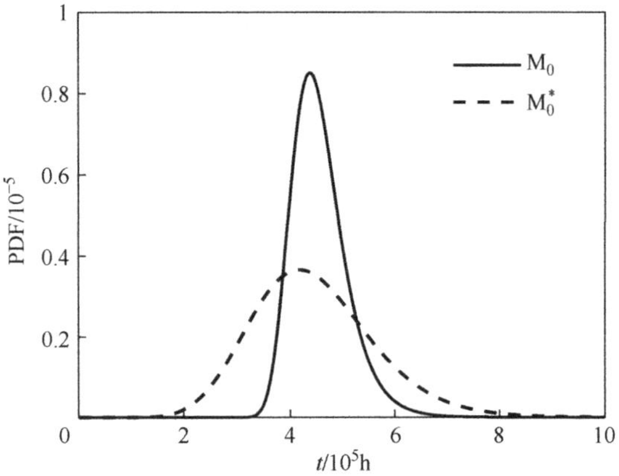

图5-2 基于模型M_0和模型M_0^*得到的起爆电容器失效寿命概率密度函数

从图5-2可以看出，基于模型M_0的失效寿命分布的概率密度函数比较陡峭和集中，而基于模型M_0^*的失效寿命分布的概率密度函数比较宽，但两个模型的概率密度函数的峰值所对应的时间点比较接近，都呈现近似对称的形态。

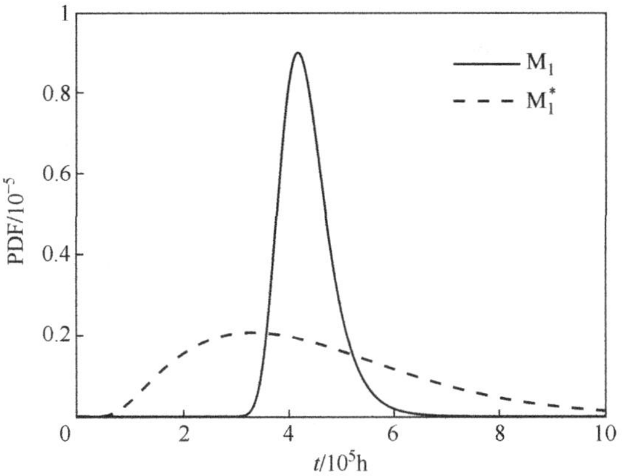

图5-3 基于模型 M_1 和模型 M_1^* 得到的起爆电容器失效寿命概率密度函数

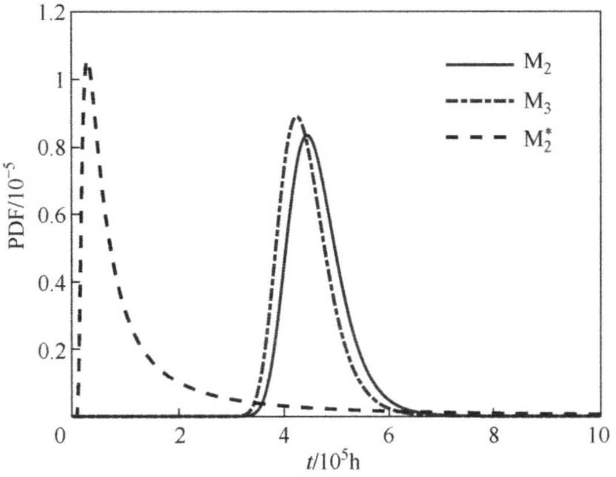

图5-4 基于模型 M_2、模型 M_3 和模型 M_2^* 得到的起爆电容器失效寿命概率密度函数

从图5-3可以看出，基于模型 M_1^* 得到的失效寿命分布的概率密度函数呈现出偏左的特征，且其范围较宽，意味着预测结果的不准确性较高。结合图5-2可以看出，基于模型 M_0 与基于模型 M_1 得到的失效寿命分布的概率密度函数非常接近。

从图5-4可以看出，模型 M_2 和模型 M_3 预测得到的起爆电容器失效寿命分布的概率密度函数非常接近，而基于模型 M_2^* 得到的结果呈现极为明显的偏左的趋势，与模型 M_2 和模型 M_3 的预测结果相差甚远。通过对比发现，在考虑加速应力水平对扩散系数的影响时，模型之间的差异不是很明显，即模型 M_0、模型 M_1、模型 M_2，模型 M_3 的预测结果非常接近，但当不考虑加速应力水平对扩散系数的影响时，不同模型预测的结果差异非常大，模型 M_0^*、模型 M_1^*、模型 M_2^* 呈现各异的分布特征。

2. 基于加速非线性 Wiener 过程的加速度计寿命评估

加速度计可用于对速度倾角的测量，为了对某型宝石轴承支撑摆式加速度计的贮存寿命和可靠性进行快速评估，采用温度应力对其退化过程进行加速[201]，共有 3 级加速温度应力（即 3 个温度应力水平），分别为 65℃、75℃、85℃，其正常贮存条件下的温度应力为 20℃。为衡量其性能表现，通常选取对输出误差影响较大的一次项标度因数进行测量，计算其在试验过程中的相对漂移量，失效阈值为 0.006，某加速度计的加速退化曲线如图 5-5 所示。

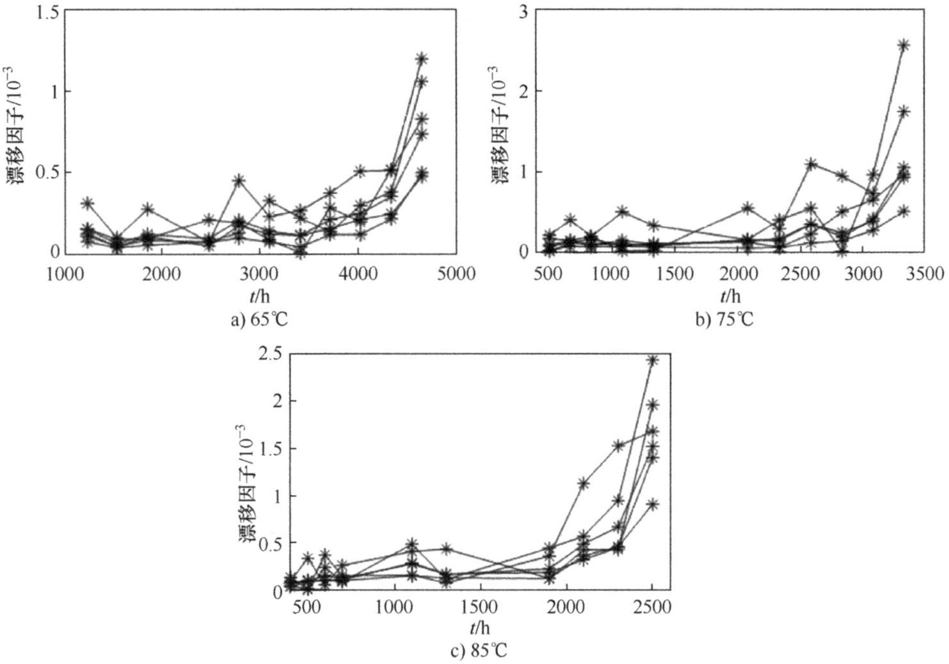

图 5-5　某加速度计的加速退化曲线

从图 5-5 可以看出，该加速度计在退化的早期退化非常缓慢，随后退化量急剧增加，且退化过程呈现非单调、非线性的特征，因此基于非线性 Wiener 过程对退化过程进行描述是比较合适的。类似地，分别将 5.2 节中 7 个加速退化模型用来对该加速度计的加速退化数据进行拟合，可以得到各模型中的未知参数的估计值，见表 5-4。

表 5-4　基于不同加速退化模型得到的加速度计加速退化参数

模型	β	α	κ	b	γ
M_0	-6.449×10^4	1.028×10^6	-1.503×10^4	16.026	1.798
M_1	-6.679×10^4	7.272×10^3	-1.106×10^4	16.626	1
M_2	-1.369×10^4	1.510×10^8	-1.846×10^4	2.469	2.469
M_3	-1.710×10^4	3.204×10^6	-1.710×10^4	2.464	2.464
M_0^*	-5.161×10^4	1.852×10^{-12}	0	12.940	1.565
M_1^*	-5.301×10^4	1.952×10^{-10}	0	13.273	1
M_2^*	-1.143×10^4	4.981×10^{-14}	0	2.071	2.071
模型	μ_η	σ_η^2	Log - LF	AIC	
M_0	7.870×10^{20}	1.442×10^{41}	1383.064	-2752.129	
M_1	4.414×10^{21}	5.738×10^{42}	1371.099	-2730.198	
M_2	2.836×10^5	1.280×10^{-5}	1356.421	-2700.841	
M_3	4.791×10^9	4.770×10^4	1355.152	-2700.304	
M_0^*	5.730×10^{15}	1.731×10^2	1341.303	-2670.607	
M_1^*	2.077×10^{16}	4.666×10^3	1332.955	-2655.911	
M_2^*	1.095×10^4	2.968×10^{-9}	1305.896	-2601.793	

由于各个模型中未知参数的个数不同，为了避免出现模型过参数化的问题，分别计算各模型对应的最大对数似然函数（Log - LF）值和赤池信息量准则（AIC）值。通过对比发现，模型 M_0的最大对数似然函数估计值最大，赤池信息量准则值最小；模型 M_2^* 的最大对数似然函数估计值最大，赤池信息量准则值最大；模型 M_2与模型 M_3的最大对数似然函数估计值非常接近，但由于模型 M_3相对于模型 M_2少了一个参数，且模型 M_3假设参数β和参数κ是相等的，因此模型 M_2与模型 M_3估计得到的参数值具有较大的差异性。综上可得，模型 M_0对加速度计加速退化数据的拟合效果最好。加速退化试验的最终目的是为了估计产品在常应力水平下的寿命，通过估计得到的在正常贮存温度应力水平下加速度计的退化参数见表 5-5。

表 5-5　正常贮存温度应力水平下加速度计的退化参数

模型	μ_λ	σ_λ^2	b	σ_B^2	γ
M_0	2.270×10^{-75}	1.200×10^{-150}	16.026	5.493×10^{-17}	1.798
M_1	5.009×10^{-78}	7.390×10^{-156}	16.626	3.000×10^{-13}	1
M_2	1.473×10^{-15}	3.454×10^{-46}	2.469	6.881×10^{-20}	2.469
M_3	2.241×10^{-16}	1.044×10^{-46}	2.464	1.498×10^{-19}	2.464

（续）

模型	μ_λ	σ_λ^2	b	σ_B^2	γ
M_0^*	1.968×10^{-61}	2.043×10^{-151}	12.940	1.852×10^{-12}	1.565
M_1^*	6.141×10^{-63}	4.081×10^{-154}	13.273	1.952×10^{-10}	1
M_2^*	1.297×10^{-13}	4.167×10^{-43}	2.071	4.981×10^{-14}	2.071

根据表5-5中的退化参数，计算在首达时间下，各模型预测得到的失效寿命概率密度函数（PDF），如图5-6～图5-8所示。

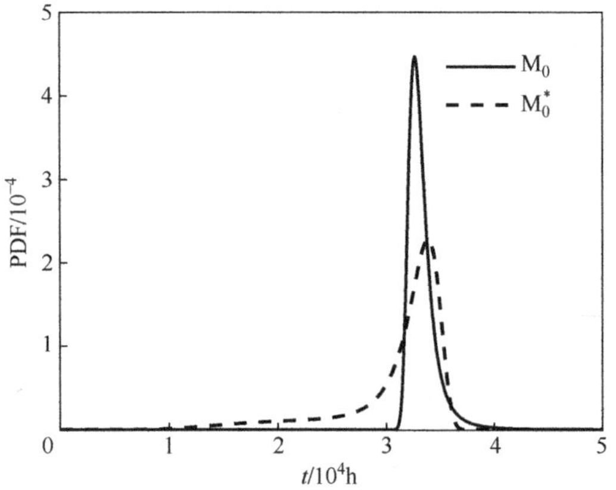

图5-6　基于模型 M_0 和模型 M_0^* 得到的加速度计失效寿命概率密度函数

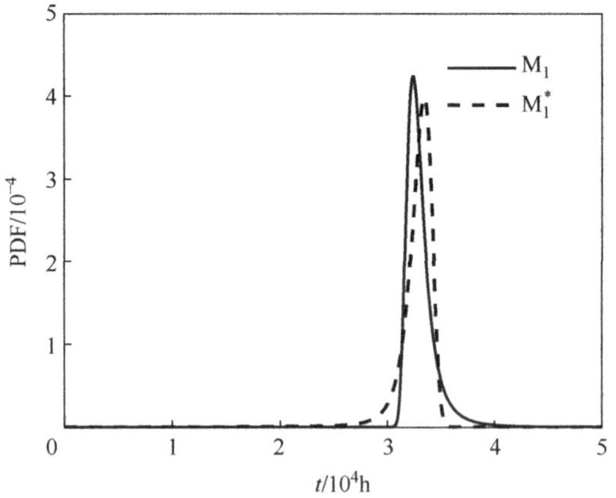

图5-7　基于模型 M_1 和模型 M_1^* 得到的加速度计失效寿命概率密度函数

从图5-6可以看出，基于模型 M_0 得到的失效寿命分布的概率密度函数呈现偏右的特征，基于模型 M_0^* 得到的失效寿命分布的概率密度函数呈现偏左的特征，且相对而言，基于模型 M_0 得到的概率密度函数更加集中，预测精度更高。

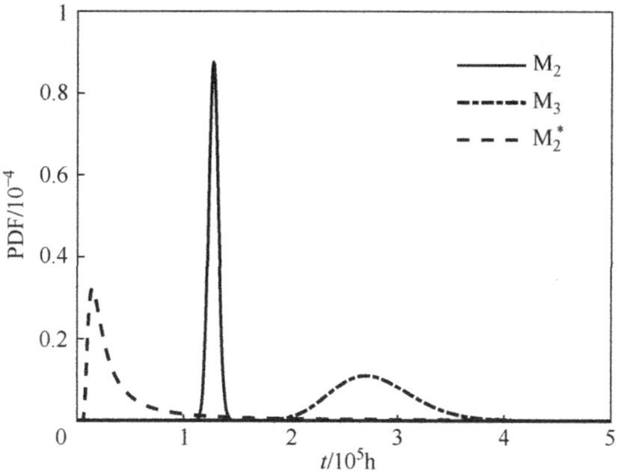

图 5-8　基于模型 M_2、模型 M_3 和模型 M_2^* 得到的加速度计失效寿命概率密度函数

从图 5-7 可以看出，与模型 M_0 类似，基于模型 M_1 得到的产品寿命分布的概率密度函数呈现偏右的特征，基于模型 M_1^* 与基于模型 M_0^* 同样呈现偏左的特征，且模型 M_0、模型 M_1、模型 M_1^* 的概率密度函数非常接近，这是由于对于加速度计而言其漂移过程在其退化过程中占主导地位，而相对于漂移过程，扩散过程就显得不是很明显，因此加速度计不考虑加速应力水平对扩散系数的影响产生的估计误差没有起爆电容器的例子那么明显。

相对于模型 M_0、模型 M_0^*、模型 M_1、模型 M_1^*，基于模型 M_2、模型 M_3 以及模型 M_2^* 预测得到的结果呈现巨大的差异性，而且模型 M_2、模型 M_3 以及模型 M_2^* 之间的差异性非常大。可见当产品的退化过程更符合基于一般非线性 Wiener 过程时却被误指定为基于时间尺度转换的非线性 Wiener 过程时会产生极大的估计误差。

5.3　产品加速退化模型误指定分析

5.3.1　退化模型误指定定量分析

与基于仿真数据的退化模型不同，在实际工程中，产品真实的退化模型并不可知，得到的只是其退化数据，往往根据退化数据的特征和形态选择相应的退化模型，但是选择的退化模型是否真正适合该产品是需要讨论与验证的。尤其是存在两个备选模型时，当真实的退化模型是其中一个模型，却用另一个模型对产品退化数据进行拟合时，就会造成模型误指定。

根据前面的分析，可以基于非线性 Wiener 过程的退化模型对产品退化过程进行描述，在产品加速退化试验中，现有的很多模型都假设扩散系数与加速应力水平无关。而根据失效机理不变原则，对于基于时间尺度转换函数的非线性 Wiener 过程模型，任意应力水平下的漂移系数和扩散系数之比都为常数，也就是说漂移系数和扩散系数都与加速应力水平有关。然而，根据失效机理不变原则很难推导出基于非线性漂移的 Wiener 过程与一般非线性 Wiener 过程的漂移系数和扩散系数之间的定量关系。但是，根据产品零部件加速退化试验数据分析，扩散系数与加速应力水平也是相关的。

假设扩散系数与加速应力水平无关的模型是假设扩散系数与加速应力水平有关的模型的特殊形式。因此，需要分析当真实的退化模型中的扩散系数与加速应力水平有关，却被误指定为扩散系数与加速应力水平无关时，对模型可靠性统计量预测结果的影响。且因为基于时间尺度转换函数的非线性 Wiener 过程和基于非线性漂移的 Wiener 过程都是一般非线性 Wiener 过程的特殊形式。因此，在分析是否考虑扩散系数与加速应力水平的相关性的模型误指定问题中，主要根据基于一般非线性 Wiener 过程进行分析。因此，接下来分析当产品的真实退化模型为 5.2 节中的模型 M_0，却被误指定为模型 M_0^* 时，对产品失效寿命及可靠性预测结果造成的影响。

与 5.2.2 小节类似，首先通过对数似然函数最大化得到未知参数的估计值。库尔贝克 - 莱布勒（Kullback - Leibler）距离通常被用于衡量正确模型与拟合模型之间的差异性，Kullback - Leibler 距离的表达式为[203]

$$I(\boldsymbol{\Theta}_0,\boldsymbol{\Theta}_0^*) = E_{M_0}[\ln L(\boldsymbol{\Theta}_0) - \ln L(\boldsymbol{\Theta}_0^*)] \tag{5-28}$$

对于固定的 $\boldsymbol{\Theta}_0$，令 $\widetilde{\boldsymbol{\Theta}}_0^*$ 为相对于模型 M_0，最小化为 $I(\boldsymbol{\Theta}_0,\boldsymbol{\Theta}_0^*)$ 得到的 $\boldsymbol{\Theta}_0^*$ 的估计值。

$$\widetilde{\boldsymbol{\Theta}}_0^* = \arg\min_{\boldsymbol{\Theta}_0}[I(\boldsymbol{\Theta}_0,\boldsymbol{\Theta}_0^*)] \tag{5-29}$$

由于 $E_{M_0}[\ln L(\boldsymbol{\Theta}_0)]$ 的值是常数，因此 $\widetilde{\boldsymbol{\Theta}}_0^*$ 的值可以通过式（5-30）得到。

$$\widetilde{\boldsymbol{\Theta}}_0^* = \arg\min_{\boldsymbol{\Theta}_0}\{E_{M_0}[-\ln L(\boldsymbol{\Theta}_0^*)]\} \tag{5-30}$$

为了最小化 $E_{M_0}[-\ln L(\boldsymbol{\Theta}_0^*)]$，可以将 $E_{M_0}[-\ln L(\boldsymbol{\Theta}_0^*)]$ 对 $\boldsymbol{\Theta}_0^*$ 中的各个参数分别求一阶偏导数，然后使一阶偏导数等于 0，求解对应方程，得到每个参数的估计值。然而，由于退化过程的非线性以及样本的多样性，很难得到每个参数的解析表达式，因此采用仿真的方法得到模型误指定造成的可靠性指标的差异。

根据 δ 方法理论可得

$$h(\hat{\boldsymbol{\Theta}}_0^*) \sim N[h(\widetilde{\boldsymbol{\Theta}}_0^*),\Psi(\boldsymbol{\Theta}_0,\widetilde{\boldsymbol{\Theta}}_0^*)] \tag{5-31}$$

式中，$\hat{\boldsymbol{\Theta}}_0^*$ 为最大化 $\ln L(\boldsymbol{\Theta}_0^* \mid \boldsymbol{X})$ 得到的参数集 $\boldsymbol{\Theta}_0^*$ 的估计值；$h(\widetilde{\boldsymbol{\Theta}}_0^*)$ 为可靠性指标函数，是与 $\boldsymbol{\Theta}_0^*$ 有关的函数。$h(\hat{\boldsymbol{\Theta}}_0^*)$ 的方差的表达式为

$$\Psi(\boldsymbol{\Theta}_0,\widetilde{\boldsymbol{\Theta}}_0^*)=\left[\frac{\partial h(\boldsymbol{\Theta}_0^*)}{\partial\boldsymbol{\Theta}_0^*}\right]^{\mathrm{T}}C(\boldsymbol{\Theta}_0:\boldsymbol{\Theta}_0^*=\widetilde{\boldsymbol{\Theta}}_0^*)\left[\frac{\partial h(\boldsymbol{\Theta}_0^*)}{\partial\boldsymbol{\Theta}_0^*}\right]_{\mid\boldsymbol{\Theta}_0^*=\widetilde{\boldsymbol{\Theta}}_0^*} \tag{5-32}$$

式中，$C(\boldsymbol{\Theta}_0:\boldsymbol{\Theta}_0^*)=A(\boldsymbol{\Theta}_0:\boldsymbol{\Theta}_0^*)^{-1}B(\boldsymbol{\Theta}_0:\boldsymbol{\Theta}_0^*)A(\boldsymbol{\Theta}_0:\boldsymbol{\Theta}_0^*)^{-1}$。$A(\boldsymbol{\Theta}_0:\boldsymbol{\Theta}_0^*)=E_{\mathrm{M}_0}\left[\frac{\partial^2\ln L(\boldsymbol{\Theta}_0^*\mid\boldsymbol{X})}{\partial\theta_r^*\partial\theta_s^*}\right]$，$B(\boldsymbol{\Theta}_0:\boldsymbol{\Theta}_0^*)=E_{\mathrm{M}_0}\left[\frac{\partial\ln L(\boldsymbol{\Theta}_0^*\mid\boldsymbol{X})}{\partial\theta_r^*}\frac{\partial\ln L(\boldsymbol{\Theta}_0^*\mid\boldsymbol{X})}{\partial\theta_s^*}\right]$，$\theta_r^*$ 为 $\boldsymbol{\Theta}_0^*$ 中第 r 个参数。

对于可靠性指标，平均失效时间（MTTF）是最常用的可靠性指标，其定义为 $\mathrm{MTTF}=\int_0^\infty tf(t)\mathrm{d}t$，很多文献均采用平均失效时间作为可靠性指标。另外，Peng 指出了产品寿命分布的分位寿命 t_p，t_p是首达时间累积概率分布函数的 $100p$ 值，也就是说，在时间 t_p之前，有 $100(1-p)\%$ 的样本没有发生失效。t_p的值可以通过解方程 $F_T(t)=p$ 得到，其中 $F_T(t)=\int_0^t f(u)\mathrm{d}u$，$f(t)$为样本首达时间的概率密度函数，$F_T(t)$为样本的失效分布函数[206]。然而，不管是对于退化模型 M_0 还是退化模型 M_0^*，都不太容易得到分位寿命估计值的解析形式，因此可以通过数值方法得到其近似值。

当产品真实的退化模型是模型 M_0，却用模型 M_0^* 对产品的退化数据进行拟合时，模型误指定对产品可靠性指标函数的影响可以通过最大对数似然函数估计值的渐进分布得到。然而，通过上面的分析可知，得到可靠性指标方差 $\Psi(\boldsymbol{\Theta}_0,\widetilde{\boldsymbol{\Theta}}_0^*)$的解析表达式比较困难，且上面的分析是基于最大似然估计的大样本理论，而在工程实践中，样本量以及每个样本的测量次数是有限的。因此，结合上述几个原因，通过仿真方法得到可靠性指标的过程如下。

步骤1：根据加速退化数据 $\boldsymbol{X}$，通过对对数似然函数 $\ln L(\boldsymbol{\Theta}_0\mid\boldsymbol{X})$求最大值，可以得到模型 M_0中未知参数 $\boldsymbol{\Theta}_0$的最大似然估计值 $\hat{\boldsymbol{\Theta}}_0$。

步骤2：确定加速应力水平的个数 K，加速应力水平 S_k下的样本量 N_k，以及每个样本的测量次数 M_{ki}。其中，$k=1，2，\cdots，K$；$i=1，2，\cdots，N_k$。

步骤3：以参数 $\hat{\boldsymbol{\Theta}}_0$ 为仿真退化参数真值，基于模型 M_0仿真得到加速退化数据 $\boldsymbol{X}^{(e)}$，e 的初值为 1。

步骤4：分别用模型 M_0与模型 M_0^* 拟合仿真退化数据，通过最大似然估计法得到未知参数 $\hat{\boldsymbol{\Theta}}_0^{(e)}$、$\hat{\boldsymbol{\Theta}}_0^{*(e)}$ 的估计值。

步骤5：将参数 $\hat{\boldsymbol{\Theta}}_0^{(e)}$、$\hat{\boldsymbol{\Theta}}_0^{*(e)}$ 的估计值分别代入式（5-11），然后得到基于模型 M_0的产品的平均失效时间 $v_{e\mid\mathrm{M}_0}$、失效分位寿命 $\xi_{e\mid\mathrm{M}_0}$，以及基于模型 M_0^* 的产品的平均失效时间 $v_{e\mid\mathrm{M}_0^*}$、失效分位寿命 $\xi_{e\mid\mathrm{M}_0^*}$。

步骤6：令 $e = e+1$，重复步骤3～步骤5 E 次。

基于仿真结果，相对于模型 M_0，采用模型 M_0^* 对退化数据进行拟合可以得到平均失效时间的相对偏差（relative bias，RB）以及相对方差（relative variability，RV），见式（5-33）和式（5-34）。

$$\mathrm{RB}_{M_0^* \mid M_0} = \frac{\bar{\nu}_{M_0^*} - \bar{\nu}_{M_0}}{\bar{\nu}_{M_0}} \tag{5-33}$$

$$\mathrm{RV}_{M_0^* \mid M_0} = \frac{\sum_{e=1}^{E} (\nu_{e \mid M_0^*} - \bar{\nu}_{M_0})^2}{\sum_{e=1}^{E} (\nu_{e \mid M_0} - \bar{\nu}_{M_0})^2} \tag{5-34}$$

式中，$\bar{\nu}_{M_0} = \sum_{e=1}^{E} \nu_{e \mid M_0}/E$，$\bar{\nu}_{M_0^*} = \sum_{e=1}^{E} \nu_{e \mid M_0^*}/E$。当可靠性指标为 p 分位寿命时，对于特定的 p 值，由于模型误指定造成的分位寿命的相对偏差以及相对方差为

$$\mathrm{RB}(p)_{M_0^* \mid M_0} = \frac{\bar{\xi}_{M_0^*}(p) - \bar{\xi}_{M_0}(p)}{\bar{\xi}_{M_0}(p)} \tag{5-35}$$

$$\mathrm{RV}(p)_{M_0^* \mid M_0} = \frac{\sum_{e=1}^{E} [\xi_{e \mid M_0^*}(p) - \bar{\xi}_{M_0}(p)]^2}{\sum_{e=1}^{E} [\xi_{e \mid M_0}(p) - \bar{\xi}_{M_0}(p)]^2} \tag{5-36}$$

式中，$\xi_{e \mid M_0}(p)$、$\xi_{e \mid M_0^*}(p)$ 为模型 M_0 与模型 M_0^* 对应的 p 分位寿命，分位寿命的均值 $\bar{\xi}_{M_0}(p) = \sum_{e=1}^{E} \xi_{e \mid M_0}(p)/E$，$\bar{\xi}_{M_0^*}(p) = \sum_{e=1}^{E} \xi_{e \mid M_0^*}(p)/E$。

5.3.2 基于数值仿真的参数敏感性分析

从以上的分析可以看出，可靠性指标与退化参数 $\boldsymbol{\Theta}_0$ 以及正常应力水平 S_0 具有很大的相关性，因此有必要分析每个因素对于模型误指定造成的影响。因为真实退化数据在物理意义上具有一定的局限性，所以首先采用基于仿真的加速退化数据对各参数对模型误指定造成的结果的敏感性进行分析，随后再通过两个实例计算验证仿真得到的敏感性分析结果的正确性。

假设某产品零部件在加速退化试验中的加速应力为温度应力，且共有 4 级加速应力水平，分别为 60℃、80℃、100℃、120℃，正常温度应力水平为 25℃。令加速方程中的参数仿真真值 $\beta = -3700$，$\alpha = 5$，$\kappa = -4500$；参数 η 服从均值 $\mu_\eta = 15$、标准差 $\sigma_\eta = 5$ 的正态分布。假设时间尺度转换函数均为幂率函数，即 $\Lambda(t;b) = t^b$，$\tau(t;\gamma) = t^\gamma$，仿真参数为 $b = 1.2$，$\gamma = 0.8$。每级加速应力水平下有

10个样本，每个样本的测量次数为15。

在已知仿真参数的情况下，首先基于模型 M_0 仿真得到加速退化数据，然后分别用模型 M_0 与模型 M_0^* 对加速退化数据进行拟合。令 $E=1000$，$p=\{0.1, 0.25, 0.75, 0.9\}$，得到1000次仿真退化数据的平均失效时间与 p 分位寿命。将其结果代入式（5-33）~式(5-36)，得到模型 M_0^* 相对于模型 M_0 模型误指定造成的相对偏差与相对方差，见表5-6。当相对偏差为负值时，意味着通过模型 M_0 得到的某可靠性指标大于通过模型 M_0^* 得到的可靠性指标。根据表5-6，分位寿命 $t_{0.1}$ 与 $t_{0.25}$ 的相对偏差的绝对值都小于1%，相对于分位寿命 $t_{0.1}$ 与 $t_{0.25}$，分位寿命 $t_{0.75}$ 与 $t_{0.9}$ 的相对偏差的绝对值要稍大一些，但是所有可靠性指标的相对偏差都小于3%，在可以接受的范围之内。在相对方差尺度下，所有可靠性指标的相对方差均接近于1，尤其是分位寿命 $t_{0.1}$、$t_{0.25}$ 和平均失效时间 MTTF，证明了在当前仿真参数下，模型误指定造成的后果并不是很严重。

表5-6 基于初始仿真参数的模型误指定引起的相对偏差（RB）和相对方差（RV）

值	MTTF	$t_{0.1}$	$t_{0.25}$	$t_{0.75}$	$t_{0.9}$
RB	0.0134	-0.0041	0.0085	0.0258	0.0248
RV	1.0680	0.9924	1.0481	1.1364	1.1022

影响可靠性指标的因素有8个，分别为 S_0、μ_η、σ_η、β、α、κ、b、γ。因此，接下来分析每个因素对模型误指定造成的可靠性指标的相对偏差和相对方差的影响。

图5-9所示为常应力水平对模型误指定造成的可靠性指标的相对偏差和相对方差的影响，常应力水平的变化区间为5~50℃，应力的间隔为5℃。从图5-9可以看出，随着常应力水平的逐渐增加，模型误指定造成的平均失效时间（MTTF）的相对偏差逐渐趋近于0，而相对方差逐渐趋近于1，这是由于随着常应力水平的逐渐增加，常应力水平与最小加速温度应力水平之间的间距逐渐减小。一般来说，在加速退化试验中要求最小加速应力水平与常应力水平之间的间距不应过大，否则就会由于长距离外推造成估计偏差过大。当常应力处于较低水平时，分位寿命 $t_{0.75}$ 与 $t_{0.9}$ 的相对偏差大于常应力处于较高水平时的相对偏差。当常应力处于较低水平时，分位寿命 $t_{0.25}$ 的相对偏差非常接近0，但随着常应力水平的不断增加，其相对偏差也不断增大，虽然分位寿命 $t_{0.25}$ 的相对偏差有一定程度的变化，但在整个变化区间上其大小始终非常接近于0，也就是说模型误指定造成的分位寿命 $t_{0.25}$ 的相对偏差较小。当 $S_0<35$℃时，分位寿命 $t_{0.1}$ 的相对偏差为负值，分位寿命 $t_{0.9}$ 的相对偏差为正值，表明当模型 M_0 被误指定为模型 M_0^* 时，基于模型 M_0^* 得到的首达时间的概率密度函数比基于模型 M_0 得到的首达时

间的概率密度函数宽。相对方差的变化模式与相对偏差的变化模式相似。总而言之，常应力水平越小，模型误指定造成的后果越严重。因此，在设计加速退化试验时，最低加速应力水平不应该距常应力水平太远。

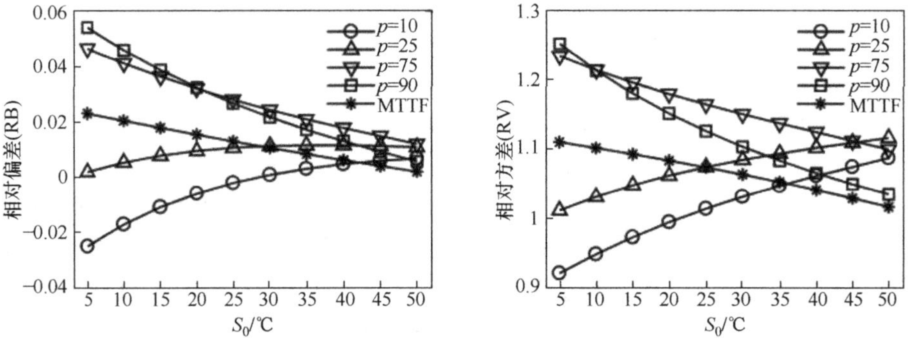

图 5-9 相对偏差（RB）与相对方差（RV）随常应力水平 S_0 的变化曲线

时间尺度转换参数 b 与 γ 会对首达时间的预测结果产生影响，因此令参数 b_0 的变化区间为 0.7～1.7，变化间隔为 0.1，其他参数保持不变，得到的模型误指定造成的相对偏差与相对方差的变化曲线如图 5-10 所示。可以看出，随着参数 b_0 的增大，模型误指定造成的可靠性指标的相对偏差逐渐趋近于 0，相对方差逐渐趋近于 1，且 b 越小，变化率越大。当 $b=0.7$ 时，可靠性指标 $t_{0.1}$ 的相对偏差为小于 −0.6 的负数，可靠性指标为 $t_{0.9}$ 的相对偏差为小于 0.4 的负数，此观测结果表明由模型 M_0 得到的首达时间的概率密度函数比由模型 M_0^* 得到的首达时间的概率密度函数宽。

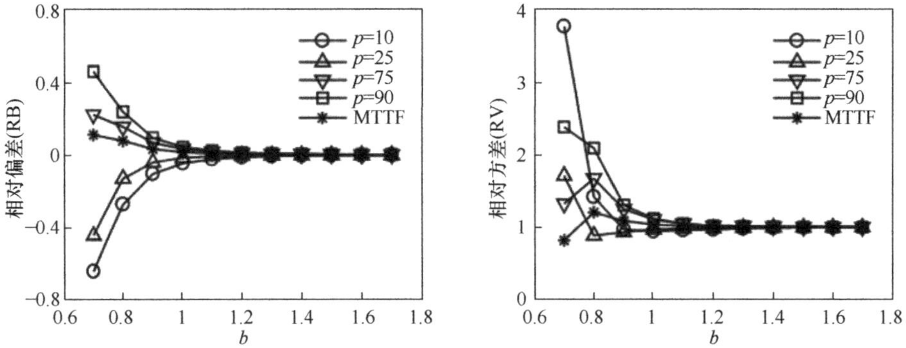

图 5-10 相对偏差（RB）与相对方差（RV）随参数 b 的变化曲线

相应地，当 $b=0.7$ 时，可靠性指标 $t_{0.1}$ 的相对方差为 4，说明由于模型误指定造成的可靠性指标 $t_{0.1}$ 的相对方差非常大，可靠性指标 $t_{0.25}$、$t_{0.75}$、$t_{0.9}$ 的相对方差相对较大。但是，相对于分位寿命，当可靠性指标为平均失效时间（MTTF）时，相对偏差和相对方差都较小。假设可靠性指标为其平均失效时间（MTTF）时，在某种程度上由于模型误指定造成的后果是可以忽略的。然而，在大多数情况下，分位寿命 t_p 对于维修策略的制定以及退化试验设计是非常重要的。当 b 逐渐增大时，退化过程的漂移量比较显著，扩散量则相对不明显，模型 M_0^* 与模型 M_0 的差异主要在于模型 M_0^* 没有考虑加速应力水平对扩散系数的影响。因此，在 b 较大的情况下，扩散系数的影响比较不明显，当模型 M_0 被误指定为模型 M_0^* 时，造成的后果可以忽略。

分析参数 γ 对模型误指定造成的影响时，其变化期间为0.5～1.5，变化间隔为0.1，模型误指定造成的可靠性指标的相对偏差与相对方差随参数 γ 的变化曲线如图5-11所示。可以看出，参数 γ 对相对偏差和相对方差的影响与参数 b 的影响相反，随着参数 γ 逐渐增大，相对偏差与相对方差的绝对值逐渐增大。这种现象是由于较大的 γ 会使退化量的扩散作用较为显著。

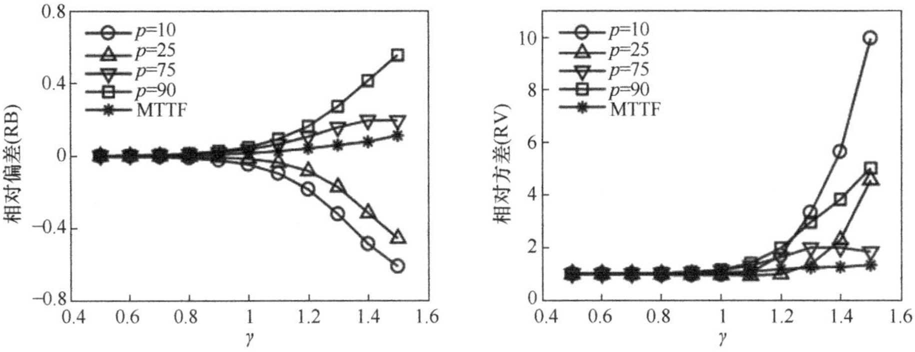

图5-11　相对偏差（RB）与相对方差（RV）随参数 γ 的变化曲线

为了评估 μ_η 对模型误指定的影响，令 μ_η 的变化区间为6～24，变化间隔为2，μ_η 的变化对模型误指定造成的可靠性指标的相对偏差和相对方差的影响如图5-12所示。可以看出，相对偏差和相对方差皆随着 μ_η 的增大而不断减小。当 $\mu_\eta<15$ 时，模型误指定造成的分位寿命 t_p 和平均失效时间（MTTF）的相对偏差都是正值，意味着模型 M_0^* 得到的首达失效时间的概率密度函数在模型 M_0 得到的首达失效时间的概率密度函数的右侧，这个结果表明模型 M_0 与模型 M_0^* 的可靠度曲线没有交叉，且模型 M_0 的预测结果比模型 M_0^* 的预测结果更加保守。当 $\mu_\eta>15$ 时，分位寿命 $t_{0.1}$ 和 $t_{0.25}$ 的相对偏差转为负数，分位寿命 $t_{0.75}$ 和 $t_{0.9}$ 的相对偏差依然保持为正值，平均失效时间（MTTF）的相对偏差逐渐趋近于0。概括来讲，随着 μ_η 的增大，模型 M_0 和 M_0^* 的差异性并不是很明显。

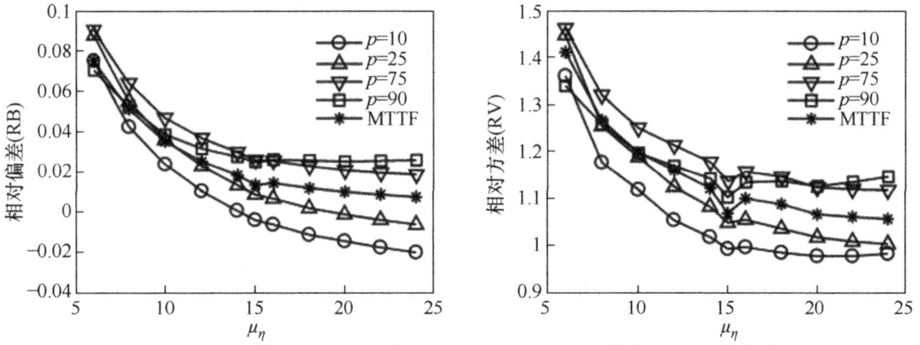

图 5-12　相对偏差（RB）与相对方差（RV）随参数 μ_η 的变化曲线

为了分析 σ_η 对模型误指定的影响，令 σ_η 的变化范围为 1 ~ 11，变化间隔为 1，模型误指定造成的可靠性指标 t_p 与平均失效时间（MTTF）的相对偏差和相对方差的变化曲线如图 5-13 所示。由图 5-13 可知，σ_η 的变化对平均失效时间（MTTF）的相对偏差的影响不大，之所以会出现这种现象，是因为 σ_η 越大，可靠性指标的相对偏差和相对方差的绝对值越小。因此，在图 5-14 中画出不同 σ_η 下的平均失效时间（MTTF）与可靠性指标 t_p 的均值，从上到下依次为 $t_{0.9}$、$t_{0.75}$、MTTF、$t_{0.25}$、$t_{0.1}$。从图 5-14 中可以看出，当 $\sigma_\eta=1$ 时，由两个模型得到的可靠性指标 $t_{0.1}$ 和 $t_{0.9}$ 的间距较大，相对而言，可靠性指标 $t_{0.25}$ 和 $t_{0.75}$ 的间距稍小。但是，当可靠性指标 t_p 与平均失效时间的间距不大时，意味着通过此模型得到的失效寿命分布的概率密度函数较窄，此结论与理论分析的结果一致。当 σ_η 逐渐增大时，通过模型 M_0 和模型 M_0^* 得到估计结果越来越接近，尤其是可靠性指标 $t_{0.9}$ 随着 σ_η 的增大有显著的增长。基于未知参数的估计过程，退化量的方差 $\boldsymbol{\Sigma}$ 由两部分构成，其中一部分为 $\boldsymbol{\Omega}$，另一部分为漂移系数的随机性。随着 σ_η 的增大，$\boldsymbol{\Omega}$ 保持不变，但漂移系数的方差呈平方级增长，而模型 M_0 和模型 M_0^* 的差异主要是由 $\boldsymbol{\Omega}$ 造成的。因此，随着 σ_η 增大，$\boldsymbol{\Omega}$ 对退化量的方差 $\boldsymbol{\Sigma}$ 的相对影响逐渐减小，由模型误指定造成的可靠性指标的相对偏差和相对方差也逐渐减小。

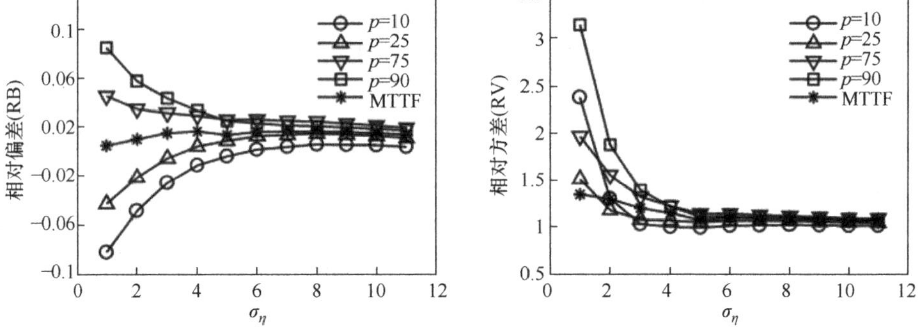

图 5-13　相对偏差（RB）与相对方差（RV）随参数 σ_η 的变化曲线

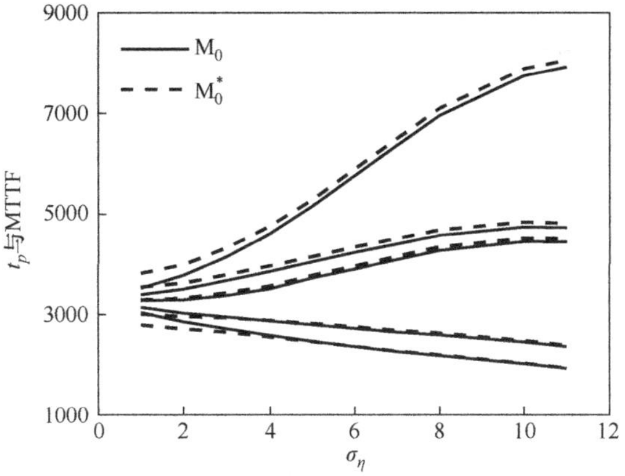

图 5-14　不同 σ_η 下的可靠性指标 t_p 与平均失效时间（MTTF）

参数 β 主要对漂移系数 λ 产生影响，β 越大，漂移系数 λ 越大。当加速应力为温度应力时，β 为负数，随着温度应力水平的增加，退化过程加速。因此，令 β 的变化范围为 -4300 ~ -3300，变化间隔为 100，β 的变化对模型误指定造成的可靠性指标的相对偏差与相对方差的变化情况如图 5-15 所示。当 β 逐渐增大时，相对于扩散的影响，漂移退化过程占主导作用，模型 M_0 与模型 M_0^* 之间的差异性越来越不明显，因此模型误指定造成的可靠性指标的相对偏差与相对方差逐渐变小。

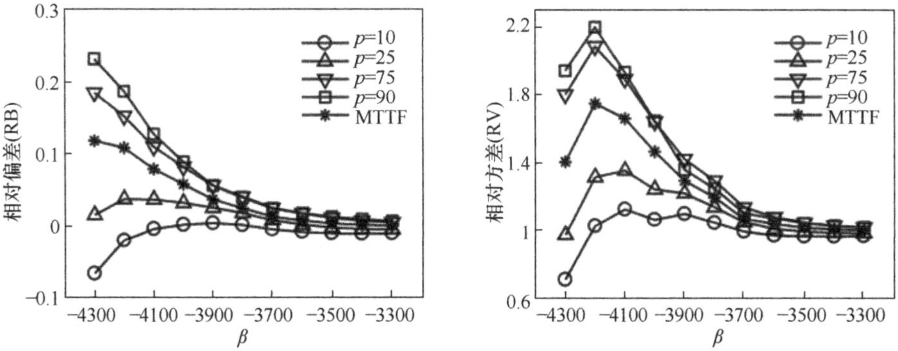

图 5-15　相对偏差（RB）与相对方差（RV）随参数 β 的变化曲线

参数 α 和 κ 对扩散系数 σ_B 产生直接影响，扩散系数 σ_B 随着参数 α 和 κ 的增大而增大。令 α = [5/4, 5/3, 5/2, 5, 10, 15, 20, 25, 30, 35, 40]，参数 κ 的变化区间为 -4800 ~ -3800，变化间隔为 100，通过仿真得到参数 α 和 κ 的变化对模型误指定造成的可靠性指标的相对偏差与相对方差的变化情况分别如图 5-16和图 5-17 所示。从图 5-16 可见，相对偏差和相对方差随着 α 的增加呈线性增长，这是由于扩散系数随着 α 的增加呈线性增长。通过对图 5-17 观察可得，相对偏差和相对方差随着 κ 的增加而逐渐增大，但当参数 κ 较小时，相对偏差的绝对值增长较慢，当参数 κ 较大时，相对偏差的绝对值随着参数 κ 的增大而急剧变大。并且，当参数 κ 较大时，相对于可靠性指标 $t_{0.1}$ 和 $t_{0.25}$ 的相对方差，可靠性指标 $t_{0.75}$、$t_{0.9}$ 与平均失效时间（MTTF）的相对方差急剧增长，这可能是由于较大的参数 κ 使产品概率密度函数的右侧尾巴较长。

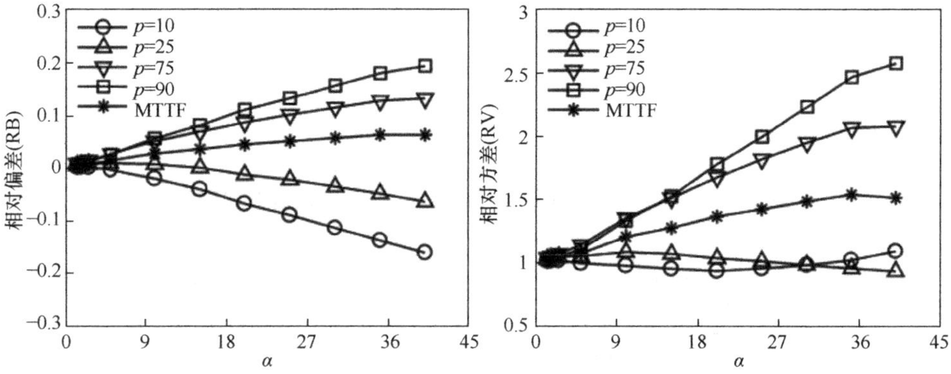

图 5-16 相对偏差（RB）与相对方差（RV）随参数 α 的变化曲线

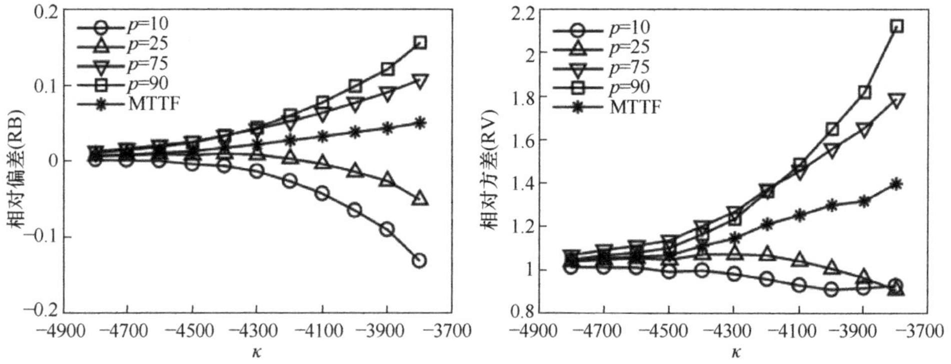

图 5-17 相对偏差（RB）与相对方差（RV）随参数 κ 的变化曲线

总结上述的仿真结果，不难发现退化模型中的每个参数对模型误指定造成的结果的影响很大程度上取决于其与退化过程的退化均值还是退化方差有关，退化量的均值为 $\mu_\eta \exp(\beta/S_k)\Lambda(t;b)$，因此参数 μ_η、β、b 和退化均值有正相关关系。相应地，退化量的方差为 $\boldsymbol{\Sigma}$，而退化量方差 $\boldsymbol{\Sigma}$ 亦由两部分构成，其中随着参数 α、κ、γ 的增长，第一部分 $\boldsymbol{\Omega}$ 也逐渐增大，第二部分是参数 σ_η、β、b 的函数。然而，模型 M_0 与模型 M_0^* 之间的差异性存在于第一部分 $\boldsymbol{\Omega}$。因此，随着参数 α、

κ、γ 的增长，模型误指定造成的后果越严重；随着参数 μ_η、σ_η、β、b 的增长，模型误指定造成的后果越不明显。除此之外，相对于平均失效时间（MTTF），当可靠性指标为 p 分位寿命 t_p时，模型误指定造成的后果更严重些，因此当决策制定很大程度上依赖于分位寿命 t_p时，在模型的选择上更应该慎重，以避免模型误指定造成的严重后果。

5.4　本章小结

本章充分考虑了产品加速退化试验中加速应力水平对扩散系数的影响，假设漂移系数和扩散系数都是加速应力水平的函数，建立了基于一般非线性 Wiener 过程的产品加速退化模型，取得了以下进展：

1）建立了考虑漂移系数和扩散系数与加速应力水平相关的基于一般非线性 Wiener 过程的产品加速退化模型。基于时间尺度转换的非线性 Wiener 过程的加速退化模型、基于非线性漂移的一般非线性 Wiener 过程的加速退化模型、忽略扩散系数与加速应力水平相关性的非线性加速退化模型等 6 个模型皆是建立的加速退化模型在一定条件下的特例。

2）用 7 个模型对水声干扰子弹起爆电容器加速退化试验数据和加速度计加速退化试验数据进行拟合，结果表明对于起爆电容器，提出的模型 M_0具有最大的最大似然函数估计值，2.2 节提出的加速退化模型 M_3具有最小的赤池信息量准则，且两个模型预测的结果非常接近；对于加速度计，结果表明模型 M_0对退化数据的拟合效果最好，具有最大的最大似然估计值和最小的赤池信息量准则，而不考虑加速应力水平与扩散系数相关性的退化模型 M_0^*、M_1^*、M_2^* 皆劣于考虑加速应力水平与扩散系数相关性的退化模型 M_0、M_1、M_2、M_3，证明了考虑加速应力水平与扩散系数相关性的重要性。

3）当产品真实的退化模型为模型 M_0，却被误指定为扩散系数和加速应力水平无关的模型 M_0^* 时，会造成模型的误指定。针对模型误指定问题，采用 Kullback – Leibler 距离和 δ 方法理论对退化模型误指定对可靠性参数进行了定量分析，并对模型 M_0中各参数进行了敏感性分析。

第6章　考虑测量误差的产品剩余寿命预测模型

测量数据是开展寿命预测的前提和基础，在产品退化试验数据采集的过程中，由于测量过程受到噪声、干扰、非理想测量仪器的影响，难以实现对产品性能退化过程的精确测量，因此测量误差是普遍存在的，本章主要针对产品退化试验数据存在测量误差的问题进行研究。在产品加速退化试验数据采集的过程中，难免会引入测量误差，因此将第5章建立的基于一般非线性 Wiener 过程的产品加速退化模型中引入测量误差项。除此之外，由于失效寿命概率密度函数的解析形式是对产品剩余寿命进行实时预测的充分条件，因此基于首达时间概念对失效寿命概率密度函数进行推导时，需要产品当前退化量的真值，然而由于测量误差的影响，只能得到当前退化量的观测值。本章假设产品当前退化量服从均值为退化量真值的随机分布，基于贝叶斯全概率公式对其失效寿命的全概率密度函数进行推导，分别基于贝叶斯方法和 Kalman 滤波实现退化参数的更新，从而对产品剩余寿命进行实时预测。

6.1　考虑测量误差的产品寿命评估

6.1.1　考虑测量误差的产品非线性 Wiener 退化过程

在测量误差普遍存在的情况下，得到的产品退化测量数据只是接近其真值，与其真值还是具有差异的。对于能够反映产品性能特征的退化量，测量得到的退化数据只能部分反映产品潜在的退化状态，为了描述测量误差对产品退化过程的影响，令测量得到的退化数据为$\{Y(t),t\geqslant 0\}$，而真实的退化量为$\{X(t),t\geqslant 0\}$，则测量数据与真实数据的关系为

$$Y(t) = X(t) + \epsilon \tag{6-1}$$

式中，ϵ 为随机测量误差，服从均值为0、方差为 σ_ϵ^2 的正态分布，假设对于每一个样本在任意时刻 t 其测量误差是独立同分布的（independent identically distributed，IID），即 $\epsilon \sim N(0,\sigma_\epsilon^2)$，$\sigma_\epsilon^2$ 通常与测量设备的精度有关[71]。

在考虑测量误差的情况下，基于式（5-7）所示的一般非线性 Wiener 过程加速退化模型对产品在加速应力水平 S_k 下的测量退化量 $Y(t|S_k)$ 进行描述，见式（6-2）。

$$Y(t|S_k) = \lambda(S_k;\eta,\beta)\Lambda(t;b) + \sigma_B(S_k;\alpha,\kappa)B[\tau(t;\gamma)] + \epsilon \tag{6-2}$$

式中，$Y(t|S_k)$ 为该产品在加速应力水平 S_k 下的真实退化量，其他参数与式（5-7）相同。

6.1.2　考虑测量误差的产品加速退化模型未知参数估计

采用最大对数似然函数估计法对产品加速退化模型中的未知参数进行估计，假设产品加速退化试验共有 K 级加速应力，表示为 $k=1, 2, \cdots, K$，应力水平 S_k 下共有 N_k 个样本，表示为 $i = 1, 2, \cdots, N_k$，第 k 级加速应力下的第 i 个样本的第 j 个测量数据表示为 y_{kij}，对应的测量时间点为 t_{kij}，其总测量次数为 M_{ki}。第 k 级加速应力下的第 i 个样本的退化量的向量表示为 $\boldsymbol{Y}_{ki}=[y_{ki1},\cdots,y_{kiM_{ki}}]^{\mathrm{T}}$，根据 Wiener 过程退化量的性质可得

$$\boldsymbol{Y}_{ki} \sim N[\mu_\eta \varsigma(\beta|S_k)\boldsymbol{T}_{ki},\boldsymbol{\Sigma}_{ki}] \tag{6-3}$$

模型中未知参数的集合 $\boldsymbol{\Theta}=\{\mu_\eta,\sigma_\eta^2,\beta,\alpha,\kappa,b,\gamma,\sigma_\epsilon^2\}$，则关于未知参数的最大对数似然函数为

$$\begin{aligned}\ln L(\boldsymbol{\Theta}|\boldsymbol{Y}) = &-\frac{1}{2}\ln(2\pi)\sum_{k=1}^{K}\sum_{i=1}^{N_i}M_{ki}-\frac{1}{2}\sum_{k=1}^{K}\sum_{i=1}^{N_i}\ln|\Sigma_{ki}|-\\ &\frac{1}{2}\sum_{k=1}^{K}\sum_{i=1}^{N_i}[\boldsymbol{Y}_{ki}-\mu_\eta\varsigma(\beta|S_k)\boldsymbol{T}_{ki}]^{\mathrm{T}}\boldsymbol{\Sigma}_{ki}^{-1}[\boldsymbol{Y}_{ki}-\mu_\eta\varsigma(\beta|S_k)\boldsymbol{T}_{ki}]\end{aligned} \tag{6-4}$$

式中，$\boldsymbol{\Sigma}_{ki}=\boldsymbol{\Omega}_{ki}+\sigma_\eta^2\varsigma^2(\beta|S_k)\boldsymbol{T}_{ki}\boldsymbol{T}_{ki}^{\mathrm{T}}+\sigma_\epsilon^2\boldsymbol{I}_{M_{ki}}$，$\boldsymbol{T}_{ki}=[\Lambda(t_{ki1};b),\Lambda(t_{ki2};b),\cdots,\Lambda(t_{kiM_{ki}};b)]^{\mathrm{T}}$。

$$\boldsymbol{\Omega}_{ki}=\alpha\varsigma(\kappa|S_k)\begin{bmatrix}\tau(t_{ki1};\gamma) & \tau(t_{ki1};\gamma) & \cdots & \tau(t_{ki1};\gamma)\\ \tau(t_{ki1};\gamma) & \tau(t_{ki2};\gamma) & \cdots & \tau(t_{ki2};\gamma)\\ \vdots & \vdots & & \vdots\\ \tau(t_{ki1};\gamma) & \tau(t_{ki2};\gamma) & \cdots & \tau(t_{kiM_{ki}};\gamma)\end{bmatrix} \tag{6-5}$$

由于退化量的方差矩阵比较复杂，为了求取更多参数的解析表达式，将其方差矩阵写成 $\boldsymbol{\Sigma}_{ki}=\sigma_\eta^2\widetilde{\boldsymbol{\Sigma}}_{ki}$，其中 $\boldsymbol{\Sigma}_{ki}=\widetilde{\boldsymbol{\Omega}}_{ki}+\varsigma^2(\beta|S_k)\boldsymbol{T}_{ki}\boldsymbol{T}_{ki}^{\mathrm{T}}+\widetilde{\sigma}_\epsilon^2\boldsymbol{I}_{M_{ki}}$，

$$\widetilde{\boldsymbol{\Omega}}_{ki}=\widetilde{\alpha}\varsigma(\kappa|S_k)\begin{bmatrix}\tau(t_{ki1};\gamma) & \tau(t_{ki1};\gamma) & \cdots & \tau(t_{ki1};\gamma)\\ \tau(t_{ki1};\gamma) & \tau(t_{ki2};\gamma) & \cdots & \tau(t_{ki2};\gamma)\\ \vdots & \vdots & & \vdots\\ \tau(t_{ij1};\gamma) & \tau(t_{ij2};\gamma) & \cdots & \tau(t_{ijm_{ij}};\gamma)\end{bmatrix}, \tag{6-6}$$

$\widetilde{\alpha}=\alpha/\sigma_\eta^2$，$\widetilde{\sigma}_\epsilon^2=\sigma_\epsilon^2/\sigma_\eta^2$。因此，关于未知参数 $\widetilde{\boldsymbol{\Theta}}=\{\mu_\eta,\sigma_\eta^2,\beta,\widetilde{\alpha},\kappa,b,\gamma,\widetilde{\sigma}_\epsilon^2\}$ 的最大对数似然函数为

$$\ln L(\widetilde{\boldsymbol{\Theta}}\mid\boldsymbol{Y}) = -\frac{1}{2}\ln(2\pi)\sum_{k=1}^{K}\sum_{i=1}^{N_i}M_{ki} - \frac{1}{2}\ln\sigma_\eta^2\sum_{k=1}^{K}\sum_{i=1}^{N_i}M_{ki} - \frac{1}{2}\sum_{k=1}^{K}\sum_{i=1}^{N_i}\ln|\widetilde{\boldsymbol{\Sigma}}_{ki}| - \frac{1}{2\sigma_\eta^2}\sum_{k=1}^{K}\sum_{i=1}^{N_i}[\boldsymbol{Y}_{ki}-\mu_\eta\varsigma(\beta\mid S_k)\boldsymbol{T}_{ki}]^{\mathrm{T}}\widetilde{\boldsymbol{\Sigma}}_{ki}^{-1}[\boldsymbol{Y}_{ki}-\mu_\eta\varsigma(\beta\mid S_k)\boldsymbol{T}_{ki}] \tag{6-7}$$

将最大对数似然函数 $\ln L(\widetilde{\boldsymbol{\Theta}}\mid\boldsymbol{Y})$ 对参数 μ_η、σ_η^2 求一阶偏导数，并令其一阶偏导数等于0，通过解方程得到 μ_η、σ_η^2 的最大似然估计值的解析表达式为

$$\hat{\mu}_\eta = \frac{\sum_{k=1}^{K}\sum_{i=1}^{N_i}[\varsigma(\beta\mid S_k)\boldsymbol{T}_{ki}]^{\mathrm{T}}\widetilde{\boldsymbol{\Sigma}}_{ki}^{-1}\boldsymbol{Y}_{ki}}{\sum_{k=1}^{K}\sum_{i=1}^{N_i}[\varsigma(\beta\mid S_k)\boldsymbol{T}_{ki}]^{\mathrm{T}}\widetilde{\boldsymbol{\Sigma}}_{ki}^{-1}[\varsigma(\beta\mid S_k)\boldsymbol{T}_{ki}]} \tag{6-8}$$

$$\hat{\sigma}_\eta^2 = \frac{1}{\sum_{k=1}^{K}\sum_{i=1}^{N_i}M_{ki}}\sum_{k=1}^{K}\sum_{i=1}^{N_i}[\boldsymbol{Y}_{ki}-\hat{\mu}_\eta\varsigma(\beta\mid S_k)\boldsymbol{T}_{ki}]^{\mathrm{T}}\widetilde{\boldsymbol{\Sigma}}_{ki}^{-1}[\boldsymbol{Y}_{ki}-\hat{\mu}_\eta\varsigma(\beta\mid S_k)\boldsymbol{T}_{ki}] \tag{6-9}$$

将 μ_η、σ_η^2 的最大对数似然估计值 $\hat{\mu}_\eta$、$\hat{\sigma}_\eta^2$ 代入式（6-7），可以得到剖面对数似然函数为

$$\ln L(\widetilde{\boldsymbol{\Theta}}\mid\boldsymbol{Y}) = -\frac{1}{2}\ln\hat{\sigma}_\eta^2\sum_{k=1}^{K}\sum_{i=1}^{N_i}M_{ki} - \frac{1}{2}\sum_{k=1}^{K}\sum_{i=1}^{N_i}\ln|\widetilde{\boldsymbol{\Sigma}}_{ki}| - \frac{1}{2}\sum_{k=1}^{K}\sum_{i=1}^{N_i}M_{ki} - \frac{1}{2}\ln(2\pi)\sum_{k=1}^{K}\sum_{i=1}^{N_i}M_{ki} \tag{6-10}$$

通过多维搜索即可得到参数 β、$\widetilde{\alpha}$、κ、b、γ、$\widetilde{\sigma}_\epsilon^2$ 的最大似然估计值 $\hat{\beta}$、$\hat{\widetilde{\alpha}}$、$\hat{\kappa}$、$\hat{b}$、$\hat{\gamma}$、$\hat{\widetilde{\sigma}}_\epsilon^2$，将 $\hat{\beta}$、$\hat{\widetilde{\alpha}}$、$\hat{\kappa}$、$\hat{b}$、$\hat{\gamma}$、$\hat{\widetilde{\sigma}}_\epsilon^2$ 代入式（6-8）和式（6-9），可以得到 μ_η、σ_η^2 的最大似然估计值 $\hat{\mu}_\eta$、$\hat{\sigma}_\eta^2$。由 $\widetilde{\alpha}$、$\widetilde{\sigma}_\epsilon^2$ 的最大似然估计值可得 $\hat{\alpha}=\hat{\widetilde{\alpha}}\hat{\sigma}_\eta^2$，$\hat{\sigma}_\epsilon^2=\hat{\widetilde{\sigma}}_\epsilon^2\sigma_\eta^2$。

6.1.3 应用实例分析

采用考虑测量误差的产品加速退化模型对 5.2.3 小节中的加速度计加速退化数据进行拟合，得到的退化参数见表 6-1。为了对比模型之间的差异性，将 5.2.3 中的模型 M_0 的退化数据也在表 6-1 中列出，将考虑测量误差的模型记为模型 M_{ME}。

表6-1　考虑测量误差的加速度计加速退化参数

模型	β	α	κ	b	γ
M_{ME}	-6.418×10^{4}	3.595×10^{9}	-1.823×10^{4}	15.935	1.806
M_0	-6.449×10^{4}	1.028×10^{6}	-1.503×10^{4}	16.026	1.798
模型	μ_η	σ_η^2	σ_ϵ^2	Log - LF	AIC
M_{ME}	6.781×10^{20}	1.294×10^{41}	6.887×10^{-9}	1396.571	-2777.143
M_0	7.870×10^{20}	1.442×10^{41}	0	1383.064	-2752.129

根据表6-1中参数的估计结果可以看出，考虑测量误差的模型的最大对数似然函数（Log - LF）值比不考虑测量误差的模型的最大对数似然函数值大，考虑测量误差的模型的赤池信息量准则（AIC）值比不考虑测量误差的模型的赤池信息量准则值小，因此考虑测量误差的模型更适合加速度计加速退化数据。将加速退化参数外推到常温度应力，可以得到各模型常应力水平下的退化数据，见表6-2。

表6-2　考虑测量误差的正常贮存温度下加速度计的退化参数

模型	μ_λ	σ_λ^2	b	σ_B^2	γ
M_{ME}	5.658×10^{-75}	9.009×10^{-150}	15.935	3.545×10^{-18}	1.806
M_0	2.270×10^{-75}	1.200×10^{-150}	16.026	5.493×10^{-17}	1.798

根据表6-2中的退化数据画出各模型对应的加速度计失效寿命首达时间的概率密度函数（PDF）及可靠度（R）函数曲线，如图6-1所示。

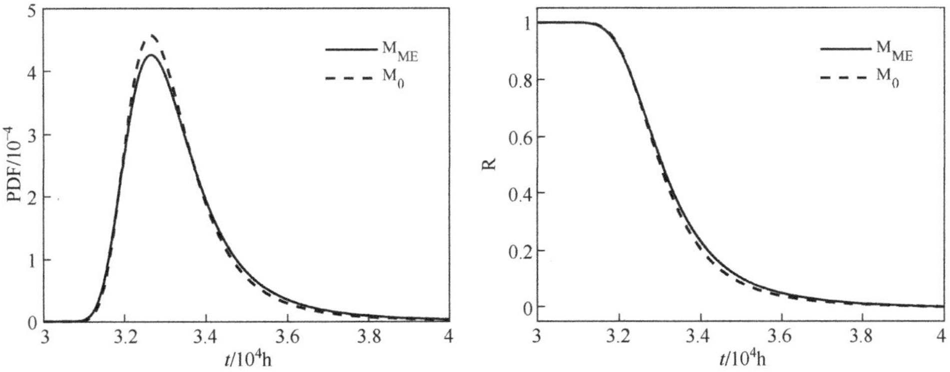

图6-1　考虑测量误差的加速度计概率密度函数及可靠度函数曲线

从图6-1可以看出，通过模型M_{ME}得到的加速度计概率密度函数、可靠度函数与不考虑测量误差的加速度计概率密度函数、可靠度函数非常接近，这是由于相对于加速度计的实际退化量，测量误差较小。模型 M_{ME} 和模型 M_0 得到的加速度计平均失效时间分别为 3.3349×10^4h 和 3.3269×10^4h。

6.2 基于贝叶斯更新的产品剩余寿命预测

6.2.1 产品剩余寿命概率密度函数的推导

在常应力水平下，基于退化过程满足式（5-4）的一般非线性 Wiener 过程，在考虑测量误差的情况下，产品的测量数据 $Y(t)$ 可以表示为

$$\begin{cases}Y(t) = X(t) + \epsilon \\ X(t) = \lambda\Lambda(t;b) + \sigma_B B[\tau(t;\gamma)]\end{cases} \tag{6-11}$$

基于式（6-11）中考虑测量误差的产品退化过程，通过首达时间的概念，对产品剩余寿命进行推断。随着时间的增加，产品的剩余寿命不断减少，当潜在的退化过程 $X(t)$ 首次达到预先设定的失效阈值 D 时，即判定该产品失效。假设当前时刻 t_k 测得的产品退化数据为 $\boldsymbol{Y}_{0:k}=\{y_0,y_1,\cdots,y_k\}$，则该产品潜在的退化量 $\boldsymbol{X}_{0:k}=\{x_0,x_1,\cdots,x_k\}$，因此当前时刻 t_k 的剩余寿命 L_k 可以定义为

$$L_k = \inf\{l_k:X(l_k+t_k)\geqslant D\mid \boldsymbol{X}_{1:k}\} \tag{6-12}$$

退化量 $X(l_k+t_k)$ 为当前时刻 t_k 的潜在退化量 x_k 加上当前时刻 t_k 至失效时间 t_k+l_k 之间的退化增量，即

$$X(l_k+t_k) = x_k + \lambda\Delta\Lambda(l_k+t_k;b) + \sigma_B B[\Delta\tau(l_k+t_k;\gamma)] \tag{6-13}$$

式中，$\Delta\Lambda(l_k+t_k;b)=\Lambda(l_k+t_k;b)-\Lambda(t_k;b)$，$\Delta\tau(l_k+t_k;\gamma)=\tau(l_k+t_k;\gamma)-\tau(t_k;\gamma)$，将式（6-13）等号两端同时减去 x_k 可得

$$X(l_k+t_k) - x_k = \lambda\Delta\Lambda(l_k+t_k;b) + \sigma_B B[\Delta\tau(l_k+t_k;\gamma)] \tag{6-14}$$

基于上述变化，当前时刻 t_k 的剩余寿命 L_k 可以视为退化过程 $X(l_k+t_k)-x_k$ 首次穿越失效阈值 $D_k=D-x_k$ 的时间。令 $c_k=\Delta\tau(l_k+t_k;\gamma)$，$l_k=\upsilon(c_k;\gamma)$，$\upsilon(\cdot;\gamma)$ 为函数 $\Delta\tau(l_k+t_k;\gamma)$ 的逆函数，因此退化过程 $Z(l_k)=X(l_k+t_k)-x_k$ 可以表示为

$$Z(c_k) = \lambda\eta_k(c_k;b) + \sigma_B B(c_k) \tag{6-15}$$

式中，$Z(0)=0$，$\eta_k(c_k;b)=\Delta\Lambda[\upsilon(c_k;\gamma)+t_k;b]$，退化过程 $Z(c_k)$ 首次穿越失效阈值 D_k 的时间可以表示为

$$C_k = \inf\{c_k:Z(c_k)\geqslant D_k\} \tag{6-16}$$

根据以上分析，在 $\boldsymbol{X}_{0:k}$、参数 λ 已知的情况下，可得 C_k 的条件概率密度函数为[113]

$$f_{c_k|X_{0:k},\lambda}(c_k \mid \boldsymbol{X}_{0:k},\lambda) \cong \frac{1}{\sqrt{2\pi c_k}}\left[\frac{Q_k(c_k)}{c_k}+\frac{\lambda\kappa_h(c_h;b)}{\sigma_B}\right]\exp\left[-\frac{Q_k^2(c_k)}{2c_k}\right] \tag{6-17}$$

式中，λ 为随机参数，描述了个体之间的差异性，通常假设参数 λ 服从随机分布；$Q_k(c_k)=[D_k-\lambda\eta_k(c_k;b)]/\Delta_B$，令 $\varphi_k(c_k;b)=\mathrm{d}\eta_k(c_k;b)/\mathrm{d}c_k$。将 $c_k=\Delta\tau(l_k+t_k;\gamma)$、$D_k=D-x_k$ 代入式（6-17）可得

$$\begin{aligned} f_{L_k|X_{0:k},\lambda}(l_k \mid \boldsymbol{X}_{0:k},\lambda) \cong & \frac{1}{\sqrt{2\pi\Delta\tau(l_k+t_k;\gamma)}}\exp\left\{-\frac{[D-x_k-\lambda\Delta\Lambda(l_k+t_k;b)]^2}{2\sigma_B^2\Delta\tau(l_k+t_k;\gamma)}\right\}\times \\ & \left\{\frac{D-x_k-\lambda\Delta\Lambda(l_k+t_k;b)}{\sigma_B\Delta\tau(l_k+t_k;\gamma)}+\frac{\lambda\varphi_k[\Delta\tau(l_k+t_k;\gamma);b]}{\sigma_B}\right\}\times \\ & \frac{\mathrm{d}\Delta\tau(l_k+t_k;\gamma)}{\mathrm{d}l_k} \end{aligned} \tag{6-18}$$

式中，$\varphi_k[\Delta\tau(l_k+t_k;\gamma);b]=\mathrm{d}\eta_k(c_k;b)/\mathrm{d}c_k\mid_{c_k=\Delta\tau(l_k+t_k;\gamma)}$。

在式（6-18）中，参数 λ 为随机参数，通常假设参数 λ 服从均值为 $\mu_{\lambda,k}$、方差为 $\sigma_{\lambda,k}^2$的正态分布，即 $\lambda\sim N(\mu_{\lambda,k},\sigma_{\lambda,k}^2)$；由于测量误差的存在，潜在退化量 x_k 为隐含值，由式（6-1）可得，$x_k=y_k-\epsilon_k$，其中 $\epsilon_k\sim N(0,\sigma_\epsilon^2)$，根据正态分布的性质可知 $x_k\sim N(y_k,\sigma_\epsilon^2)$。为了得到在随机参数 λ 和测量误差影响下的产品剩余寿命的全概率密度函数，首先给出以下结论：

假如 $Z_1\sim N(\mu_1,\sigma_1^2)$、$Z_2\sim N(\mu_2,\sigma_2^2)$，且 w、A、$B\in\mathbb{R}$，$C\in\mathbb{R}^+$，则

$$\begin{aligned} & E_{Z_1}\left\{E_{Z_2}\left\{(w-Z_1-AZ_2)\exp\left[-\frac{(w-Z_1-BZ_2)^2}{2C}\right]\right\}\right\}=\sqrt{\frac{C}{B^2\sigma_2^2+\sigma_1^2+C}}\times \\ & \exp\left[-\frac{(w-\mu_1-B\mu_2)^2}{2(B^2\sigma_2^2+\sigma_1^2+C)}\right]\left[w-\mu_1-A\mu_2-\frac{w-\mu_1-B\mu_2}{B^2\sigma_2^2+\sigma_1^2+C}(AB\sigma_2^2+\sigma_1^2)\right] \end{aligned} \tag{6-19}$$

其证明过程如下：

通过式（5-10）可得

$$\begin{aligned} & E_{Z_2}\left\{(w-Z_1-AZ_2)\exp\left[-\frac{(w-Z_1-BZ_2)^2}{2C}\right]\right\}=\sqrt{\frac{C}{B^2\sigma_2^2+C}}\times \\ & \left[w-A\mu_2-AB\sigma_2^2\frac{w-B\mu_2}{B^2\sigma_2^2+C}-Z_1\left(1-\frac{AB\sigma_2^2}{B^2\sigma_2^2+C}\right)\right]\exp\left[-\frac{(w-Z_1-B\mu_2)^2}{2(B^2\sigma_2^2+C)}\right] \end{aligned} \tag{6-20}$$

再次引用式（5-10）可得

$$E_{Z_1}\left\{\left[w-A\mu_2-AB\sigma_2^2\frac{w-B\mu_2}{B^2\sigma_2^2+C}-Z_1\left(1-\frac{AB\sigma_2^2}{B^2\sigma_2^2+C}\right)\right]\exp\left[-\frac{(w-B\mu_2-Z_1)^2}{2(B^2\sigma_2^2+C)}\right]\right\}$$

$$=\sqrt{\frac{B^2\sigma_2^2+C}{\sigma_1^2+B^2\sigma_2^2+C}}\exp\left[-\frac{(w-B\mu_2-\mu_1)^2}{2(\sigma_1^2+B^2\sigma_2^2+C)}\right]\left\{w-A\mu_2-\frac{AB\sigma_2^2(w-B\mu_2)}{B^2\sigma_2^2+C}-\right.$$

$$\left.\left[\frac{(B^2\sigma_2^2+C)-AB\sigma_2^2}{B^2\sigma_2^2+C}\right]\frac{\sigma_1^2(w-B\mu_2)+\mu_1(B^2\sigma_2^2+C)}{\sigma_1^2+B^2\sigma_2^2+C}\right\} \tag{6-21}$$

式中

$$-\frac{AB\sigma_2^2(w-B\mu_2)}{B^2\sigma_2^2+C}-\left[\frac{(B^2\sigma_2^2+C)-AB\sigma_2^2}{B^2\sigma_2^2+C}\right]\frac{\sigma_1^2(w-B\mu_2)+\mu_1(B^2\sigma_2^2+C)}{\sigma_1^2+B^2\sigma_2^2+C}$$

$$=-\mu_1-(w-B\mu_2-\mu_1)\frac{AB\sigma_2^2+\sigma_1^2}{\sigma_1^2+B^2\sigma_2^2+C} \tag{6-22}$$

综上可得

$$E_{Z_1}\left\{E_{Z_2}\left\{(w-Z_1-AZ_2)\exp\left[-\frac{(w-Z_1-BZ_2)^2}{2C}\right]\right\}\right\}=\sqrt{\frac{C}{B^2\sigma_2^2+\sigma_1^2+C}}\times$$

$$\exp\left[-\frac{(w-\mu_1-B\mu_2)^2}{2(B^2\sigma_2^2+\sigma_1^2+C)}\right]\left[w-\mu_1-A\mu_2-\frac{w-\mu_1-B\mu_2}{B^2\sigma_2^2+\sigma_1^2+C}(AB\sigma_2^2+\sigma_1^2)\right] \tag{6-23}$$

证明完成。

根据式（6-18）和式（6-19）可得产品剩余寿命的全概率密度函数为

$$f_{L_k|\boldsymbol{Y}_{0:k}}(l_k|\boldsymbol{Y}_{0:k})\cong\sqrt{\frac{1}{2\pi(\Delta\Lambda_k^2\sigma_{\lambda,k}^2+\sigma_\epsilon^2+\sigma_B^2\Delta\tau_k)}}\frac{1}{\Delta\tau_k}\frac{\mathrm{d}\Delta\tau_k}{\mathrm{d}l_k}\times$$
$$\exp\left[-\frac{(D-y_k-\Delta\Lambda_k\mu_{\lambda,k})}{2(\Delta\Lambda_k^2\sigma_{\lambda,k}^2+\sigma_\epsilon^2+\sigma_B^2\Delta\tau_k)}\right]\times$$
$$\left\{D-y_k-(\Delta\Lambda_k-\varphi_k\Delta\tau_k)\mu_{\lambda,k}-\right.$$
$$\left.\frac{D-y_k-\mu_{\lambda,k}\Delta\Lambda_k}{\Delta\Lambda_k^2\sigma_{\lambda,k}^2+\sigma_\epsilon^2+\sigma_B^2\Delta\tau_k}[(\Delta\Lambda_k-\varphi_k\Delta\tau_k)\Delta\Lambda_k\sigma_{\lambda,k}^2+\sigma_\epsilon^2]\right\} \tag{6-24}$$

式中，$\Delta\Lambda_k$ 为 $\Delta\Lambda(l_k+t_k;b)$ 的简写形式、φ_k 为 $\varphi_k[\Delta\tau(l_k+t_k;\gamma);b]$ 的简写形式、$\Delta\tau_k$ 为 $\Delta\tau(l_k+t_k;\gamma)$ 的简写形式。

基于剩余寿命的解析形式，可得产品剩余寿命的均值以及可靠度函数，见式（6-25）和式（6-26）。

$$E(l_k\mid\boldsymbol{Y}_{0:k})=\int_0^\infty l_k f_{L_k|\boldsymbol{Y}_{0:k}}(l_k\mid\boldsymbol{Y}_{0:k})\mathrm{d}l_k \tag{6-25}$$

$$R(l_k \mid \boldsymbol{Y}_{0:k}) = 1 - \int_0^{l_k} f_{L_k \mid \boldsymbol{Y}_{0:k}}(u \mid \boldsymbol{Y}_{0:k})\mathrm{d}u \tag{6-26}$$

如果不考虑测量误差对产品剩余寿命的影响，则 $\sigma_\epsilon^2 = 0$，可得产品剩余寿命分布的概率密度函数为

$$\begin{aligned} f_{L_k \mid \boldsymbol{Y}_{0:k}}(l_k \mid \boldsymbol{Y}_{0:k}) \cong & \sqrt{\frac{1}{2\pi(\Delta\Lambda_k^2\sigma_{\lambda,k}^2 + \sigma_B^2\Delta\tau_k)}}\frac{1}{\Delta\tau_k}\frac{\mathrm{d}\Delta\tau_k}{\mathrm{d}l_k} \times \\ & \exp\left[-\frac{(D - y_k - \Delta\Lambda_k\mu_{\lambda,k})}{2(\Delta\Lambda_k^2\sigma_{\lambda,k}^2 + \sigma_B^2\Delta\tau_k)}\right] \times \\ & \left\{D - y_k - (\Delta\Lambda_k - \varphi_k\Delta\tau_k)\mu_{\lambda,k} - \right. \\ & \left. \frac{D - y_k - \mu_{\lambda,k}\Delta\Lambda_k}{\Delta\Lambda_k^2\sigma_{\lambda,k}^2 + \sigma_B^2\Delta\tau_k}[(\Delta\Lambda_k - \varphi_k\Delta\tau_k)\Delta\Lambda_k\sigma_{\lambda,k}^2]\right\} \end{aligned} \tag{6-27}$$

对于时间 t 的非线性函数，假设 $\Lambda(t;b) = t^b$，$\tau(t;\gamma) = t^\gamma$；其他形式的非线性函数，如 $\Lambda(t;b) = \exp(bt) - 1$ 在理论上也是可行的，具体的选用可以采用对退化量均值、方差进行拟合，进而选取最合适的非线性函数。

6.2.2 个体退化参数的贝叶斯更新

给定产品的退化数据为 $\boldsymbol{Y}_{0:k}$，退化参数 λ 的先验分布为正态分布，满足 $\lambda \sim N(\mu_{\lambda,k}, \sigma_{\lambda,k}^2)$，在给定 λ 的情况下，基于 Wiener 过程的性质，可知 $\boldsymbol{Y}_{0:k}$服从多维正态分布，则 $\boldsymbol{Y}_{0:k}$的似然函数为

$$L(\boldsymbol{Y}_{0:k} \mid \lambda) = (2\pi)^{-\frac{k}{2}} |\boldsymbol{\Sigma}_k|^{-\frac{1}{2}} \exp\left\{-\frac{1}{2}[\boldsymbol{Y}_k - \lambda\boldsymbol{T}_k]^{\mathrm{T}}\boldsymbol{\Sigma}_k^{-1}[\boldsymbol{Y}_k - \lambda\boldsymbol{T}_k]\right\} \tag{6-28}$$

式中，$\boldsymbol{\Sigma}_k = \sigma_B^2\boldsymbol{\Omega}_k + \sigma_\epsilon^2\boldsymbol{I}_{M_k}$，$\boldsymbol{Y}_k = [y_1, \cdots, y_k]^{\mathrm{T}}$，$\boldsymbol{T}_k = [\Lambda(t_1;b), \Lambda(t_2;b), \cdots, \Lambda(t_k;b)]^{\mathrm{T}}$，

$$\boldsymbol{\Omega}_k = \begin{bmatrix} \tau(t_1;\gamma) & \tau(t_1;\gamma) & \cdots & \tau(t_1;\gamma) \\ \tau(t_1;\gamma) & \tau(t_2;\gamma) & \cdots & \tau(t_2;\gamma) \\ \vdots & \vdots & & \vdots \\ \tau(t_1;\gamma) & \tau(t_2;\gamma) & \cdots & \tau(t_k;\gamma) \end{bmatrix} \tag{6-29}$$

可以得到退化参数 λ 的后验分布为

$$\begin{aligned} \rho(\lambda \mid \boldsymbol{Y}_{0:k}) & \propto L(\boldsymbol{Y}_{0:k} \mid \lambda)\rho(\lambda) \\ & \propto \exp\left\{-\frac{1}{2}[\boldsymbol{Y}_k - \lambda\boldsymbol{T}_k]^{\mathrm{T}}\boldsymbol{\Sigma}_k^{-1}[\boldsymbol{Y}_k - \lambda\boldsymbol{T}_k]\right\}\exp\left[-\frac{1}{2\sigma_\lambda^2}(\lambda - \mu_\lambda)^2\right] \end{aligned} \tag{6-30}$$

进一步化简式（6-30）可得

$$\rho(\lambda \mid \boldsymbol{Y}_{0:k}) \propto \exp\left[-\frac{1}{2}\lambda^2\left(\boldsymbol{T}_k^{\mathrm{T}}\boldsymbol{\Sigma}_k^{-1}\boldsymbol{T}_k+\frac{1}{\sigma_\lambda^2}\right)+\lambda\left(\boldsymbol{Y}_k^{\mathrm{T}}\boldsymbol{\Sigma}_k^{-1}\boldsymbol{T}_k+\frac{\mu_\lambda}{\sigma_\lambda^2}\right)\right]$$
$$\propto \exp\left[-\frac{(\lambda-\mu_{\lambda,k})^2}{2\sigma_{\lambda,k}^2}\right] \tag{6-31}$$

式中

$$\mu_{\lambda,k}=\frac{\boldsymbol{Y}_k^{\mathrm{T}}\boldsymbol{\Sigma}_k^{-1}\boldsymbol{T}_k\sigma_\lambda^2+\mu_\lambda}{\boldsymbol{T}_k^{\mathrm{T}}\boldsymbol{\Sigma}_k^{-1}\boldsymbol{T}_k\sigma_\lambda^2+1} \tag{6-32}$$

$$\sigma_{\lambda,k}^2=\frac{\sigma_\lambda^2}{\boldsymbol{T}_k^{\mathrm{T}}\boldsymbol{\Sigma}_k^{-1}\boldsymbol{T}_k\sigma_\lambda^2+1} \tag{6-33}$$

可见退化参数 λ 的后验分布也服从均值为 $\mu_{\lambda,k}$、方差为 $\sigma_{\lambda,k}^2$ 的正态分布。将 $\mu_{\lambda,k}$、$\sigma_{\lambda,k}^2$ 代入式（6-27）即可得到产品剩余寿命的实时概率密度函数。

对退化量进行测量的过程中，如果测量误差非常小以至于可以忽略不计，即 $\sigma_\epsilon^2=0$，则在给定产品退化量为 $\boldsymbol{X}_{0:k}$、退化参数 λ 的先验分布为正态分布，满足 $\lambda\sim N(\mu_{\lambda,k},\sigma_{\lambda,k}^2)$ 时，其后验分布亦服从正态分布，即

$$\mu_{\lambda,k}=\frac{\sigma_\lambda^2\sum_{i=1}^{k}\frac{\Delta\Lambda_k x_k}{\Delta\tau_k}+\sigma_B^2\mu_\lambda}{\sigma_a^2\sum_{i=1}^{k}\frac{\Delta\Lambda_k^2}{\Delta\tau_k}+\sigma_B^2} \tag{6-34}$$

$$\sigma_{\lambda,k}^2=\frac{\sigma_B^2\sigma_\lambda^2}{\sigma_a^2\sum_{i=1}^{k}\frac{\Delta\Lambda_k^2}{\Delta\tau_k}+\sigma_B^2} \tag{6-35}$$

其证明过程如下：

根据 Wiener 过程退化增量的性质可得 $\boldsymbol{X}_{0:k}$ 的似然函数为

$$L(\boldsymbol{X}_{0:k} \mid \lambda)=(2\pi)^{-\frac{k}{2}}\exp\left\{\sum_{i=1}^{k}-\frac{[x_k-\lambda\Delta\Lambda(t;b)]^2}{\sigma_B^2\Delta\tau(t;\gamma)}\right\} \tag{6-36}$$

因此退化参数 λ 的后验分布为

$$\rho(\lambda \mid \boldsymbol{X}_{0:k}) \propto L(\boldsymbol{X}_{0:k} \mid \lambda)\rho(\lambda)$$
$$\propto \exp\left\{\sum_{i=1}^{k}-\frac{[x_k-\lambda\Delta\Lambda(t_k;b)]^2}{\sigma_B^2\Delta\tau(t_k;\gamma)}\right\}\exp\left[-\frac{1}{2\sigma_\lambda^2}(\lambda-\mu_\lambda)^2\right]$$
$$\propto \exp\left[-\frac{\lambda^2}{2}\left(\frac{1}{\sigma_B^2}\sum_{i=1}^{k}\frac{\Delta\Lambda_k^2}{\Delta\tau_k}+\frac{1}{\sigma_\lambda^2}\right)+\lambda\left(\frac{1}{\sigma_B^2}\sum_{i=1}^{k}\frac{\Delta\Lambda_k x_k}{\Delta\tau_k}+\frac{\mu_\lambda}{\sigma_\lambda^2}\right)\right]$$
$$\propto \exp\left[-\frac{(a-\mu_{\lambda,k})^2}{2\sigma_{\lambda,k}^2}\right] \tag{6-37}$$

6.2.3 基于贝叶斯更新的仿真数据分析

在工程实践中，对于产品真实的退化过程及退化模型往往不能准确确定，只能通过统计的手段筛选最符合产品退化规律的模型，且对于具有测量误差的情形，其真值也是未知的，很难描述模型的准确程度，因此首先采用仿真退化数据对模型的有效性进行对比说明。

假设某产品零部件在常应力水平下的退化参数真值 $\mu_\lambda=2$，$\sigma_\lambda^2=0.25$，$\sigma_B^2=4$，$b=1.5$，$\gamma=1.2$，$\sigma_\epsilon^2=100$，且试验的样本量 $N=10$，每个样本的测量次数为 30 次，测量间隔为 1h，则基于仿真得到的所有样本的真实退化量及测量退化量如图 6-2 所示。

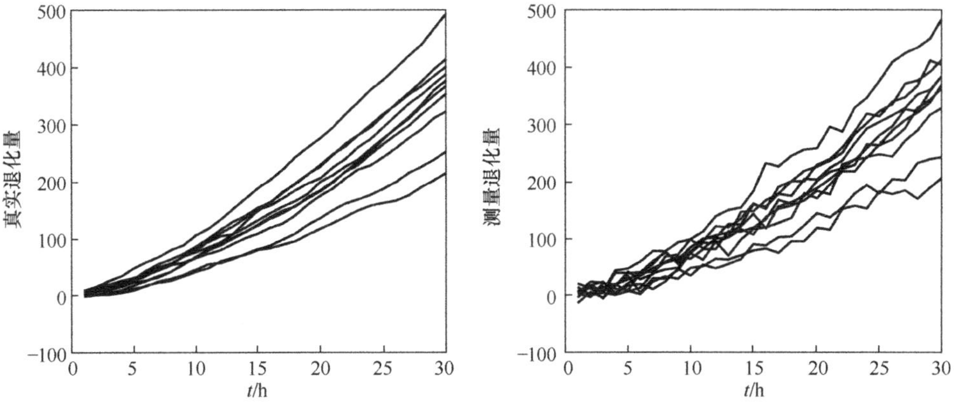

图 6-2　基于仿真的某产品零部件在常应力水平下的真实退化量及测量退化量

其中，左图为退化量真值的变化轨迹，右图为退化量测量值的变化轨迹。由图 6-2 可以看出，产品的真实退化轨迹呈现出较为平滑且递增的形态，而由于测量误差的影响，测量退化轨迹呈现锯齿形的增长。采用最大似然函数估计法对模型中的未知参数进行估计，其估计结果见表 6-3。

表 6-3　带测量误差的仿真退化数据未知参数估计

模型	μ_λ	σ_λ^2	σ_B^2	b	γ	σ_ϵ^2	Log - LF	AIC	MTTF
M_0	2.21	0.21	5.50	1.50	1.26	85.01	-1.16×10^3	2.33×10^3	41.98
M_1	2.02	0.02	157.67	1.52	1.06	0	-1.21×10^3	2.44×10^3	46.64
真值	2	0.25	4	1.5	1.2	100	—	—	43.44

由表 6-3 可以看出，参数的估计值与真值之间有一定的差距，这是样本量较少的缘故，为了说明测量误差对估计结果的影响，将不考虑测量误差的模型记为 M_1，将考虑测量误差的模型记为 M_0，可以看出相对于模型 M_0，基于模型 M_1 得

到的参数 σ_B^2 的估计值非常大，得到的参数 σ_λ^2 的估计值非常小，这是由于在不考虑测量误差时，将退化量的方差大部分归因于参数 σ_B^2 的影响，即造成参数 σ_B^2 的估计值非常大，因而参数 σ_λ^2 的估计值就变得非常小。为了进一步对比两个模型，分别计算其最大对数似然函数估计值和赤池信息量准则值，可以看出模型 M_0 具有较大的最大似然函数估计值以及较小的赤池信息量准则，因此模型 M_0 对退化数据的拟合效果更好一些。

假设该产品的失效阈值 D 为 600，将模型 M_0 的退化参数的估计值代入式（6-24），将模型 M_1 的退化参数的估计值代入式（6-27），其中 l_k 为 0，可以得到该产品失效寿命分布的概率密度函数（PDF）曲线，如图 6-3 所示。

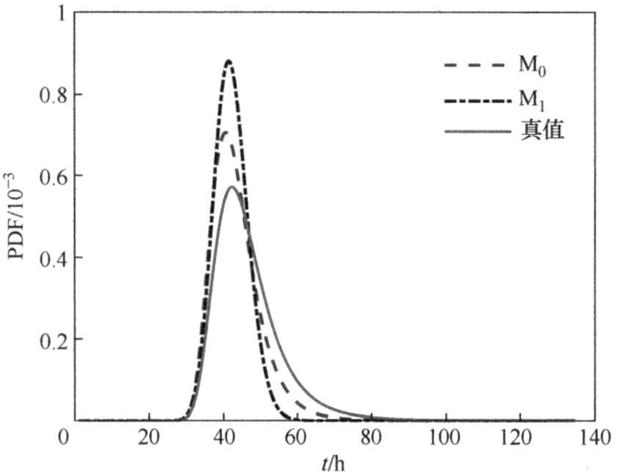

图 6-3 基于不同模型的某产品失效寿命分布的概率密度函数曲线

可以看出，基于模型 M_0 得到的失效寿命分布的概率密度函数更接近于其真实的概率密度函数。同时，计算各模型的平均失效寿命，模型 M_0 的平均失效寿命更接近于真实的平均失效寿命，与基于概率密度函数分析的结果具有一致性。然而，基于模型 M_1 得到的失效寿命分布的概率密度函数具有更高的峰度，这可能是由于参数 σ_λ^2 的估计值较小。

为了对比基于贝叶斯更新对个体寿命进行估计的结果，基于同样的仿真退化参数，采用蒙特卡罗方法仿真得到某个体的退化轨迹，如图 6-4 所示。令该产品的失效阈值亦为 600，在图 6-4 所示的退化估计的基础上继续仿真，得到该产品首次穿越失效阈值的时间为 44.92h，即为该产品的真实寿命。

基于贝叶斯更新，得到的各测量时间点的退化参数 λ 的后验均值和后验方差的变化过程如图 6-5 所示。可见退化参数 λ 的后验均值随着退化参数的变化而逐渐变化，当退化量增加的幅度较大时，退化参数 λ 的后验均值也会随之增大；相应地，当退化量增加的幅度较小时，退化参数 λ 的均值也会随之减小。而退化参

数 λ 的后验方差随着退化数据的逐渐累积而逐渐减小，会使退化参数 λ 的不确定性随之不断减小。

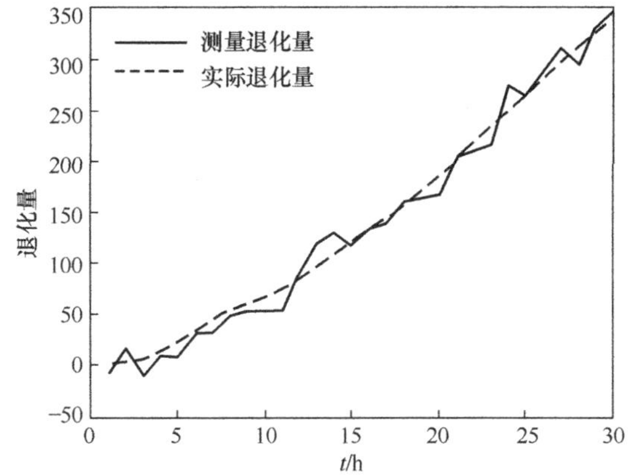

图 6-4　仿真得到的带测量误差的某个体退化轨迹

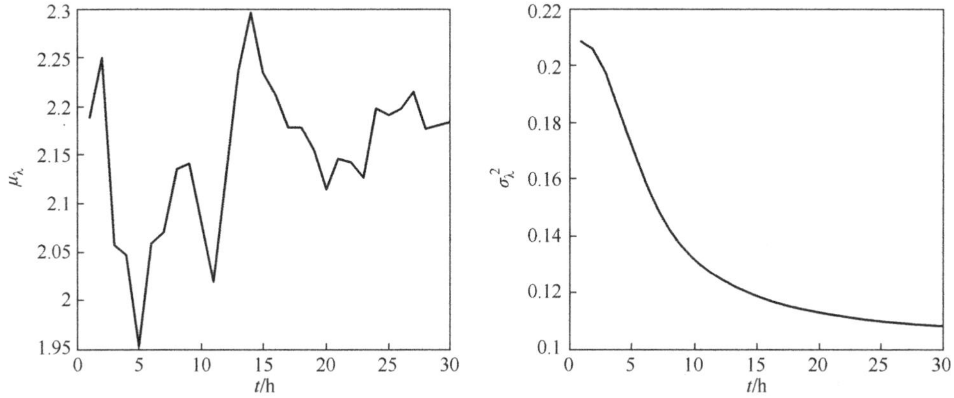

图 6-5　基于贝叶斯更新的退化参数 λ 的后验均值和后验方差的变化过程

将贝叶斯更新后的退化参数 λ 的后验均值与后验方差以及参数 σ_B^2、b、γ、σ_ϵ^2 的最大似然估计值代入式（6-24）可以得到各测量时间点的剩余寿命分布的概率密度函数；类似地，也可以计算基于模型 M_1 的各测量时间点的剩余寿命分布的概率密度函数（PDF），其结果如图 6-6 所示。

其中，* 处为该时刻产品剩余寿命的真值，可见模型 M_0 和模型 M_1 的概率密度函数都能覆盖该产品个体实际的剩余寿命。虽然基于退化参数的初始估计值，由模型 M_1 得到的寿命分布的概率密度函数比模型 M_0 得到的寿命分布的概率密度函数窄、估计精度高，但通过贝叶斯方法基于个体的退化数据对退化参数 λ 的均值和方差更新以后得到的剩余寿命分布的概率密度函数，呈现出基于模型 M_0 的概率密度函数比基于 M_1 的概率密度函数窄，这是由于经过贝叶斯更新以后，基于模型 M_0 的退化参数 λ 的后验方差越来越小，而基于模型 M_1 的退化参数 λ 的后验方差基本没有变化。况且，本身该样本的退化测量结果就受到了测量误差的影响，因此采用模型 M_0 来描述退化过程更加合适。

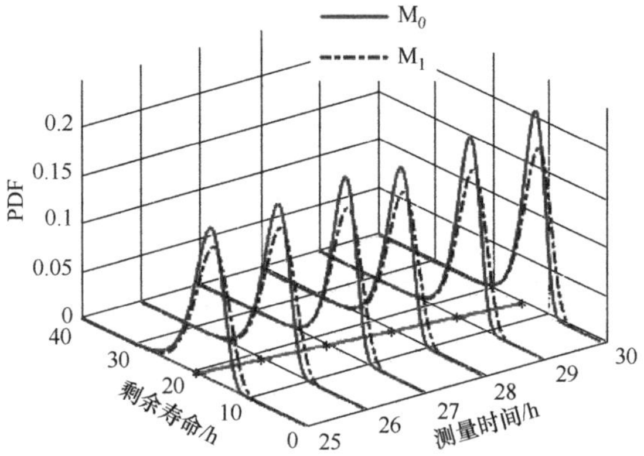

图 6-6　基于贝叶斯更新的个体剩余寿命预测结果

6.3　基于 Kalman 滤波的产品剩余寿命预测

6.3.1　考虑测量误差和个体差异的产品退化状态空间模型

给定某产品在 t_k 时刻得到的所有退化测量数据为 $\boldsymbol{Y}_{0:k}$，假设其退化过程满足式（6-11）所示的退化过程，则其在 t_k 时刻的状态空间方程可以表示为

$$\begin{cases} x_k = x_{k-1} + \lambda_{k-1}[\Lambda(t_k;b) - \Lambda(t_{-1};b)] + v_k \\ v_k = \sigma_B^2\{B[\tau(t_k;\gamma)] - B[\tau(t_{-1};\gamma)]\} \\ \lambda_k = \lambda_{k-1} \\ y_k = x_k + \epsilon_k \end{cases} \tag{6-38}$$

式中，与 6.1 节的假设相同，ϵ_k 为 t_k 时刻的随机测量误差，服从均值为 0、方差为 σ_ϵ^2 的正态分布。假设对于该产品在任意时刻其测量误差是独立同分布的（IID），即 $\epsilon_k \sim N(0,\sigma_\epsilon^2)$；$v_k$ 服从均值为 0、方差为 $\sigma_B^2[\tau(t_k;\gamma) - \tau(t_{k-1};\gamma)]$ 的正态分布，即 $v_k \sim N\{0,\sigma_B^2[\tau(t_k;\gamma) - \tau(t_{k-1};\gamma)]\}$，且 $\{v_k\}_{k>1}$ 与 $\{\epsilon_k\}_{k>1}$ 相互独立。

由于产品的真实退化状态 x_k 和退化参数 λ_k 都未知，可将其视为隐含状态，

并通过测量数据 $\boldsymbol{Y}_{0:k}$ 获取其估计值，基于式（6-38）可将产品退化状态空间方程写为

$$\begin{cases}\boldsymbol{Z}_k = \boldsymbol{A}_k\boldsymbol{Z}_{k-1} + \boldsymbol{\eta}_k \\ \boldsymbol{Y}_k = \boldsymbol{C}\boldsymbol{Z}_k + \boldsymbol{\epsilon}_k\end{cases} \tag{6-39}$$

式中，$\boldsymbol{Z}_k \in \mathbb{R}^{2\times1}$，$\boldsymbol{A}_k \in \mathbb{R}^{2\times2}$，$\boldsymbol{\eta}_k \in \mathbb{R}^{2\times1}$，$\boldsymbol{C} \in \mathbb{R}^{2\times1}$，且 $\boldsymbol{\eta}_k \sim N(0,\boldsymbol{Q}_k)$，$\boldsymbol{Q}_k \in \mathbb{R}^{2\times2}$，具体表达式为

$$\begin{cases}\boldsymbol{Z}_k = \begin{bmatrix} x_k \\ a_k \end{bmatrix} \\ \boldsymbol{A}_k = \begin{bmatrix} 1 & \Lambda(t_k;b) - \Lambda(t_{k-1};b) \\ 0 & 0 \end{bmatrix} \\ \boldsymbol{\eta}_k = \begin{bmatrix} v_k \\ 0 \end{bmatrix} \\ \boldsymbol{C} = \begin{bmatrix} 1 \\ 0 \end{bmatrix}^{\mathrm{T}} \\ \boldsymbol{Q}_k = \begin{bmatrix} \sigma_B^2[\tau(t_k;\gamma) - \tau(t_{k-1};\gamma)] & 0 \\ 0 & 0 \end{bmatrix}\end{cases} \tag{6-40}$$

定义 $\boldsymbol{Z}_k$ 的均值和方差分别为

$$\hat{\boldsymbol{Z}}_{k|k} = \begin{bmatrix} \hat{x}_{k|k} \\ \hat{\boldsymbol{\lambda}}_{k|k} \end{bmatrix} = E(\boldsymbol{Z}_k|\boldsymbol{Y}_{0:k}) \tag{6-41}$$

$$\boldsymbol{P}_{k|k} = \begin{bmatrix} a_{x,k}^2 & a_{c,k}^2 \\ a_{c,k}^2 & a_{\lambda,k}^2 \end{bmatrix} = \operatorname{cov}(\boldsymbol{Z}_k|\boldsymbol{Y}_{0:k}) \tag{6-42}$$

式中，$\hat{x}_{k|k} = E(x_k|\boldsymbol{Y}_{0:k})$，$\hat{\boldsymbol{\lambda}}_{k|k} = E(\boldsymbol{\lambda}_k|\boldsymbol{Y}_{0:k})$，$a_{x,k}^2 = \operatorname{var}(x_k|\boldsymbol{Y}_{0:k})$，$a_{\lambda,k}^2 = \operatorname{var}(\boldsymbol{\lambda}_k|\boldsymbol{Y}_{0:k})$，$a_{c,k}^2 = \operatorname{var}(x_k\boldsymbol{\lambda}_k|\boldsymbol{Y}_{0:k})$。

进一步定义隐含变量 $\boldsymbol{Z}_k$ 的预测均值和方差为

$$\hat{\boldsymbol{Z}}_{k|k-1} = \begin{bmatrix} \hat{x}_{k|k-1} \\ \hat{\boldsymbol{\lambda}}_{k|k-1} \end{bmatrix} = E(\boldsymbol{Z}_k|\boldsymbol{Y}_{0:k-1}) \tag{6-43}$$

$$\boldsymbol{P}_{k|k-1} = \begin{bmatrix} a_{x,k|k-1}^2 & a_{c,k|k-1}^2 \\ a_{c,k|k-1}^2 & a_{\lambda,k|k-1}^2 \end{bmatrix} = \operatorname{cov}(\boldsymbol{Z}_k|\boldsymbol{Y}_{0:k-1}) \tag{6-44}$$

根据上面的定义，当得到 t_k 时刻的退化量测量数据后，可以采用 Kalman 滤波对由退化状态和随机参数组成的 $\boldsymbol{Z}_k$ 进行联合估计。Kalman 滤波分为两步，即预测和更新，其具体的实时步骤如下所示。

步骤1：状态预测

$$\hat{\boldsymbol{Z}}_{k|k-1} = \boldsymbol{A}_k\boldsymbol{Z}_{k-1|k-1} \tag{6-45}$$

$$\boldsymbol{P}_{k|k-1} = \boldsymbol{A}_k\boldsymbol{P}_{k-1|k-1}\boldsymbol{A}_k^{\mathrm{T}} + \boldsymbol{Q}_k \tag{6-46}$$

步骤2：参数更新

$$\boldsymbol{K}(k) = \boldsymbol{P}_{k|k-1}\boldsymbol{C}^{\mathrm{T}}[\boldsymbol{C}\boldsymbol{P}_{k|k-1}\boldsymbol{C}^{\mathrm{T}} + \sigma_{\epsilon}^2]^{-1} \tag{6-47}$$

$$\hat{\boldsymbol{Z}}_{k|k} = \hat{\boldsymbol{Z}}_{k|k-1} + \boldsymbol{K}(k)(y_k - \boldsymbol{C}\hat{\boldsymbol{Z}}_{k|k-1}) \tag{6-48}$$

$$\boldsymbol{P}_{k|k} = \boldsymbol{P}_{k|k-1} - \boldsymbol{K}(k)\boldsymbol{C}\boldsymbol{P}_{k|k-1} \tag{6-49}$$

初值 $\hat{\boldsymbol{Z}}_{0|0}=\begin{bmatrix}0\\ \mu_\lambda\end{bmatrix}$，$\boldsymbol{P}_{0|0}=\begin{bmatrix}0 & 0\\ 0 & \sigma_\lambda^2\end{bmatrix}$。

基于式（6-39）的状态空间模型以及 Kalman 滤波的性质，可知 $\boldsymbol{Z}_k \mid \boldsymbol{Y}_{0:k}$服从双变量高斯分布，即 $\boldsymbol{Z}_k \mid \boldsymbol{Y}_{0:k} \sim N(\hat{\boldsymbol{Z}}_{k|k},\boldsymbol{P}_{k|k})$。根据双高斯变量的性质，可知

$$\lambda_k|\boldsymbol{Y}_{0:k} \sim N(\hat{\lambda}_{k|k},a_{\lambda,k}^2) \tag{6-50}$$

$$x_k \mid \boldsymbol{Y}_{0:k} \sim N(\hat{x}_{k|k},a_{x,k}^2) \tag{6-51}$$

$$x_k \mid \lambda_k,\boldsymbol{Y}_{0:k} \sim N(\mu_{x_k|\lambda,k},\sigma_{x_k|\lambda,k}^2) \tag{6-52}$$

式中

$$\begin{cases}\mu_{x_k|\lambda,k} = \hat{x}_{k|k} + \dfrac{a_{c,k}^2}{a_{\lambda,k}^2}(\lambda_k - \hat{\lambda}_{k|k})\\ \sigma_{x_k|\lambda,k}^2 = a_{x,k}^2 - \dfrac{a_{c,k}^4}{a_{\lambda,k}^2}\end{cases} \tag{6-53}$$

在首达时间的概念下，基于全概率公式，产品失效寿命分布的概率密度函数 $f_{L_k|\boldsymbol{Y}_{1:k}}(l_k \mid \boldsymbol{Y}_{0:k})$为

$$\begin{aligned}f_{L_k|\boldsymbol{Y}_{1:k}}(l_k|\boldsymbol{Y}_{0:k}) &= \int_{-\infty}^{+\infty} f_{L_k|\boldsymbol{Z}_k,\boldsymbol{Y}_{0:k}}(l_k|\boldsymbol{Z}_k,\boldsymbol{Y}_{0:k})\rho(\boldsymbol{Z}_k|\boldsymbol{Y}_{0:k})\mathrm{d}\boldsymbol{Z}_k\\ &= E_{\lambda_k|\boldsymbol{Y}_{0:k}}\{E_{x_k|\lambda_k,\boldsymbol{Y}_{0:k}}[f_{L_k|\lambda_k,x_k,\boldsymbol{Y}_{0:k}}(l_k|\lambda_k,x_k,\boldsymbol{Y}_{0:k})]\}\end{aligned} \tag{6-54}$$

根据式（6-18）可得

$$\begin{aligned}&E_{x_k|\lambda_k,\boldsymbol{Y}_{0:k}}[f_{L_k|\lambda_k,x_k,\boldsymbol{Y}_{0:k}}(l_k \mid \lambda_k,x_k,\boldsymbol{Y}_{0:k})] \cong \frac{1}{\sigma_B\Delta\tau_k\sqrt{2\pi\Delta\tau_k}}\frac{\mathrm{d}\Delta\tau_k}{\mathrm{d}l_k}\times\\ &E_{x_k|\lambda_k,\boldsymbol{Y}_{0:k}}\left[(D - x_k - \lambda_k\Delta\Lambda_k + \lambda_k\varphi_k\Delta\tau_k)\exp\left(-\frac{(D - x_k - \lambda_k\Delta\Lambda_k)^2}{2\sigma_B^2\Delta\tau_k}\right)\right]\end{aligned} \tag{6-55}$$

利用式（5-10），式（6-55）可以写为

$$E_{x_k|\lambda_k,\boldsymbol{Y}_{0:k}}[f_{L_k|\lambda_k,x_k,\boldsymbol{Y}_{0:k}}(l_k \mid \lambda_k,x_k,\boldsymbol{Y}_{0:k})] \cong \sqrt{\frac{1}{2\pi(\sigma_{x_k|\lambda,k}^2 + \sigma_B^2\Delta\tau_k)}}\frac{1}{\Delta\tau_k}\frac{\mathrm{d}\Delta\tau_k}{\mathrm{d}l_k}\times$$

$$\left[D-\lambda_k(\Delta\Lambda_k-\varphi_k\Delta\tau_k)-\frac{\sigma_{x_k|\lambda,k}^2(D-\lambda_k\Delta\Lambda_k)+\mu_{x_k|\lambda,k}}{\sigma_{x_k|\lambda,k}^2+\sigma_B^2\Delta\tau_k}\right]\times$$
$$\exp\left[-\frac{(D-\mu_{x_k|\lambda,k}-\lambda_k\Delta\Lambda_k)^2}{2(\sigma_{x_k|\lambda,k}^2+\sigma_B^2\Delta\tau_k)}\right] \tag{6-56}$$

式中，$\mu_{x_k|\lambda,k}$和$\sigma_{x_k|\lambda,k}^2$由式（6-53）给出，且$\mu_{x_k|\lambda,k}$为λ_k的函数。

根据式（6-56）和式（6-53）可得

$$\begin{aligned}&E_{x_k|\lambda_k,Y_{0:k}}[f_{L_k|\lambda_k,x_k,Y_{0:k}}(l_k|\lambda_k,x_k,Y_{0:k})]\\&\cong C_{1,k}(D_{2,k}-\lambda_kA_{1,k})\exp\left[-\frac{(D_{1,k}-\lambda_kA_{2,k})^2}{2C_{2,k}}\right]\end{aligned} \tag{6-57}$$

式中

$$C_{1,k}=\sqrt{\frac{1}{2\pi(\sigma_{x_k|\lambda,k}^2+\sigma_B^2\Delta\tau_k)}}\frac{1}{\Delta\tau_k}\frac{\mathrm{d}\Delta\tau_k}{\mathrm{d}l_k} \tag{6-58}$$

$$D_{2,k}=D-\frac{\sigma_{x_k|\lambda,k}^2D+\sigma_B^2\Delta\tau_k\left(\hat{x}_{k|k}-\dfrac{a_{c,k}^2}{a_{\lambda,k}^2}\hat{\lambda}_{k|k}\right)}{\sigma_{x_k|\lambda,k}^2+\sigma_B^2\Delta\tau_k} \tag{6-59}$$

$$A_{1,k}=\Delta\Lambda_k-\varphi_k\Delta\tau_k-\frac{\sigma_{x_k|\lambda,k}^2\Delta\Lambda_k-\dfrac{a_{c,k}^2}{a_{\lambda,k}^2}\sigma_B^2\Delta\tau_k}{\sigma_{x_k|\lambda,k}^2+\sigma_B^2\Delta\tau_k} \tag{6-60}$$

$$D_{1,k}=D+\frac{a_{c,k}^2}{a_{\lambda,k}^2}\hat{\lambda}_{k|k}-\hat{x}_{k|k} \tag{6-61}$$

$$A_{2,k}=\Delta\Lambda_k+\frac{a_{c,k}^2}{a_{\lambda,k}^2} \tag{6-62}$$

$$C_{2,k}=\sigma_{x_k|\lambda,k}^2+\sigma_B^2\Delta\tau_k \tag{6-63}$$

再次引用式（5-10），可得

$$\begin{aligned}f_{L_k|Y_{1:k}}(l_k|Y_{0:k})\cong{}&C_{1,k}\sqrt{\frac{C_{2,k}}{A_{2,k}^2a_{\lambda,k}^2+C_{2,k}}}\exp\left[-\frac{(D_{1,k}-A_{2,k}\hat{\lambda}_{k|k})^2}{2(A_{2,k}^2a_{\lambda,k}^2+C_{2,k})}\right]\times\\&\left(D_{2,k}-A_{1,k}\frac{A_{2,k}D_{1,k}a_{\lambda,k}^2+\hat{\lambda}_{k|k}C_{2,k}}{A_{2,k}^2a_{\lambda,k}^2+C_{2,k}}\right)\end{aligned} \tag{6-64}$$

当获取某产品个体最新的检测数据后，可以利用状态空间模型实现参数的更新，从而对产品个体的剩余寿命进行实时预测。其中参数b、γ、μ_λ、σ_λ^2、σ_ϵ^2和σ_B^2的初值可以参考6.1.2小节未知参数的估计方法。

6.3.2　基于 Kalman 滤波的仿真数据分析

本小节通过 Kalman 滤波对 6.1.5 小节的某产品个体剩余寿命进行评估，不

仅对参数 a 的均值和方差进行更新，而且对该个体当前的状态进行更新，经过更新以后得到个体当前状态的预测值，如图 6-7 所示。由图 6-7 可以看出，退化量的预测值更接近于退化真值，且随着退化数据的累积，其预测值更加接近于真值。当不考虑测量误差时，即将观测到的个体当前状态视为其真实状态，必然会产生一定的预测误差，而通过对当前状态进行更新则能减小这一误差。采用状态估计均方误差（MSE）对产生的误差进行定量描述，状态均方估计误差的计算方式见式（6-65）。

$$\mathrm{MSE}=\frac{1}{M}\sum_{k=1}^{M}\left[\hat{X}(t_k)-X(t_k)\right]^2 \tag{6-65}$$

式中，$\hat{X}(t_k)$为当前状态的预测值，$X(t_k)$为当前状态的真值，对于不考虑测量误差的情形，$\hat{X}(t_k)$即为 $Y(t_k)$。考虑测量误差与不考虑测量误差得到的状态均方误差分别为 49.78 和 151.26，可见通过更新后的当前状态更接近于真实状态。

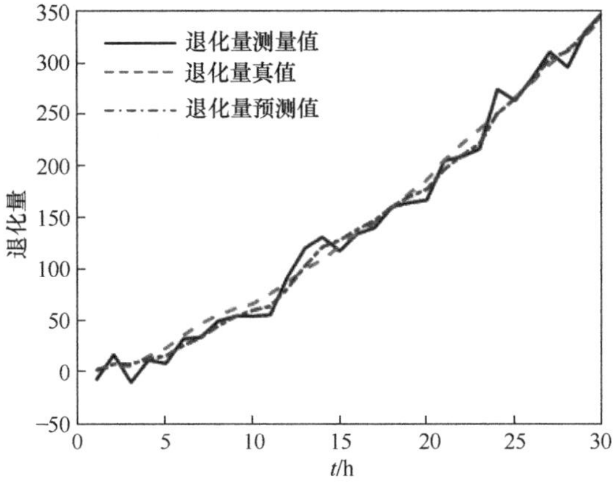

图 6-7 基于 Kalman 滤波的退化量预测值

在更新当前状态的同时，退化参数 λ 的均值和方差也得到更新，退化参数 λ 后验均值的更新过程如图 6-8 所示，可见其后验均值随着退化量的变化也在不断波动，且波动范围逐渐减小，将其与基于贝叶斯更新得到的结果进行对比，可见基于 Kalman 滤波的更新过程更加平缓，这可能是因为基于 Kalman 滤波进行更新时退化状态也在不断更新，有时较大的波动是由于测量误差引起的，而基于贝叶斯更新的过程将退化量的测量值视为退化量真值。

退化参数 λ 后验方差的更新过程如图 6-9 所示，可见其后验方差随着退化测量数据的累积不断减小，且在退化测初始阶段其减小的速度较大，在后期减小的速度逐渐放缓。相对于基于贝叶斯更新的方法，基于 Kalman 滤波得到的退化参数 λ 的后验方差更小，这可能是因为基于贝叶斯更新时过多地将退化量的方差引

入退化参数 λ 的方差中。

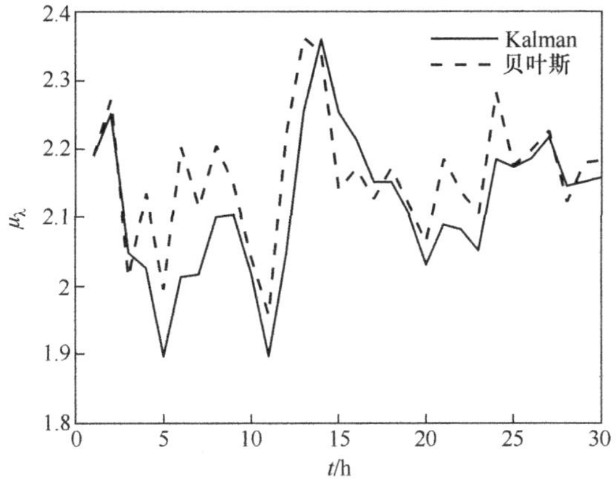

图 6-8 退化参数 λ 后验均值的更新过程

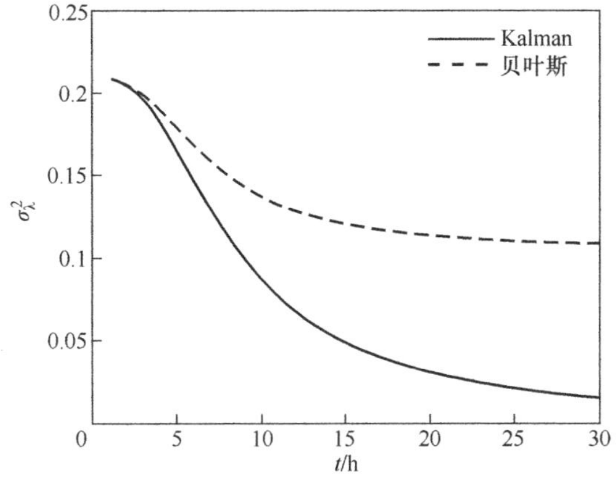

图 6-9 退化参数 λ 后验方差的更新过程

将更新后的退化参数 λ 的后验均值与后验方差以及当前状态的均值和方差代入式（6-64）可以得到剩余寿命分布的概率密度函数（PDF），如图 6-10 所示。将通过贝叶斯方法得到的概率密度函数也在图 6-10 中绘出，类似地，图中 * 处为该产品剩余寿命的真值。可见两种方法的概率密度函数都能覆盖该产品的真实寿命，但相对而言，基于 Kalman 方法得到的概率密度函数比基于贝叶斯放大得到的概率密度函数更窄，从而具有更高的预测精度和更小的置信区间。

采用剩余寿命的均方误差（MES）对两个模型进行进一步对比，剩余寿命的均方误差表示在每个检测时间点上剩余寿命的预测结果与实际剩余寿命之间误差可以表示为

$$\mathrm{MSE}_k = \int_0^{\infty} (l_k + t_k - T_{\mathrm{real}})^2 f_{L_k|\boldsymbol{Y}_{0:k}}(l_k \mid \boldsymbol{Y}_{0:k})\mathrm{d}l_k \tag{6-66}$$

式中，T_{real}为该产品剩余寿命的真值，l_k为t_k时刻的剩余寿命，$f_{L_k|\boldsymbol{Y}_{0:k}}(l_k \mid \boldsymbol{Y}_{0:k})$为$t_k$时刻估计得到的剩余寿命分布的概率密度函数。

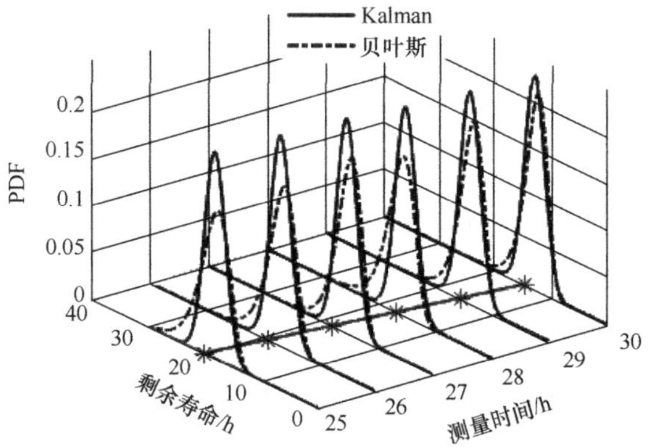

图 6-10　基于 Kalman 方法和贝叶斯方法的个体剩余寿命预测的概率密度函数对比

基于两个模型在各个测量时间点的剩余寿命的均方误差对比如图 6-11 所示，可见基于 Kalman 方法计算得到的均方误差要小于基于贝叶斯方法计算得到的均方误差。

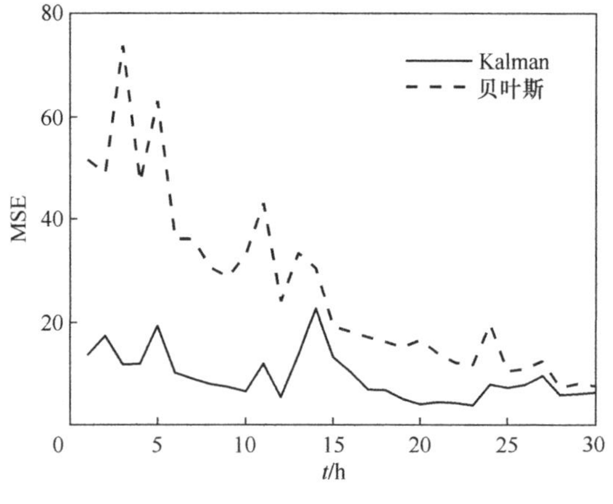

图 6-11　基于 Kalman 方法和贝叶斯方法的个体剩余寿命的均方误差对比

6.4　本章小结

本章主要考虑了测量误差对产品失效寿命及剩余寿命预测的影响，假设测量误差服从均值为 0 的正态分布，建立了考虑测量误差的产品退化模型以及寿命评估模型，取得了以下进展：

1）基于产品加速退化试验数据，建立了考虑测量误差和样本多样性的加速退化模型，采用最大似然估计法对未知参数进行估计，并将该模型应用到加速度计上。

2）充分考虑测量误差的随机性和样本之间的差异性，在此基础上推导了带测量误差的一般非线性 Wiener 过程剩余寿命的解析表达式。基于贝叶斯定理，对漂移系数的后验分布进行了实时更新。采用某产品数值仿真试验证明了基于模型 M_0 的剩余寿命预测精度比不考虑测量误差的剩余寿命预测精度高。

3）基于 Kalman 滤波理论建立了产品退化过程的状态空间模型，同时对漂移系数和退化量的估计值进行预测和更新，在更新的过程中考虑了漂移系数和退化量之间的相关性，基于多维正态分布的性质和贝叶斯全概率公式对剩余寿命分布的概率密度函数的解析表达式进行了推导。采用仿真退化数据对基于 Kalman 滤波的方法和基于贝叶斯理论的方法进行对比，结果表明基于 Kalman 滤波的方法预测精度更高，但模型较为复杂。

结　束　语

本书以具有退化特征的产品为研究对象，基于加速退化试验数据和实际使用条件下的退化数据对产品失效寿命建模理论和方法进行研究。本书的主要研究内容如下：

1）针对加速退化试验，提出了基于时间尺度转换的加速因子的概念，基于失效机理不变原则得到了基于时间尺度转换的非线性 Wiener 过程模型中退化参数与加速应力之间的定量关系，为加速退化试验失效机理一致性检验提供了理论依据。推导了考虑样本多样性时，各加速应力下产品失效寿命分布的概率密度函数和可靠度函数的解析形式，对基于时间尺度转换的非线性 Wiener 过程的恒定应力加速退化过程和步进应力加速退化过程进行建模。采用提出的模型，对某水声干扰子弹起爆电容器在常应力水平下的贮存寿命进行评估，验证了模型和方法的有效性。

2）变环境应力条件下的等效模型研究。针对产品应力不断变化的情形，从三方面着手建立等效模型。在单温度条件下，基于退化量均值相等原则提出了一般等效温度模型，该模型不仅适用于具有线性退化轨迹的产品，而且还可以用于非线性退化产品；对于温度、湿度双环境应力作用下的产品，首先建立库房环境应力载荷谱，然后采用相应的随机分布对环境应力进行描述，最后基于贝叶斯方法得到可靠度函数；为了对产品在具有遍历性特征的变环境应力下的退化过程进行建模，采用 Itô公式和泰勒公式得到产品退化量的均值和方差的近似形式，然后将变环境应力下的退化过程等效成新的 Wiener 过程，最后推导了产品失效寿命分布的概率密度函数和可靠度函数。

3）采用贝叶斯方法将产品加速退化试验数据和正常使用条件下的退化数据融合，对正常使用条件下的产品剩余寿命进行实时预测。由于产品在正常使用条件下存在除加速应力之外的其他应力的作用，因此引入了修正因子对其他环境应力的作用进行描述。考虑样本的多样性，假设漂移系数和扩散系数服从正态 - 逆 Gamma 共轭分布，通过最大期望算法对退化参数的先验分布进行估计，基于贝叶斯方法对个体的退化参数进行更新，从而实现对产品剩余寿命的实时预测。基于蒙特卡罗仿真数据对退化模型的有效性进行了验证，并将该模型用与某火箭弹用 O 形橡胶密封圈自然贮存条件下的剩余寿命预测。

4）建立基于一般非线性 Wiener 过程的加速退化模型。线性 Wiener 过程、基于时间尺度转换的非线性 Wiener 过程，以及基于非线性漂移的 Wiener 过程都是一般非线性 Wiener 过程在一定条件下的特殊形式。很多基于 Wiener 过程建立的加速退化模型的文献都假设只有漂移系数与加速应力有关，然而研究发现扩散系数与加速应力也存在一定的相关性，因此本书建立的加速退化模型同时考虑了扩散系数和加速应力之间的相关性。不考虑扩散系数与加速应力之间相关性的模型是考虑扩散系数与加速应力之间相关性的模型的特殊形式，因此还分析了基于一般非线性 Wiener 过程的加速退化模型的 6 种特殊形式，采用水声干扰子弹起爆电容器和加速度计加速退化试验数据对退化模型之间的差异性进行了对比分析，证明了本书提出的模型应用范围最广，对加速退化数据的拟合效果最好。

5）对产品真实的退化模型中扩散系数与加速应力有关却采用无关的模型进行拟合造成的模型误指定问题进行定量分析。采用Kullback - Leibler 距离衡量两个模型之间的差异性，基于 δ 方法理论对可靠度指标的均值和方差进行计算，同时基于蒙特卡罗仿真方法对模型中每个参数的变化对产品可靠度指标的影响进行了分析。

6）考虑测量误差和样本差异性对产品的剩余寿命进行预测。建立了考虑测量误差和样本差异性的产品加速退化模型，采用最大似然估计法对模型中的未知参数进行估计。分别基于贝叶斯模型和 Kalman 滤波对产品的剩余寿命进行预测，推导了在考虑测量误差时产品剩余寿命分布的概率密度函数的近似表达式。基于贝叶斯模型的方法只对漂移系数的分布参数进行了更新，基于 Kalman 滤波的方法不仅更新了漂移系数的分布参数，而且对真实退化量的预测值进行了更新，并通过某产品仿真算例对两种方法进行了对比。

本书的创新点主要体现在以下几个方面：

1）针对具有非线性退化特征的产品，提出了一般等效温度模型对自然贮存试验中不断变化的温度应力进行等效。在库房自然贮存试验中，其所处环境下的温度应力往往随时间和季节不断发生变化，经验等效温度模型主要适用于具有线性退化特征的产品，而很多产品的退化轨迹是非线性的，因此基于退化量等效原则建立了适用于非线性退化的一般等效温度模型。与经验等效温度模型和常用的平均温度模型相对比，一般等效温度模型扩展了等效温度模型的适用范围，为库房自然贮存试验中温度应力的等效奠定了理论基础。

2）提出了对加速退化试验数据和正常使用条件下的退化数据进行融合的剩余寿命预测模型。在退化模型中引入了一个修正因子，用以描述正常使用条件下产品的退化过程。基于贝叶斯理论将加速退化试验数据和正常使用条件下的退化数据融合，为提高产品剩余寿命预测精度奠定了理论基础。

3）建立了考虑漂移系数和扩散系数与加速应力相关性的非线性加速退化模型。针对产品加速退化试验，提出了基于时间尺度转换的加速因子的概念。基于失效机理不变原则和反证法，得到非线性 Wiener 过程加速退化模型中扩散系数和漂移系数都与加速应力有关的结论，建立了考虑漂移系数和扩散系数与加速应力相关性的非线性加速退化模型。该研究成果丰富了基于 Wiener 过程的加速退化失效建模理论，为长寿命、高可靠产品的寿命预测提供了理论支撑。

虽然研究取得了一定的成果，但基于随机过程的产品退化失效建模理论和方法研究依然是一个具有挑战性且意义重大的研究领域，本书只是基于其中几个关键问题进行了探讨和研究，仍然有很多问题有待进一步深入研究和解决。

1）加速退化试验失效机理一致性的检验问题。采用基于时间尺度转换的非线性 Wiener 过程以及线性 Wiener 过程对产品退化失效过程描述时，由于失效寿命的失效分布函数具有解析的形式，因此可以通过失效机理不变原则推导得到退化参数与加速应力水平之间的相关性，从而对产品加速退化试验失效机理一致性进行检验。但是，采用其他非线性 Wiener 过程对产品退化过程进行描述时，如一般非线性 Wiener 过程，很难通过解析的方式对产品加速退化试验失效机理一致性进行检验，且本书构建的退化模型中的漂移系数和扩散系数都是加速应力的函数，在这种情况下，如何定义某加速应力水平下的加速因子以及对失效机理一致性进行检验仍是一个亟待解决的问题。

2）充分考虑基于 Wiener 过程的产品退化模型中的扩散系数的随机性问题。在理论上，与漂移系数类似，由于不同样本之间的差异性，扩散系数也可能存在一定的随机性，本书建立的模型假设漂移系数和扩散系数的先验分布服从正态 - 逆 Gamma 共轭先验分布，从而可以得到其后验分布的解析形式。然而，共轭先验分布假设具有一定的局限性，因此可以建立扩散系数服从非共轭先验分布的退化失效模型。

3）基于多元退化数据的产品寿命评估模型。目前的研究工作主要集中在一元退化数据中，然而对于某些具有多个性能退化特征参数的复杂产品，某些退化特征参数呈现单调的特征，还有一些退化特征参数呈现非单调的特征，因此如何定义产品的失效阈值并建立其退化失效模型，从而对产品失效寿命进行评估值得进一步探索和分析。

参考文献

[1] 赵帅．基于数据驱动的设备剩余寿命预测关键技术研究［D］．西安：西北工业大学．2018.

[2] PASCAL V, FRÉDÉRIC K, MANUEL A. Sustainable manufacturing, maintenance policies, prognostics and health management: a literature review [J]. Reliability Engineering & System Safety, 2022, 218 (Part A): 108140.

[3] 彭喜元，彭宇，刘大同．数据驱动的故障预测［M］．哈尔滨：哈尔滨工业大学出版社，2016.

[4] SAHA B, GOEBEL K, POLL S, et al. Prognostics methods for battery health monitoring using a Bayesian framework [J]. IEEE Transactions on Instrumentation and Measurement, 2009, 58 (2): 291-296.

[5] CELAYA J R, PATIL N, SAHA S, et al. Towards accelerated aging methodologies and health management of powerMOSFETs (Technical Brief) [C] //Annual Conference of the Prognostics and Health Management Society. San Diego: NTRS, 2009.

[6] RAMASSO E, SAXENA A. Performance benchmarking and analysis of prognostic methods for CMAPSS datasets [J]. International Journal of Prognostics and Health Management, 2014 (5): 1-15.

[7] DUSMEZ S, DURAN H, AKIN B. Remaining useful lifetime estimation for thermally stressed powerMOSFETs based on state resistance variation [J]. IEEE Transactions on Industry Applications, 2016, 52 (3): 2554-2563.

[8] DUSMEZ S, HEYDARZADEH M, NOURANI M, et al. Remaining useful lifetime estimation for power MOSFETs under thermal stress with RANSAC outlier removal [J]. IEEE Transactions on Industrial Informatics, 2017, 13 (3): 1271-1279.

[9] ASTIGARRAGA D, IBANEZ F M, GALARZA A, et al. Analysis of the results of accelerated aging tests in insulated gate bipolar transistors [J]. IEEE Transactions on Power Electronics, 2016, 31 (11): 7953-7962.

[10] RIGAMONTI M, BARALDI P, ZIO E, et al. Particle filter-based prognostics for an electrolytic capacitor working in variable operating conditions [J]. IEEE Transactions on Power Electronics, 2016, 31 (2): 1567-1575.

[11] BROWN D W, KALGREN P W, BYINGTON C S, et al. Electronic prognostics——a case study using global positioning system (GPS) [J]. Microelectronics Reliability, 2007, 47 (12): 1874-1881.

[12] BROWN D W, ABBAS M, GINART A, et al. Turn-off time as an early indicator of insulated gate bipolar transistor latch-up [J]. IEEE Transactions on Power Electronics, 2012, 27 (2): 479-489.

[13] 罗天元，周堃，余淑华，等．国外弹药贮存寿命试验与评价技术概述［J］．理论与实验研究，2005，2（4）：17-22.

[14] MEEKER W Q, ESCOBAR L A, LU C J. Accelerated degradation tests: modeling and analysis [J]. Technometrics, 1998, 40 (2): 89 - 99.

[15] ESCOBAR L A, MEEKER W Q. A review of accelerated test models [J]. Statistical Science, 2006, 21 (4): 552 - 577.

[16] 冯志刚, 方昌华, 李静. 国外导弹加速老化试验现状分析 [J]. 导弹与航天运载技术, 2008 (2): 30 - 34.

[17] 朱觅, 王卫国, 吴昌. 某型空空导弹贮存寿命研究 [J]. 国防技术基础, 2007 (5): 40 - 44.

[18] 李长福, 夏建中, 黄跃德, 等. 考虑删失数据时弹药贮存可靠性评估方法研究 [J]. 兵工学报, 1996, 17 (4): 303 - 307.

[19] 郑波, 张国安, 李明. 自然贮存环境下弹药系统贮存可靠性评估 [J]. 质量与可靠性, 2003 (3): 22 - 25.

[20] 张志会. 高原环境弹药储存可靠性及评估方法研究 [D]. 南京: 南京理工大学, 2008.

[21] ZHANG Y J, MING Z, ZHANG S T, et al. An integrated approach to estimate storage reliability with initial failures based on E - Bayesian estimates [J]. Reliability Engineering & System Safety, 2017, 159: 24 - 36.

[22] 张生鹏, 李宏民, 赵朋飞. 导弹装备贮存寿命加速试验技术体系探讨 [J]. 装备环境工程, 2018, 15 (2): 92 - 96.

[23] 中华人民共和国第四机械工业部恒定应力寿命试验和加速寿命试验方法　总则: GB 2689.1—1981 [S]. 北京: 中国标准出版社, 1981.

[24] 全国质量监管重点产品检验方法标准化技术委员会. 电工电子产品加速应力试验规程　高加速寿命试验导则: GB/T 29309—2012 [S]. 北京: 中国标准出版社, 2013.

[25] 申争光, 苑景春, 董静宇, 等. 弹上设备加速寿命试验中加速因子估计方法 [J]. 系统工程与电子技术, 2015, 37 (8): 1948 - 1952.

[26] COOK J L. Applications of service life prediction for US army ammunition [J]. Safety & Reliability, 2016, 30 (3): 58 - 75.

[27] 张二梅. 基于粒子群优化的 BP 神经网络对弹药贮存可靠性预测的研究 [D]. 沈阳: 沈阳理工大学, 2018.

[28] 赵铁山, 齐杏林, 郑波, 等. 某制导弹药电子延时器长贮退化原因探析 [J]. 电子产品可靠性与环境试验, 2014, 32 (1): 41 - 45.

[29] 范志锋, 崔平, 文健, 等. 基于退化敏感参数的弹药控制系统储存寿命评估 [J]. 弹箭与制导学报, 2013, 33 (5): 109 - 111.

[30] SI X S, CHEN M Y, WANG W B, et al. Specifying measurement errors for required lifetime estimation performance [J]. European Journal of Operational Research, 2013, 231 (3): 631 - 644.

[31] SUN L, GU X H, FENG L, et al. Reliability analysis of rubber O - rings used in the rockets [C] //IEEE International Conference on Industrial Engineering and Engineering Management.

Bali：IEEE，2016.

[32] FAN Z F，QI X L，LEI B. Feasibility analysis of accelerated degradation test for ammunition [C] //2010 International Conference of Information Science and Management Engineering. Xi' an：IEEE，2010.

[33] KECECIOGLU D，JACKS J A. The Arrhenius，Eyring，inverse power law and combination models in accelerated life testing [J]. Reliability Engineering，1984，8 (1)：1 -9.

[34] GUÉRIN F，LANTIERI P，DUMON B. Applying accelerated life models to HALT testing [C] //9th ISSAT International Conference on Reliability & Quality Design. San Francisco：International Society of Science and Applied Technologies，2003.

[35] PARK C，PADGETT W J. Stochastic degradation models with several accelerating variables [J]. IEEE Transactions on Reliability，2006，55 (2)：379 -390.

[36] KLINGER D J. On the notion of activation energy in reliability：arrhenius，eyring，and thermodynamics [C] //Reliability & Maintainability Symposium. Orlando：IEEE，1991.

[37] KIM I T，ITOH Y. Accelerated exposure tests as evaluation tool for estimating life of organic coatings on steel bridges [J]. British Corrosion Journal，2014，42 (3)：242 -252.

[38] PECK D S. Comprehensive model for humidity testing correlation [C] //24th International Reliability Physics Symposium. Anaheim：IEEE，1986.

[39] WANG W Y，MA X B，CHANG S H，et al. A comparison of two accelerated degradation models with temperature and humidity as accelerating stresses [J]. Applied Mechanics & Materials，2013 (300 -301)：1162 -1170.

[40] 张国龙，蔡金燕，梁玉英，等. 电子装备多应力加速退化试验技术及可靠性评估方法研究 [J]. 航空学报，2013，34 (12)：2815 -2822.

[41] MEEKER W Q，ESCOBAR L A，LU C J. Accelerated degradation tests：modeling and analysis [J]. Technometrics，1998，40 (2)：89 -99.

[42] GERTSBAKH I B，KORDONSKIY K B. Models of failure [M]. New York：Springer - Verlag New York Inc，1969.

[43] 黄文平. 基于性能退化与冲击的竞争失效可靠性建模与维修优化研究 [D]. 长沙：国防科学技术大学，2016.

[44] 胡昌华，施权，司小胜，等. 数据驱动的寿命预测和健康管理技术研究进展 [J]. 信息与控制，2017，46 (1)：72 -82.

[45] LU C J，MEEKER W O. Using degradation measures to estimate a time - to - failure distribution [J]. Technometrics，1993，35 (2)：161 -174.

[46] WILSON S P，TAYLOR D. Reliability assessment from fatigue micro - crack data [J]. IEEE Transactions on Reliability，1997，46 (2)：165 -172.

[47] MEEKER W Q，LUVALLE M J. An accelerated life test model based on reliability kinetics [J]. Technometrics，1995，37 (2)：133 -146.

[48] 刘娟. 电连接器步进应力加速退化试验技术的研究 [D]. 杭州：浙江大学，2013.

[49] LIU W K，HE G Q. Storage life of silicone rubber sealing ring used in solid rocket motor [J].

Chinese Journal of Aeronautics, 2014, 27 (6): 1469 – 1476.

[50] TAKEDA E S N. An empirical model for device degradation due to hot – carrier injection [J]. IEEE Electron Device Letters, 1983, 4 (4): 111 – 113.

[51] MEEKER W Q, ESCOBAR L A. Statistical methods for reliability data [M]. New York: John Wiley & Sons, 1998.

[52] FERREIRA J C, FREITAS M A, COLOSIMO E A. Degradation data analysis for samples under unequal operating conditions: a case study on train wheels [J]. Journal of Applied Statistics, 2012, 39 (12): 2721 – 2739.

[53] YUAN X X, PANDEY M D. A nonlinear mixed – effects model for degradation data obtained from in – service inspections [J]. Reliability Engineering & System Safety, 2009, 94 (2): 509 – 519.

[54] BHUYAN P, SENGUPTA D. Estimation of reliability with semi – parametric modeling of degradation [J]. Computational Statistics & Data Analysis, 2017, 115: 172 – 185.

[55] CHEN W H, LIU J, GAO L, et al. Step – stress accelerated degradation test modeling and statistical analysis methods [J]. Chinese Journal of Mechanical Engineering, 2013, 26 (6): 1154 – 1159.

[56] LIU T Y, SUN Q, PAN Z Q, et al. Irregular time – varying stress degradation path modeling: a case study on lithium – ion cell degradation [J]. Quality and Reliability Engineering International, 2016, 32 (5): 1889 – 1902.

[57] RODRIGUEZ – PICON L A, FLORESOCHOA V H. Estimation of a log – linear model for the reliability assessment of products under two stress variables [J]. International Journal of System Assurance Engineering and Management, 2017, 8 (2): 1026 – 1040.

[58] QI H, ZHANG X, XIE X, et al. Storage life of power switching transistors based on performance degradation data [J]. Journal of Semiconductors, 2014, 35 (4): 044001 – 044006.

[59] HONG Y, DUAN Y, MEEKER W Q, et al. Statistical methods for degradation data with dynamic covariates information and an application to outdoor weathering data [J]. Technometrics, 2015, 57 (2): 180 – 193.

[60] BOULANGER M K R. Reliability assessment based on accelerated degradation: a case study [J]. IEEE Transactions on Reliability, 1991, 40 (5): 499 – 506.

[61] YE Z S, XIE M. Stochastic modelling and analysis of degradation for highly reliable products [J]. Applied Stochastic Models in Business and Industry, 2015, 31 (1): 16 – 32.

[62] MOHAMED A H. A Gamma wear process [J]. IEEE Transactions on Reliability, 1975, R – 24 (2): 152 – 153.

[63] SINGPURWALLA N D. Survival in dynamic environments [J]. Statistical Science, 1995, 10 (1):86 – 103.

[64] NOORTWIJK J M V. A survey of the application of Gamma processes in maintenance [J]. Reliability Engineering & System Safety, 2009, 94: 2 – 21.

[65] SUN B, YAN M, FENG Q, et al. Gamma degradation process and accelerated model combined

reliability analysis method for rubber O – rings [J]. IEEE Access, 2018 (6): 10581 – 10590.

[66] PARK C, PADGETT W J. Accelerated degradation models for failure based on geometric brownian motion and Gamma processes [J]. Lifetime Data Analysis, 2005, 11 (4): 511 – 527.

[67] LAWLESS J, CROWDER M. Covariates and random effects in a Gamma process model with application to degradation and failure [J]. Lifetime Data Analysis, 2004, 10 (3): 213 – 227.

[68] WANG H W, XU T X, MI Q L. Lifetime prediction based on Gamma processes from accelerated degradation data [J]. Chinese Journal of Aeronautics, 2015, 28 (1): 172 – 179.

[69] 朱贝蓓, 蔡景, 陈康. 基于 Gamma 过程的碳化钨涂层磨损剩余寿命 [J]. 南京航空航天大学学报, 2016, 48 (6): 884 – 889.

[70] MAHMOODIAN M, ALANI A. Modeling deterioration in concrete pipes as a stochastic Gamma process for time – dependent reliability analysis [J]. Journal of Pipeline Systems Engineering and Practice, 2013, 5 (1): 1 – 5.

[71] WEI Q D, DAN X. Remaining useful life estimation based on Gamma process considered with measurement error [C] //International Conference on Reliability Maintainability and Safety. Guangzhou: IEEE, 2014.

[72] PARK S H, KIM J H. Application of Gamma process model to estimate the lifetime of photovoltaic modules [J]. Solar Energy, 2017, 147: 390 – 398.

[73] PARK S H, KIM J H. Lifetime estimation of led lamp using Gamma process model [J]. Microelectronics Reliability, 2016, 57: 71 – 78.

[74] 张英波, 贾云献, 冯添乐, 等. 基于 Gamma 退化过程的直升机主减速器行星架剩余寿命预测模型 [J]. 振动与冲击, 2012, 31 (14): 47 – 51.

[75] PENG W W, LI Y F, YANG Y J, et al. Leveraging degradation testing and condition monitoring for field reliability analysis with time – varying operating missions [J]. IEEE Transactions on Reliability, 2015, 64 (4): 1367 – 1382.

[76] WANG X, XU D H. An inverse gaussian process model for degradation data [J]. Technometrics, 2010, 52 (2): 188 – 197.

[77] YE Z S, CHEN N. The inverse gaussian process as a degradation model [J]. Technometrics, 2014, 56 (3): 302 – 311.

[78] PENG C Y. Inverse gaussian processes with random effects and explanatory variables for degradation data [J]. Technometrics, 2014, 57 (1): 100 – 111.

[79] PENG W W, LI Y F, YANG Y J, et al. Inverse gaussian process models for degradation analysis: a Bayesian perspective [J]. Reliability Engineering & System Safety, 2014, 130: 175 – 189.

[80] WEN P W, FENG L Y, JIAN Y Y, et al. Bivariate analysis of incomplete degradation observations based on inverse gaussian processes and copulas [J]. IEEE Transactions on Reliability, 2016, 65 (2): 1 – 16.

[81] DUAN F J, WANG G J, WANG H. Inverse gaussian process models for bivariate degradation analysis: a Bayesian perspective [J]. Communications in Statistics – Simulation and Computa-

tion, 2018, 47 (1): 166 - 186.

[82] YE Z S, CHEN L P, TANG L C, et al. Accelerated degradation test planning using the inverse gaussian process [J]. IEEE Transactions on Reliability, 2014, 63 (3): 750 - 763.

[83] PENG W W, LIU Y, LI Y F, et al. A Bayesian optimal design for degradation tests based on the inverse gaussian process [J]. Journal of Mechanical Science and Technology, 2014, 28 (10): 3937 - 3946.

[84] WANG H, WANG G J, DUAN F J. Planning of step - stress accelerated degradation test based on the inverse gaussian process [J]. Reliability Engineering & System Safety, 2016, 154: 97 - 105.

[85] BHATTACHARYYA G K, FRIES A. Fatigue failure models - birnbaum - saunders vs. Inverse gaussian [J]. IEEE Transactions on Reliability, 1982, R - 31 (5): 439 - 441.

[86] TAKSAR M I. First hitting time of curvilinear boundary by Wiener process [J]. Annals of Probability, 1982, 10 (4): 1029 - 1031.

[87] BALKA J, DESMOND A F, MCNICHOLAS P D. Review and implementation of cure models based on first hitting times for Wiener processes [J]. Lifetime Data Analysis, 2009, 15 (2): 147 - 176.

[88] COX D R. Some remarks on failure - times, surrogate markers, degradation, wear, and the quality of life [J]. Lifetime Data Analysis, 1999, 5 (4): 307 - 314.

[89] TSAI T R, LIN C W, SUNG Y L, et al. Inference from lumen degradation data under Wiener diffusion process [J]. IEEE Transactions on Reliability, 2012, 61 (3): 710 - 718.

[90] LIN H J, GOLUBOVIĆ D S, SAU K, et al. Degradation modeling of mid - power white - light leds by using Wiener process [J]. Optics Express, 2015, 23 (15): A966 - A978.

[91] 彭宝华，周经伦，潘正强. Wiener 过程性能退化产品可靠性评估的 Bayes 方法 [J]. 系统工程理论与实践, 2010, 30 (3): 543 - 549.

[92] JIN G, MATHEW D E, ZHOU Z B. A Bayesian framework for on - line degradation assessment and residual life prediction of secondary batteries in spacecraft [J]. Reliability Engineering & System Safety, 2013, 113: 7 - 20.

[93] EBRAHIMI N. System reliability based on diffusion models for fatigue crack growth [J]. Naval Research Logistics, 2010, 52 (1): 46 - 57.

[94] MISHRA S, VANLI O A. Remaining useful life estimation with lamb - wave sensors based on Wiener process and principal components regression [J]. Journal of Nondestructive Evaluation, 2015, 35 (1): 1 - 13.

[95] WANG Y, YE Z S, TSUI K L. Stochastic evaluation of magnetic head wears in hard disk drives [J]. IEEE Transactions on Magnetics, 2014, 50 (5): 1 - 7.

[96] BIAN L, GEBRAEEL N, KHAROUFEH J P. Degradation modeling for real - time estimation of residual lifetimes in dynamic environments [J]. IIE Transactions, 2015, 47 (5): 471 - 486.

[97] LI H, PAN D, CHEN C L. Reliability modeling and life estimation using an expectation maximization based Wiener degradation model for momentum wheels [J]. IEEE Transactions on Cyber-

netics, 2015, 45 (5): 955 -963.

[98] YU H F. Optimal classification of highly - reliable products whose degradation paths satisfy Wiener processes [J]. Engineering Optimization, 2003, 35 (3): 313 -324.

[99] YU H F. Optimal selection of the most reliable design whose degradation path satisfies a Wiener process [J]. International Journal of Quality & Reliability Management, 2003, 20 (9): 1084 -1095.

[100] PENG C Y, TSENG S T. Mis - specification analysis of linear degradation models [J]. IEEE Transactions on Reliability, 2009, 58 (3): 444 -455.

[101] PENG C Y, TSENG S T. Statistical lifetime inference with skew - Wiener linear degradation models [J]. IEEE Transactions on Reliability, 2013, 62 (2): 338 -350.

[102] WANG X L, BALAKRISHNAN N, GUO B. Residual life estimation based on a generalized Wiener process with skew - normal random effects [J]. Communications in Statistics - Simulation and Computation, 2014, 45 (6): 2158 -2181.

[103] HUANG Z Y, XU Z G, KE X J, et al. Remaining useful life prediction for an adaptive skew - Wiener process model [J]. MECHANICAL SYSTEMS AND SIGNAL PROCESSING, 2017, 87: 294 -306.

[104] TANG J, SU T S. Estimating failure time distribution and its parameters based on intermediate data from a Wiener degradation model [J]. Naval Research Logistics, 2008, 55 (3): 265 -276.

[105] GEBRAEEL N Z, LAWLEY M A, LI R, et al. Residual - life distributions from component degradation signals: a Bayesian approach [J]. IIE Transactions, 2005, 37 (6): 543 -557.

[106] SI X S, WANG W B, CHEN M Y, et al. A degradation path - dependent approach for remaining useful life estimation with an exact and closed - form solution [J]. European Journal of Operational Research, 2013, 226 (1): 53 -66.

[107] LI N P, LEI Y G, LIN J, et al. An improved exponential model for predicting remaining useful life of rolling element bearings [J]. IEEE Transactions on Industrial Electronics, 2015, 62 (12): 7762 -7773.

[108] SI X S, WANG W B, HU C H, et al. Remaining useful life estimation——a review on the statistical data driven approaches [J]. European Journal of Operational Research, 2011, 213 (1):1 -14.

[109] WHITMORE G A, SCHENKELBERG F. Modeling accelerated degradation data using Wiener diffusion with a time scale transformation [J]. Lifetime Data Analysis, 1997, 3 (1): 27 -45.

[110] WANG X. Wiener processes with random effects for degradation data [J]. Journal Of Multivariate Analysis, 2010, 101 (2): 340 -351.

[111] DI NARDO E, NOBILE A G, PIROZZI E, et al. A computational approach to first - passage - time problems for gauss - markov processes [J]. Advances in Applied Probability, 2001, 33 (2): 453 -482.

[112] TSENG S T, PENG C Y. Stochastic diffusion modeling of degradation data [J]. Journal of Data Science, 2007, 5 (3): 315 -333.

[113] SI X S, WANG W B, HU C H, et al. Remaining useful life estimation based on a nonlinear diffusion degradation process [J]. IEEE Transactions on Reliability, 2012, 61 (1): 50 -67.

[114] WANG X L, JIANG P, GUO B, et al. Real - time reliability evaluation with a general Wiener process - based degradation model [J]. Quality and Reliability Engineering International, 2014, 30 (2): 205 -220.

[115] WANG X L, BALAKRISHNAN N, GUO B. Residual life estimation based on nonlinear - multivariate Wiener processes [J]. Journal of Statistical Computation and Simulation, 2014, 85 (9):1742 -1764.

[116] WANG Z Q, HU C H, FAN H D. Real - time remaining useful life prediction for a nonlinear degrading system in service: application to bearing data [J]. IEEE/ASME Transactions on Mechatronics, 2018, 23 (1): 211 -222.

[117] HUANG Z, XU Z, WANG W, et al. Remaining useful life prediction for a nonlinear heterogeneous Wiener process model with an adaptive drift [J]. IEEE Transactions on Reliability, 2015, 64 (2): 687 -700.

[118] WANG W B, CARR M, XU W J, et al. A model for residual life prediction based on brownian motion with an adaptive drift [J]. Microelectronics Reliability, 2011, 51 (2): 285 -293.

[119] SI X S, WANG W, HU C H, et al. A Wiener - process - based degradation model with a recursive filter algorithm for remaining useful life estimation [J]. Mechanical Systems & Signal Processing, 2013, 35 (1 -2): 219 -237.

[120] WANG X J, LIN S, WANG S P, et al. Remaining useful life prediction based on the Wiener process for an aviation axial piston pump [J]. Chinese Journal of Aeronautics, 2016, 29 (3):779 -788.

[121] WANG W B, CARR M. An adapted brownion motion model for plant residual life prediction [C] //Prognostics & Syetem Health Management Conference. Macao: IEEE, 2010.

[122] WEI M H, CHEN M Y, ZHOU D H. Multi - sensor information based remaining useful life prediction with anticipated performance [J]. IEEE Transactions on Reliability, 2013, 62 (1):183 -198.

[123] SI X S, HU C H, CHEN M Y, et al. An adaptive and nonlinear drift - based Wiener process for remaining useful life estimation [C] //Prognostics & System Health Management Conference. Shenzhen: IEEE, 2011.

[124] HU C, PEI H, WANG Z Q, et al. A new remaining useful life estimation method for equipment subjected to intervention of imperfect maintenance activities [J]. Chinese Journal of Aeronautics, 2018, 31 (3): 514 -528.

[125] FENG J, SUN Q, JIN T D. Storage life prediction for a high - performance capacitor using multi - phase Wiener degradation model [J]. Communications in Statistics - Simulation and

Computation, 2012, 41 (8): 1317 - 1335.

[126] WEN Y X, WU J G, DAS D, et al. Degradation modeling and RUL prediction using Wiener process subject to multiple change points and unit heterogeneity [J]. Reliability Engineering & System Safety, 2018, 176: 113 - 124.

[127] PAN Z Q, BALAKRISHNAN N, SUN Q, et al. Bivariate degradation analysis of products based on Wiener processes and copulas [J]. Journal of Statistical Computation and Simulation, 2013, 83 (7): 1316 - 1329.

[128] ZHANG H W, CHEN M Y, ZHOU D H. Remaining useful life prediction for a nonlinear multi - degradation system with public noise [J]. Journal of Systems Engineering and Electronics, 2018, 29 (2): 429 - 435.

[129] PAN Z Q, ZHOU J L, PENG B H. Optimal design for accelerated degradation tests with several stresses based on Wiener process [J]. Systems Engineering - Theory & Practice, 2009, 29 (8):64 - 71.

[130] PAN Z Q, BALAKRISHNAN N. Multiple - steps step - stress accelerated degradation modeling based on Wiener and Gamma processes [J]. Communications in Statistics - Simulation and Computation, 2010, 39 (7): 1384 - 1402.

[131] LIM H, YUM B J. Optimal design of accelerated degradation tests based on Wiener process models [J]. Journal of Applied Statistics, 2011, 38 (2): 309 - 325.

[132] TSENG S T, TSAI C C, BALAKRISHNAN N. Optimal sample size allocation for accelerated degradation test based on Wiener process [M]. Encyclopedia of statistical sciences, 2004: 330 - 343.

[133] TSAI C C, LIN C T, BALAKRISHNAN N. Optimal design for accelerated - stress acceptance test based on Wiener process [J]. IEEE Transactions on Reliability, 2015, 64 (2): 603 - 612.

[134] SUNG S I, YUM B J. Optimal design of step - stress accelerated degradation tests based on the Wiener degradation process [J]. Quality Technology & Quantitative Management, 2016, 13 (4):367 - 393.

[135] CHEN Z, LI S, PAN E S. Optimal constant - stress accelerated degradation test plans using nonlinear generalized Wiener process [J]. Mathematical Problems in Engineering, 2016: 1 - 11.

[136] ZHAI Q Q, YE Z S. RUL prediction of deteriorating products using an adaptive Wiener process model [J]. IEEE Transactions on Industrial Informatics, 2017, 13 (6): 2911 - 2921.

[137] LI N P, LEI Y G, GUO L, et al. Remaining useful life prediction based on a general expression of stochastic process models [J]. IEEE Transactions on Industrial Electronics, 2017, 64 (7):5709 - 5718.

[138] XI X P, CHEN M Y, ZHOU D H. Remaining useful life prediction for degradation processes with memory effects [J]. IEEE Transactions on Reliability, 2017, 66 (3): 751 - 760.

[139] WHITMORE G A. Estimating degradation by a Wiener diffusion process subject to measurement

error [J]. Lifetime data analysis, 1995, 1 (3): 307 - 319.

[140] YE Z S, WANG Y, TSUI K L, et al. Degradation data analysis using Wiener processes with measurement errors [J]. IEEE Transactions on Reliability, 2013, 62 (4): 772 - 780.

[141] PENG C Y, HSU S C. A note on a Wiener process with measurement error [J]. Applied Mathematics Letters, 2012, 25 (4): 729 - 732.

[142] LI J X, WANG Z H, LIU X, et al. A Wiener process model for accelerated degradation analysis considering measurement errors [J]. Microelectronics Reliability, 2016, 65: 8 - 15.

[143] QING Z Q, YE Z S, YANG J, et al. Measurement errors in degradation - based burn - in [J]. Reliability Engineering & System Safety, 2016, 150: 126 - 135.

[144] 司小胜, 胡昌华, 周东华. 带测量误差的非线性退化过程建模与剩余寿命估计 [J]. 自动化学报, 2013, 39 (5): 530 - 541.

[145] TANG S J, GUO X S, YU C Q, et al. Real time remaining useful life prediction based on nonlinear Wiener based degradation processes with measurement errors [J]. Journal of Central South University, 2014, 21 (12): 4509 - 4517.

[146] CAI Z Y, CHEN Y X, ZHANG Q, et al. Residual lifetime prediction model of nonlinear accelerated degradation data with measurement error [J]. Journal of Systems Engineering and Electronics, 2017, 28 (5): 1028 - 1038.

[147] XU Z G, JI Y D, ZHOU D H. Real - time reliability prediction for a dynamic system based on the hidden degradation process identification [J]. IEEE Transactions on Reliability, 2008, 57 (2):230 - 242.

[148] SI X S, WANG W B, HU C H, et al. Estimating remaining useful life with three - source variability in degradation modeling [J]. IEEE Transactions on Reliability, 2014, 63 (1): 167 - 190.

[149] ZHENG J F, SI X S, HU C H, et al. A nonlinear prognostic model for degrading systems with three - source variability [J]. IEEE Transactions on Reliability, 2016, 65 (2): 1 - 15.

[150] 冯磊, 王宏力, 周志杰, 等. 基于状态空间的惯性测量组合剩余寿命在线预测 [J]. 清华大学学报 (自然科学版), 2014 (4): 508 - 514.

[151] 司小胜, 胡昌华, 李娟, 等. 具有不确定测量的非线性随机退化系统剩余寿命预测 [J]. 上海交通大学学报, 2015, 49 (6): 855 - 860.

[152] FENG L, WANG H L, SI X S, et al. A state - space - based prognostic model for hidden and age - dependent nonlinear degradation process [J]. IEEE Transactions on Automation Science and Engineering, 2013, 10 (4): 1072 - 1086.

[153] ZHAI Q Q, YE Z S. Robust degradation analysis with non - gaussian measurement errors [J]. IEEE Transactions on Instrumentation & Measurement, 2017, 66 (11): 2803 - 2812.

[154] LIU Z Y, MA X B, ZHAO Y. Storage reliability assessment for missile component with degradation failure mode in a temperature varying environment [J]. Acta Aeronautica et Astronautica Sinica, 2012, 33 (9): 1671 - 1678.

[155] CAI Y K, DAI W, MA X B, et al. Reliability prediction method with field environment variation

[C] //61st Annual Reliability and Maintainability Symposium. Palm Harbor: IEEE, 2015.

[156] FLORY J A, KHAROUFEH J P, GEBRAEEL N Z. A switching diffusion model for lifetime estimation in randomly varying environments [J]. IIE Transactions, 2014, 46 (11): 1227 - 1241.

[157] PENG C Y, TSENG S T. Progressive - stress accelerated degradation test for highly - reliable products [J]. IEEE Transactions on Reliability, 2010, 59 (1): 30 - 37.

[158] LIAO H T, ELSAYED E A. Reliability inference for field conditions from accelerated degradation testing [J]. Naval Research Logistics, 2006, 53 (6): 576 - 587.

[159] LIAO H T, TIAN Z G. A framework for predicting the remaining useful life of a single unit under time - varying operating conditions [J]. IIE Transactions, 2013, 45 (9): 964 - 980.

[160] 王立志, 姜同敏, 李晓阳, 等. 融合加速试验及外场使用信息的寿命评估方法 [J]. 北京航空航天大学学报, 2013, 39 (7): 947 - 951.

[161] WANG L Z, PAN R, LI X Y, et al. A Bayesian reliability evaluation method with integrated accelerated degradation testing and field information [J]. Reliability Engineering & System Safety, 2013, 112: 38 - 47.

[162] CAI Z Y, CHEN Y X, XIANG C H, et al. Reliability assessment method with integrated prior accelerated degradation and field degradation data [J]. Systems Engineering and Electronics, 2016, 38 (4): 970 - 976.

[163] LIU T Y, SUN Q, FENG J, et al. Residual life estimation under time - varying conditions based on a Wiener process [J]. Journal of Statistical Computation and Simulation, 2016, 87 (2): 211 - 226.

[164] JIN G, MATTHEWS D, FAN Y W, et al. Physics of failure - based degradation modeling and lifetime prediction of the momentum wheel in a dynamic covariate environment [J]. Engineering Failure Analysis, 2013, 28 (3): 222 - 240.

[165] 谭源源, 张春华, 陈循, 等. 基于加速寿命试验的剩余寿命评估方法 [J]. 机械工程学报, 2010, 46 (2): 150 - 154.

[166] PAN R. A Bayes approach to reliability prediction utilizing data from accelerated life tests and field failure observations [J]. Quality and Reliability Engineering International, 2009, 25 (2): 229 - 240.

[167] MEEKER W Q, ESCOBAR L A, HONG Y. Using accelerated life tests results to predict product field reliability [J]. Technometrics, 2009, 51 (2): 146 - 161.

[168] 蔡忠义, 陈云翔, 王莉莉, 等. 融合外场使用和加速寿命数据的可靠性评估方法 [J]. 系统工程与电子技术, 2016, 38 (6): 1476 - 1480.

[169] 蔡忠义, 陈云翔, 李韶亮, 等. 考虑随机退化和信息融合的剩余寿命预测方法 [J]. 上海交通大学学报, 2016, 50 (11): 1778 - 1783.

[170] WANG Z H, FU H M, ZHANG Y B. Analyzing degradation by an independent increment process [J]. Quality and Reliability Engineering International, 2014, 30 (8): 1275 - 1283.

[171] DUAN F J, WANG G J. Exponential - dispersion degradation process models with random

effects and covariates [J]. IEEE Transactions on Reliability, 2018, 67 (3): 1128 - 1142.

[172] TSENG S T, LEE I C. Optimum allocation rule for accelerated degradation tests with a class of exponential - dispersion degradation models [J]. Technometrics, 2016, 58 (2): 244 - 254.

[173] DUNN P K, SMYTH G K. Series evaluation of Tweedie exponential dispersion model densities [J]. Statistics & Computing, 2005, 15 (4): 267 - 280.

[174] DUNN P K, SMYTH G K. Evaluation of Tweedie exponential dispersion model densities by fourier inversion [J]. Statistics & Computing, 2008, 18 (1): 73 - 86.

[175] TANG S J, GUO X S, YU C Q, et al. Accelerated degradation tests modeling based on the nonlinear Wiener process with random effects [J]. Mathematical Problems in Engineering, 2014: 1 - 11.

[176] YE Z S, CHEN N, SHEN Y. A new class of Wiener process models for degradation analysis [J]. Reliability Engineering & System Safety, 2015, 139: 58 - 67.

[177] WANG W. A model to determine the optimal critical level and the monitoring intervals in condition - based maintenance [J]. International Journal of Production Research, 2000, 38 (6): 1425 - 1436.

[178] NELSON W. Analysis of performance - degradation data from accelerated tests [J]. IEEE Transactions on Reliability, 1981, R - 30 (2): 149 - 155.

[179] WANG H W, XI W J. Acceleration factor constant principle and the application under ADT [J]. Quality and Reliability Engineering International, 2016, 32 (7): 2591 - 2600.

[180] 王浩伟, 滕克难, 盖炳良. 基于加速因子不变原则的加速退化数据分析方法 [J]. 电子学报, 2018, 46 (3): 739 - 747.

[181] SI X S, WANG W B, HU C H, et al. A Wiener - process - based degradation model with a recursive filter algorithm for remaining useful life estimation [J]. MECHANICAL SYSTEMS AND SIGNAL PROCESSING, 2013, 35 (1 - 2): 219 - 237.

[182] TSAI C C, TSENG S T, BALAKRISHNAN N. Mis - specification analyses of Gamma and Wiener degradation processes [J]. Journal of Statistical Planning and Inference, 2011, 141 (12): 3725 - 3735.

[183] NGUYEN K T P, FOULADIRAD M, GRALL A. Model selection for degradation modeling and prognosis with health monitoring data [J]. Reliability Engineering & System Safety, 2018, 169: 105 - 116.

[184] WANG X F, ZHANG Y Z, SHEN G X. Degradation model analysis of two - component series and parallel systems [J]. Journal of Statistical Computation and Simulation, 2017, 87 (13): 2639 - 2656.

[185] DEMPSTER A P, LAIRD N M, RUBIN D B. Maximum likelihood estimation from incomplete data via the EM algorithm [J]. Journal of the Royal Statistical Society Series B, 1977, 39 (1):1 - 38.

[186] NEAL R M, HINTON G E. Learning in graphical models [M]. Dordrecht: Springer, 1988.

[187] MCLACHLAN G, KRISHNAN T. The EM algorithm and extensions [M]. New York: John

Wiley & Sons, 2007.

[188] WANG Z B, SHANG S, ZHAI G F, et al. Research on storage degradation testing and life prediction based on arma and wavelet transform model for aerospace electromagnetic relay [C] // IEEE 60th Holm Conference on Electrical Contacts (Holm). New Orleans: IEEE, 2014.

[189] HUANG J Y, GAO C, CUI W, et al. Lifetime prediction for tantalum capacitors with multiple degradation measures and particle swarm optimization based grey model [J]. Journal of Central South University, 2012, 19 (5): 1302 - 1310.

[190] 钟立强, 陈文华, 钱萍, 等. 贮存剖面下电连接器接触性能退化统计建模研究 [J]. 机械工程学报, 2018, 54 (24): 197 - 205.

[191] 王铁军. 舰船电缆热老化寿命的研究 [J]. 海军工程大学学报, 2000 (1): 76 - 79.

[192] WANG C H, HSU C H. New nonisothermal Arrhenius temperature integral approximate formula [J]. Environmental Engineering Science, 2012, 29 (10): 964 - 971.

[193] PURNELL P. Interpretation of climatic temperature variations for accelerated ageing models [J]. Journal Of Materials Science, 2004, 39 (1): 113 - 118.

[194] WOO C S, CHOI S S, LEE S B, et al. Useful lifetime prediction of rubber components using accelerated testing [J]. IEEE Transactions on Reliability, 2010, 59 (1): 11 - 17.

[195] COONS J E, MCKAY M D, HAMADA M S. A Bayesian analysis of the compression set and stress - strain behavior in a thermally aged silicone foam [J]. Polymer Degradation And Stability, 2006, 91 (8): 1824 - 1836.

[196] 肖坤, 顾晓辉, 彭琛. 基于恒定应力加速退化试验的某引信用O型橡胶密封圈可靠性评估 [J]. 机械工程学报, 2014, 50 (16): 62 - 69.

[197] 王浩伟, 滕克难, 奚文骏. 非恒定环境下基于载荷谱的导弹部件寿命预测 [J]. 兵工学报, 2016, 37 (8): 1524 - 1529.

[198] 陈萍, 侯传志, 冯予. 随机数学 [M]. 北京: 国防工业出版社, 2008.

[199] 孙锐. 基于D - S证据理论的信息融合及在可靠性数据处理中的应用研究 [D]. 成都: 电子科技大学, 2012.

[200] SUN L, GU X H, SONG P, et al. A generalized equivalent temperature model in a time - varying environment [J]. Eksploatacja I Niezawodnosc - Maintenance and Reliability, 2017, 19 (3): 432 - 440.

[201] 李瑞, 汪立新, 刘刚, 等. 基于加速退化模型的加速度计非线性特征分析及贮存寿命预测 [J]. 中国惯性技术学报, 2014, 12 (1): 125 - 130.

[202] WANG X L, BALAKRISHNAN N, GUO B. Residual life estimation based on a generalized Wiener degradation process [J]. Reliability Engineering & System Safety, 2014, 124: 13 - 23.

[203] KULHAVÝ R. A Kullback - Leibler distance approach to system identification [J]. Annual Review in Automatic Programming, 1996, 28 (13): 55 - 66.

[204] WHITE H. Maximum likelihood estimation of misspecified models [J]. Econometrica: Journal of the Econometric Society, 1982, 50 (1): 1 - 25.

[205] WANG X L, BALAKRISHNAN N, GUO B. Mis - specification analyses of nonlinear Wiener process - based degradation models [J]. Communications in Statistics - Simulation and Computation, 2014, 45 (3): 814 - 832.

[206] LI J X, WANG Z H, ZHANG Y B, et al. Degradation data analysis based on a generalized Wiener process subject to measurement error [J]. MECHANICAL SYSTEMS AND SIGNAL PROCESSING, 2017, 94: 57 - 72.